U0453778

共适·共融·共生

学前反向融合教育
研究与实践

李 灿 李 薇 高建华 主编

河北出版传媒集团
河北教育出版社

图书在版编目（CIP）数据

共适·共融·共生：学前反向融合教育研究与实践 / 李灿，李薇，高建华主编. -- 石家庄：河北教育出版社，2023.12

ISBN 978-7-5545-8186-5

Ⅰ.①共… Ⅱ.①李… ②李… ③高… Ⅲ.①学前教育－教学研究 Ⅳ.①G612

中国国家版本馆CIP数据核字(2023)第210202号

共适·共融·共生

学前反向融合教育研究与实践

GONGSHI·GONGRONG·GONGSHENG　XUEQIAN FANXIANG RONGHE JIAOYU YANJIU YU SHIJIAN

主　　编	李　灿　李　薇　高建华
副主编	白博涵　安慧蕾　罗先桂　陈晓伟　丁丽辉　贾翠棉
编　　委	姚一帆　刘　改　郑　娟　程月利　张　倩　曹　文
	张雅洁　赵一晗　朱雨彤　刘文彩　宋艳霞　杨建勇
	刘艳红　刘　莉　苑卫东
策　　划	董素山
责任编辑	汪雅瑛　张　畅
封面设计	于　越
出版发行	河北出版传媒集团

河北教育出版社　http://www.hbep.com

（石家庄市联盟路705号，050061）

印　　制	河北新华第一印刷有限责任公司
开　　本	787mm×1092mm　1/16
印　　张	23.5
字　　数	330千字
版　　次	2023年12月第1版
印　　次	2023年12月第1次印刷
书　　号	ISBN 978-7-5545-8186-5
定　　价	68.00元

版权所有，翻印必究

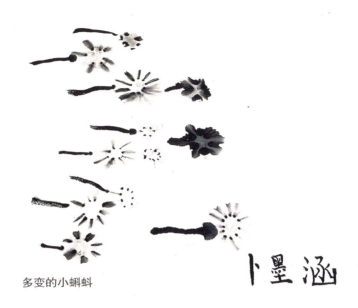

多变的小蝌蚪

卜墨涵

荷叶伞

译明

堆雪

放飞

游乐园

我的雪娃娃

搬家

百宝箱

游戏

郊游

太空旅行

好朋友

娃娃

美味甜甜圈

雪中欢乐行

水中花

序　言

　　融合教育的发展让全体儿童享受了公平而优质的教育，并为特殊儿童创造了更多与普通儿童一起学习和交往的机会。我国非常重视融合教育的发展，尤其是党的十八大以来，出台了一系列推进融合教育的政策，从顶层设计、政策法规等给予了非常大的支持。2021年，国务院办公厅转发教育部等部门的《"十四五"特殊教育发展提升行动计划》，其中明确提出推进融合教育，全面提高特殊教育质量，促进普特融合高质量发展，这为新时代融合教育的高质量发展明确了方向和目标。

　　学前融合教育是融合教育思想在学前教育领域的延伸，强调所有学龄前儿童，无论他们的性别、种族、身体条件、智力水平等，都应该在幼儿教育机构共同接受教育。但是在学前融合教育的发展中，我们遇到了很多困难和挑战，如社会接纳程度不相同、支持体系不完善、教师的专业化水平参差不齐、课程的设置问题等。

　　石家庄市特殊教育学校附属幼儿园在已有10余年融合教育经验的基础上，结合学校自身优势，大胆尝试招收普通幼儿与听障幼儿融合在一起，探索共适、共融、共生的学前反向融合教育模式。

　　本书主要介绍了学前反向融合教育产生的背景、概念界定、理论基础及研究方法，并编入了大量可供参考的教学优秀实践案例。在核心理念部分，重点介绍了普通幼儿和听障幼儿在幼儿园融合的三个阶段：共适、共融、共生。

　　在共适阶段，普通幼儿和听障幼儿相互认识、彼此接纳，听障幼儿的语言康复训练效果有了显著的提升，人格更加健全，普通幼儿也学会了宽容和尊重个体差异。

在共融阶段，普通幼儿和听障幼儿互相帮助，学会合作和分享。在合作交往的过程中，听障幼儿变得更加自信与阳光；普通幼儿也会变得更加善良、有爱心和耐心，为未来形成理解与包容多元化的世界打下了良好的基础。

在共生阶段，普通幼儿和听障幼儿能够彼此独立，人格逐步完善。普通幼儿与听障幼儿共同成长，一起种下了平等、善良、友爱的种子，他们最大限度地发挥自己的潜能，成为推动社会文明进步的力量！

本书是作者团队在学前融合教育领域进行多维度探索和实践研究的结晶，是特殊教育工作者勇敢尝试的总结反思之作，虽有缺憾，但依然珍贵。这是一场期许已久的特殊的时空对话，他们想对勇敢地尝试、参与融合教育的普通幼儿园说：融合教育并不神秘，实施时可能会艰难，但是方法总会比问题多，在这本书里希望能有所借鉴；特殊需要幼儿带给普通幼儿园的并不是烦恼与负担，而是意想不到的收获与欣喜！特殊需要幼儿与普通幼儿在一起成长，不只是单方面的获得，还可以在此过程中启迪他人，共同成长！

本书的作者团队希望用多年的探索实践呼吁所有人关注融合教育，他们还想对有着共同责任与担当的特教同仁说：反向融合教育值得我们深耕，这是特殊儿童获得优质教育的有效途径之一，是我们积极参与时代洪流的可行方法之一；反向融合对于特殊教育者是一个新的挑战，作为新生事物，可借鉴的经验屈指可数，我们都在爬行摸索，愿这些实践经验的点滴总结对您有所启发，或者解决您正在纠结的一个难点，又或者可以给予您一点点前行的力量。

我们探索的反向融合模式也得到了来访的各级领导和教育同仁的认可，时任中国残联副理事长的程凯看到样书后，提笔写下："共适·共融·共生是特殊教育界的最高理想。"

反向融合实践，就如一场静悄悄的革命，在未来中国的融合教育蓝图里定是不可或缺的重要组成部分，将启迪所有的教育者思考教育的本真！它也描绘了特殊教育界主动作为、社会积极接纳所带来的美好愿景。愿我们携手努力，成为所有特殊幼儿生命里的一片光，虽然弱小，但微以致远，可使他们向光而生！

本书在编写过程中参阅了大量的文献资料，虽然尽量做到明确标注，但难免有疏忽遗漏，对未列入的注释和参考文献的作者，表示诚挚的歉意。有欠妥之处，敬请各位同仁不吝赐教，衷心感谢！我们也会接续探索，为中国融合教育的高质量发展做出自己的贡献！

编　者

2023年9月1日

目 录

第一章　融合教育概述

第一节　融合教育的概念

20世纪60年代，融合教育一词已经出现，是在世界特殊教育发展从隔离走向融合的整体趋势过程中出现的一种思想。

《特殊教育词典》将融合教育与全纳教育等同，源于英文inclusive education，起于1994年6月联合国教科文组织召开的"世界特殊教育大会"通过的《萨拉曼卡宣言》，这也是融合教育发展过程中里程碑式的重要事件。宣言中指出：

——每一个儿童都有受教育的基本权利，必须给予机会使其达到并保持一个可接受的学习水平；

——每个儿童都有独一无二的个人特点、兴趣、能力和学习的需要；

——教育体系的设计和教育方案的实施应充分考虑到这些特点与需要的广泛差异；

——有特殊教育需要者必须有机会进入普通学校，这些学校应该将他吸收在能满足其需要的、以儿童为中心的教育活动中；

——以全纳性为方向的普通学校，是反对歧视态度、创造宽松气氛的社区、建立全纳性社会、达到全民教育的最有效手段，而且它们能为大多数儿童提供了有效教育，提高整个教育系统的效率，最终提高整个教育系统的成本效益。

这一理念的提出背景是在20世纪80年代，社会高速发展的同时，产生了诸多问题：基础教育水平低下，教育发展不平衡，未入学儿童和成人文盲数量居高不下，甚至于基础教育在许多不发达的地区出现明显倒退。于是产生了"人人享有受教育的权利"的理念，这是大众对于教育公平的一种诉求，后期引入到国内时我们称之为全纳教育。

方俊明在《论融合教育》中指出，融合教育原是一种用来描述障碍儿童融入正常学生的班级、学校、社区环境，参加学习和社会活动的专业术语，其基本含义是不要把障碍儿童孤立于隔离的、封闭的教室、学校、交通设施和居住环境之内。主张那些有特殊需要的儿童能真正地和正常发展的同伴一起参加学前教育、基础教育和高等教育，最大限度地发挥有特殊需要儿童的潜能[①]。

邓猛在《融合教育导论》中指出，融合教育是基于满足所有学生多样化需要的信念，在具有接纳、归属和社区感文化氛围的邻近学校内的高质量、年龄适合的班级里，为特殊儿童提供平等接受高效的教育与相关服务的机会。[②]

纵观融合教育的发展，可将融合教育理解为：

一种教育理念。联合国教科文组织曾提出："融合教育是对多样化的积极回应。在融合教育中，个体差异不被视作问题，而是丰富学习的机遇。"从而传达一种关怀、接纳、付诸行动的理念。

一种价值倾向。它以所有的特殊儿童都有权与同龄儿童一起在自然的、正常的环境中生活与学习为前提，强调给予学生平等参与所有的学校活动的机会，[③]其最终目标是促进社会的公平与正义，将建构融合社会付诸教育的具体实践。

一种态度，一种信仰系统。强调如何支持每个儿童特别的禀赋和需要，努力使每个学生都感到被接纳，感到安全及成功。

一种美好的教育理想、价值追求抑或是一种教育哲学思潮。

---

① 方俊明. 论融合教育 [J]. 中国特殊教育，2004（3）：3-8.

② 邓猛，朱志勇. 随班就读与融合教育——中西方特殊教育模式的比较 [J]. 华中师范大学学报（人文社会科学版），2007（4）：125-129.

③ 邓猛，杜林. 西方特殊教育范式的变迁及我国特殊教育学校功能转型的思考 [J]. 中国特殊教育，2019（3）：3-10.

第二节　融合教育的发展

一．国际融合教育的发展

（一）隔离式特殊教育的产生与发展

特殊教育自身的改革与发展是融合教育兴起与发展的直接推动力。

人文主义、理性主义和科学技术的发展，促使了特殊教育的产生。1770年，法国的神父莱佩在巴黎创办了世界上第一所聋人学校，开启了聋人教育的先河。1874年法国神父阿羽伊在巴黎创办了第一所盲人学校。1837年，法国精神科医生谢根创立了智障者训练学校，随后德国、俄国等欧洲国家相继开办了类似的残疾人学校，特殊教育逐步进入到大众视线，残疾人逐渐拥有了受教育的权利。

1814年，美国聋人教育的先驱加劳德特在美国建立聋人教育指导中心；1832年，美国第一所盲人教育学校——新英格兰庇护所开始收盲童入学；1848年，美国第一所智力落后儿童实验学校成立，自此，美国的特殊教育步入正轨。此后大量的隔离式特殊教育学校或养护机构在美国成立，而特殊教育发展的中心也随之从欧洲转移至美洲。

（二）融合教育的思想萌芽阶段

1. "正常化"思潮的出现与"去机构化运动"

在融合教育作为一项教育改革运动正式兴起之前，它经历了一个思想孕育阶段。这一阶段并非严格意义上的教育改革，却为随后的融合教育改革奠定了思想基础，我们可将其称为融合教育的思想萌芽阶段。这个时期大约从 20 世纪 40 年代到 20 世纪五六十年代，它的主要标志是"正常化"思潮的出现与"去机构化运动"。[①]

20世纪40至50年代，丹麦设立了两个学校改革目标：建立"综合性学校"

---

① 李拉. 国际融合教育的发展脉络及阶段特征 [J]. 现代特殊教育，2021（4）：25-29.

及"全民学校",这意味着所有学生都有权利进入普通学校学习,而不应因其特殊性被隔离。后来又颁布了《智力落后法案》,后来被称为"正常化法案",确立了三个残疾人政策与行动的基本准则:正常化、一体化及发展。在后期的实施过程中,得到大批学者的认同并在欧洲、美洲传播。

2. "回归主流"思潮

"回归主流"是"正常化"思潮传播到美国后的进一步发展,于20世纪60年代由邓恩提出。20世纪70年代,美国颁布94-142公法,以法律的形式总结了美国回归主流运动的成果,让残疾儿童在最少受限制的环境中受教育,依据残疾程度的不同,设置各种类型的特殊教育形式,制订个别教育计划;主张使大多数残疾儿童尽可能在普通学校或普通班中与健全儿童一起学习和生活,改变以往主要将残疾儿童集中到特殊学校,把他们与健全儿童隔离开的传统教育方式,达到让特殊教育的"支流"回归到普通教育的"主流"中,特殊教育与普通教育融为一体的目的。但不完全取消特殊学校,特殊学校仍将发挥接收和教育残疾程度重、不适合在普通学校学习的残疾学生,向普通学校提供特殊教育咨询服务等作用。通过安置环境的一系列变换,让特殊儿童逐步有条件地"回归主流",即德诺于1970年提出的瀑布式特殊教育体系,如下图所示:

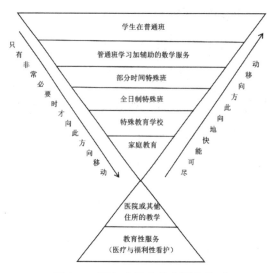

图1-1　瀑布式特殊教育服务体系

这种回归制度满足了不同障碍程度儿童的不同需求。特殊儿童通过一系列安置环境的变换，走向主流社会，从而使特殊教育与普通教育实现了历史性的交汇。[①] 同时这种等级制度也比较森严，儿童在哪个层级接受教育经过严格的评估，且不能轻易越级，要让特殊儿童选择最适合他们的教育方式和内容。换言之，回归主流不仅只是受教育环境的回归，还十分注重教育质量的回归，要让特殊儿童同样受到高质量的教育。

与"隔离式教育"相对，回归主流运动也成了一种新的特殊教育体制的同义语，对美国和其他国家、地区的特殊教育的发展也产生了一定影响。但其教育的对象主要是残疾学生。虽然 "特殊教育需要"的概念开始逐步出现，但从引发回归主流和一体化的实践条件以及法律与政策所关注的对象类型来看，欧美各国关于残疾的分类或许不尽相同，但回归主流和一体化的对象无疑强调的是普通教育要面向各类残疾群体，为其提供普通教育的环境。[②]

（三）融合教育的兴起

伴随着回归主流运动的逐渐深入，其弊端也逐步暴露，如不科学的鉴定与障碍类别的划分导致教育效率低下；等级制度服务体系中儿童容易被隔离、歧视等，导致特殊儿童在普通学校或普通班级中学习只是表象的回归，而非心理意义上的深层的真正回归，特殊儿童依然被排斥在普通教育系统之外，并未达到人们所预期的效果。最终在批判、反思回归主流教学实践失败的基础上，20世纪80年代中期，美国发起正常化教育运动，加速了将所有学生融合进普通教室的步伐。

1990年，联合国教科文组织在泰国召开了世界全民教育大会，通过了《世界全民教育宣言》和《实施全民教育的行动纲领》，全民教育思潮由此兴起，

---

① 邓猛，杜林. 西方特殊教育范式的变迁及我国特殊教育学校功能转型的思考［J］. 中国特殊教育，2019（3）：3-10.

② 李拉. 国际融合教育的发展脉络及阶段特征［J］. 现代特殊教育，2021（7）：25-29.

其信念是所有人都有接受教育的权利，教育对于个人发展和社会进步极为重要，必须普及基础教育和促进教育平等。目标是为每一个人提供均等的受教育机会，满足所有人的基本学习需求，这些思想、理念为融合教育的开展、发展奠定了基础。

融合教育发展迎来了新的转折点和里程碑，核心特征就是融合教育的国际化。联合国教科文组织在融合教育国际化的过程中扮演了至关重要的角色，连续通过国际性或区域性的会议、论坛以及发布融合教育相关文件、报告等方式，持续推动融合教育在全球的发展。

1993年，亚太地区特殊教育研讨会在中国哈尔滨召开，通过了《哈尔滨宣言》，就实施全民教育、建立融合学习理念等问题形成了初步的建议。

1994年，西班牙"世界特殊需要教育大会"通过了《萨拉曼卡宣言》以及《特殊需要教育行动纲领》，正式提出了"融合教育"概念，明确提出了融合教育的原则及地位，呼吁各国在平等的基础上发展融合教育。以此为里程碑，后来欧美等发达国家开展了相关的理论研究、政策制定及实践研究，许多发展中国家也相继开展融合教育。

融合教育成为特殊教育发展的新趋势，其目的就是要彻底告别隔离的、等级制教育体系，使特殊教育与普通教育真正融为一体。融合教育理论在特殊教育领域成功地垄断了话语体系，成为各国特殊教育政策制定、实施的依据与动力。尽管融合教育的效果还没有被研究有效地证明，但它却成功地导致了对传统的隔离式特殊教育体系的完全否定。[1]西方各国的特殊教育实践表明传统的隔离式特殊教育体系已经崩溃，单一的普通教室安置形态逐步成为各国特殊教育的主要发展趋势。

2001年，联合国教科文组织专门编写了《融合教育共享手册》，来推广融

---

[1] 邓猛，杜林. 西方特殊教育范式的变迁及我国特殊教育学校功能转型的思考［J］. 中国特殊教育，2019（3）：3-10.

合教育的理念。2005年，联合国教科文组织发布《融合教育指南：确保全民教育的实施》，作为推进融合教育的纲领性文件；同年，第六届"国际特殊教育大会"在英国召开，主题为"融合教育：包容多元"；2008年，联合国教科文组织以"教育融合：未来之路"为主题召开第48届国际教育大会，研讨融合教育的政府职责与政策推进；2017年，联合国教科文组织又发布了新版《融合教育指南》，强调融合体系的构建与融合学校的变革；2019年，联合国教科文组织在哥伦比亚的卡利市召开"教育中的融合和公平国际论坛"，以纪念《萨拉曼卡宣言》发布25周年，并在会上发布《卡利承诺》，呼吁各国政府采取行动加速推进融合教育。这一系列举措，结合世界各国的融合教育政策和实践变革，使融合教育在全球呈现出蓬勃发展的态势。迄今为止，融合教育的国际化已经历了近30年的发展历程，[①]呈现了以下特征：

其一，在实施范围上，融合教育成为世界上很多国家教育改革的主要方向。李拉在自己的研究中提到，自1994年《萨拉曼卡宣言》发布之后，融合教育开始逐渐成为全球性教育变革。将残疾在内的越来越多有特殊教育需要的儿童安置于普通学校的普通班，并努力为其提供公平的、有质量的教育，不再仅是美英等教育发达国家的探索与实践，已成为世界各国较为普遍的目标和方向。国际范围内对融合教育的认识首先是从普通教育改革的视角切入，强调普通教育要重视被现有教育体制边缘化的儿童，要满足所有特殊教育需要对象的教育需求，从而确立了以普通教育变革为核心的融合教育发展路径。

其二，在融合教育对象上，由"残疾"扩展到所有"特殊教育需要"。从普通教育视角来审视教育对象，意味着融合教育不仅要包含"残疾"这类传统的教育弱势群体，还要包含更多被普通教育排斥于教育体系之外的儿童。因而这一时期，"特殊教育需要对象"的概念早已替代了回归主流和一体化时期的"残疾"概念，在对象上更为宽泛与多样化。正如《全纳教育共享手册》中所

---

① 李拉. 国际融合教育的发展脉络及阶段特征［J］. 现代特殊教育，2021（7）：25-29.

认为的那样，融合教育针对的不只是残疾儿童，其他的群体，如贫困儿童、少数民族儿童、女童（在某些重男轻女的社会）和边远地区的儿童，在普通学校就学时也会遇到很多困难。融合教育的宗旨就是要理解这些困难，并且帮助普通学校发展，让普通学校能满足所有这些学生的需求。在《融合教育：未来之路》文本中，融合教育则是一个在对象上包含所有儿童，包括男童和女童、少数民族学生、受艾滋病毒感染的儿童以及残疾儿童和有学习障碍的儿童，都有机会接受教育的过程。然而，需要指出的是，从"残疾"到"特殊教育需要对象"，这种概念范围的拓展，意味着从公平、歧视的视角来审视教育对象。

其三，教育变革的方向已成为共识，但围绕融合教育的理论纷争一直没有停止。其中尤为突出的是关于融合教育要部分融合（Selective Inclusion）还是全部融合（Full Inclusion）的辩论。人们关于融合教育争议的焦点不在于"特殊儿童能否被融合"，而是儿童应该如何融合：应该以比较激进的方式完全安置在普通教室，还是以比较缓和、渐进的方式进行有选择的融合？特殊教育专业人士和相关社会团体也因此被划分成为相互对立的两大派别。迄今这也不是一个能够完全达成共识的问题，这也恰恰进一步映射出融合教育作为新兴教育思潮的不确定性。

其四，极少数特殊教育学校开始招收普通学生，走上反向融合的道路。即在特殊教育学校开始招收普通学生，采取混班、混龄的教学模式，但大多是在学前阶段。

总体来说，融合教育发展到这一阶段，融合教育理论异彩纷呈，融合教育实践各具特色。从这个意义上来说，将当代融合教育理解为一个不断发展而非已有定论的事物是更为合理的。

二、中国融合教育的发展

中国的特殊教育发展经历了原生态的随班就读、西方融合教育的冲击、具有融合教育本质的随班就读模式、新时期融合教育的大力发展的发展路径。在这种发展路径中，对融合教育的理解也随着时代的变迁而有所不同。

（一）发展萌芽阶段

1987年《关于印发〈全日制弱智学校（班）教学计划〉（征求意见稿）的通知》中明确提到，"大多数轻度弱智儿童已经进入当地小学随班就读"。这是在国家教育主管部门文件中首次出现"随班就读"。这是对那些尚未建立弱智学校（班）的地区特别是农村地区解决轻度弱智儿童入学问题的可行办法。

1988年11月，全国特殊教育会议上将随班就读确立为我国特殊教育的主体形式，提出"逐步形成一定数量的特殊学校为骨干，以大量设置在普通学校的特殊教育班和吸收能够跟班学习的残疾儿童随班就读为主体的残疾儿童少年教育的格局"。[①]

1989年，国务院颁布了《关于发展特殊教育的若干意见》，首次确立了特殊教育发展的"普及与提高相结合，以普及为重点"的基本原则，提出了在普通学校附设特教班和残疾儿童在普通班级随班就读的新措施。

国家教委在许多地区开展了随班就读试验，并自1990年起，先后五次召开了全国性的随班就读工作现场会或研讨会，总结经验、推广成果。据统计，1988年，全国只有57600名残疾学生就读于特殊学校或随班就读；1992年，在校人数增加到129400名，是中华人民共和国成立40多年来残疾学生为数总和的4倍。[②]

（二）初步发展阶段

"inclusion"一词在我国首见于1993年在哈尔滨召开的亚太地区特殊教育研讨会，当时将其译为"全纳"。从此，学界开始就"全纳"进行辨析与理论争鸣。

1994年《关于开展残疾儿童少年随班就读工作的试行办法》的颁布，标志

---

① 朴永馨. 特殊教育词典［M］. 北京：华夏出版社，2004：3-8.
② 肖非. 中国的随班就读：历史·现状·展望［J］. 中国特殊教育，2005（3）：3-7.

着随班就读成为我国特殊教育发展的基本举措。其中明确指出："开展残疾儿童少年随班就读工作，是发展和普及我国残疾儿童少年义务教育的一个主要办学形式。"2001年11月，教育部等九部门颁发的《关于"十五"期间进一步推进特殊教育改革和发展的意见》中规定，"要加强对普通学校特殊教育班和随班就读教学工作的指导、监控……努力提高教学质量"，从质量上对随班教学工作提出要求。

2003年教育部专门发布《关于开展建立随班就读工作支持保障体系实验县（区）工作的通知》，明确提出"通过各部门的全力支持和多方面的有效保障，使广大符合条件的残疾少年儿童能够顺利进入普通中小学，并能留得住，学得好"。

（三）深入探索阶段

2003年，教育部印发的《全国随班就读工作经验交流会议纪要》首次提出，随班就读"是我国基础教育工作者特别是特殊教育工作者参照国际上其他国家的融合教育做法，结合我国的特殊教育实际状况所进行的一种教育创新"，"是一条符合我国国情的普及残疾儿童少年义务教育的有效途径"。这是我国首次在政府部门文件中使用"融合"一词而非"全纳"，并明确地将随班就读与融合教育联系起来，这是融合或者全纳教育在我国教育法规中的第一次登场。①

2014年出台的《特殊教育提升计划（2014—2016年）》，首次在国家政策文件里使用"全纳教育"一词，明确提出"全面推进全纳教育，使每一个残疾孩子都能接受合适的教育"的发展总目标，并对特殊教育质量的提升做出了明确规定。提出特殊教育"办学条件和教育质量进一步提升"，将此作为特殊教育发展的总目标之一，并要求加强资源教室建设、无障碍设施等。首次从政

---

① 邓猛，赵泓. 邓猛教授等提出发展具有中国特色的本土化融合教育六条方略［EB/OL］.（2019-04-19）［2023-08-15］. https://m.sohu.com/a/309330161_744795.

策角度为随班就读赋予融合教育的含义，明确了中国式融合教育的"适合"特性。

2017年修订的《中华人民共和国残疾人教育条例》中明确指出，"残疾人教育应当提高教育质量，积极推进融合教育，根据残疾人的残疾类别和接受能力，采取普通教育方式或者特殊教育方式，优先采取普通教育方式"。总体思路之一就是"立足实际情况，推进融合教育"。

2017年教育部等七部门《第二期特殊教育质量提升计划（2017—2020年）》明确提出，"全面推进融合教育。普通学校和特殊教育学校责任共担、资源共享、相互支撑"。在政策文本中，由早期使用"全纳"的名称，逐渐发展到与"融合"交替使用，进而发展到更多地使用"融合教育"的术语，体现了学术界对于全纳/融合理论讨论的成果，即"融合"更能体现从部分到完全融合的过程，并体现本土与国际理念结合的意蕴。[①]计划中还规定"以普通学校随班就读为主体，以特殊教育学校为骨干，以送教上门和远程教育为补充"，"全面推进融合教育，普通学校随班就读质量整体提高"。增设送教上门、远程教育两个安置选择，普通学校和特殊教育学校责任共担、资源共享、相互支撑。经过几十年的实践探索，我国特殊教育发展的"随班就读为主体、特殊教育学校为骨干"的"普特融合"基本格局得以确立。

2019年《中国教育现代化2035》指出，"办好特殊教育，推进适龄残疾儿童少年教育全覆盖，全面推进融合教育"。

2020年，教育部《关于加强残疾儿童少年义务教育阶段随班就读工作的指导意见》出台，这是随班就读走向融合教育关键阶段的引领性文件，是对我国部分地区"零拒绝"与"全覆盖"融合教育经验的总结与发展，《指导意见》指出，加强残疾儿童少年义务教育阶段随班就读工作要坚持以习近平新时代中国特色社会主义思想为指导，全面贯彻党的教育方针，落实立德树人根本任

① 谢正立，邓猛. 中国融合教育本土化发展与反思［J］. 现代特殊教育，2020（22）：3-8.

务，弘扬社会主义核心价值观，强化依法治教理念，更加重视关爱残疾学生，坚持科学评估、应随尽随，坚持尊重差异、因材施教，坚持普特融合、提升质量，实现特殊教育公平而有质量发展，促进残疾儿童少年更好融入社会生活。该意见强调了"科学评估、应随尽随"的原则，要求各地积极以随班就读和特教班等方式，大力发展融合教育；普通中小学和幼儿园要依法对各类残疾儿童实行就近入学，应随尽随，确保每一个孩子（包括残疾孩子）都能接受优质均衡的教育。①

2022年出台的《"十四五"特殊教育发展提升行动计划》中提出以习近平新时代中国特色社会主义思想为指导，深入贯彻落实党的十九大和十九届历次全会精神，全面贯彻党的教育方针，落实立德树人根本任务，遵循特殊教育规律，以适宜融合为目标，按照拓展学段服务、推进融合教育、提升支撑能力的基本思路，加快健全特殊教育体系，不断完善特殊教育保障机制，全面提高特殊教育质量，促进残疾儿童青少年自尊、自信、自强、自立，实现最大限度的发展，切实增强残疾儿童青少年家庭福祉，努力使残疾儿童青少年成长为国家有用之才。新时代背景下，《行动计划》中确立了"科学评估、合理安置、应随尽随、就近就便优先入学"的原则。提出的"适宜融合"的目标奠定了我国本土融合教育模式的基本架构，其政策内容在系统总结我国随班就读实践经验的基础上，对新时期融合教育的内涵进行延伸与拓展，初步形成了我国融合教育发展的本土实践范式与特色。发展融合教育是新时代下我国特殊教育高质量、内涵式发展的重要信号，西方国家探索合作教学的有效实践已达三十年之久，证明了合作教学是成功将特殊儿童纳入普通学校、实现课程融合、提升教学有效性的关键因素，我国一系列政策为合作教学的本土化带来了契机。②

① 丁勇. 新时代全面推进融合教育的目标任务及实现路径［J］. 现代特殊教育，2021（13）：4-8.
② 王雁，唐佳益. 融合教育中的合作教学：是何、为何及本土化创生［J］. 中国特殊教育，2022（10）：15-24.

第三节　学前融合教育概述

一、学前融合教育的概念及相关理念

（一）学前融合教育概念

学前融合教育是融合教育的重要组成部分，主要指学前阶段的融合教育。狭义的融合教育指的是将3—6岁特殊幼儿安置在同一教育环境中，以两者共同活动的融合教育为主，并提供多方面的支持和辅助，以满足其需要和发展的教育形式，[①]是对传统学前教育模式的突破和补充。在融合教育不断发展的过程中，其重要性与关键性逐步凸显，先从西方发达国家开始，然后在世界范围逐步推广。

（二）早期综合干预理念

学前融合教育的核心思想是不仅让所有幼儿都得到教育，更应让所有幼儿都得到适合他的教育，并且使每个幼儿都得到最佳的成长机遇和对社会生活最佳的适应。[②]从其核心思想出发，学前融合教育的内涵贯穿尊重差异、追求公平、多元包容的教育与人本理念，落实到学前融合教育实践中，对于特殊幼儿，除与融合教育相一致的人文主义哲学基础、系统支持服务理念之外，还要尽早进行干预并在融合教育中运用综合干预策略。

早期综合干预理念建立在早期干预与综合干预两个核心概念的基础上，强调对于学龄前幼儿应尽早发现与诊断，并综合运用多种训练方法。

20世纪60年代，美国率先提出早期干预的概念，主要是指有组织、有目的地对6岁以前的特殊幼儿采取预防、鉴别、治疗、教育、训练等措施，通过对学龄前特殊幼儿提供治疗和教育服务，来帮助幼儿在社会、情绪、身体和认知方面获得充分发展，使其各方面能力有所提高并获得一定的生活能力和技能。

---

① 毛荣建，刘颂，孙颖. 特殊幼儿学前融合教育［M］. 北京：知识产权出版社，2019：27.
② 李路. 融合教育视角下学前特殊儿童受教育状况的调查研究［D］. 桂林：广西师范大学，2015.

早期干预的实现应贯彻起步越早越好的原则。随着特殊教育技术的不断发展，学前特殊幼儿早期干预的内容逐渐丰富，主要包括：生活保健、感觉统合训练、行为矫正、语言矫治、药物治疗、物理治疗、作业治疗、游戏治疗、艺术治疗等。这些早期干预策略在学前特殊儿童治疗训练的具体实施过程中往往不是"单兵独进"的单一干预策略，而是要"齐头并进"，采取综合的干预策略来应对儿童的障碍、问题。[①]因而将这些早期干预策略整合起来综合为特殊幼儿服务，产生了"综合干预"理念。

雷江华总结到，综合干预指临床医学专业人员、特殊教育专业人员、心理学专业人员、教师、家长等共同参与干预，以某种或几种训练方法为主，辅以其他一种或几种训练方法，以解决学前特殊幼儿认知、情绪、行为等方面问题的干预模式。综合干预可以最大限度地促进不同专业人员集思广益，以最大范围地提升干预的效果，可以促进特殊幼儿多方面能力的发展。

学前融合教育要坚持早期综合干预的理念，不论从个体脑功能的发展特点，还是从个体各方面能力的发展阶段、特点上看，学前阶段都是至关重要的阶段。对于特殊幼儿来说，更应通过学前融合教育及早诊断、教育与训练，通过早期的综合干预来促进特殊幼儿各方面能力的发展，治疗或补偿特殊幼儿的缺陷，防止障碍程度的加深，有效提升特殊幼儿的功能，为幼儿的学习与生活提供良好的基础。

二、学前融合教育国内外的发展

（一）国外学前融合教育的发展

学前融合教育最早起源于美国，1972年，在其启蒙教育计划中提出具体要求，即幼儿园要给残障儿童提供10%的招生名额。1975年，在这个基础上更是提出"零拒绝"的理念。1990年，美国国会颁布《残疾人教育法》修订案，提

[①] 雷江华，李伦. 学前特殊儿童综合干预策略探讨 [J]. 中国特殊教育，2009（3）：17-23.

出制定由隔离向融合教育的个别化过渡计划，并将其正式纳入 3—15 岁残疾儿童个别化教育计划。2009年，为了继续推动残疾儿童学前教育的发展，美国幼儿发展和全国幼儿教育协会发布了联合声明，提出了更明确的高质量融合教育概念——准入、参与、支持，提倡建立评价融合教育的质量框架，通过评价推动融合教育的发展。2015年，美国特殊教育项目办公室资助的早期儿童技术援助中心制定了"高质量早期干预与学前特殊教育系统"基本框架，并在此基础上构建了"学前融合教育指标体系"，以推动学前融合教育的发展。2020年，援助中心与早期教育相关组织、特殊教育管理部门、小学和中学教育办公室等合作，进一步细化"州政府指标""社区指标""地方项目指标"和"早期保育和教育环境指标"，期望建立全社会共同参与的学前融合教育保障体系[①]。

在欧洲，英国于1994年结合政府部门、教师、家长及社区，共同合作完成了特殊教育体系的重大改革，最终形成了学前融合教育部门间合作模式的确立和推广。20 世纪 90 年代末，瑞典政府官方文件以"特殊支持需要学生"的概念替代了之前的"特殊教育需要学生"，这使得对学生个人缺陷的关注被转移到对现行学校系统不足的诊断上来。[②]

2017年，欧洲特殊及融合教育发展署与欧洲 32国的各级教育部门通力合作，开创性地提出并推行"学前融合教育生态系统模式"。该模式秉承"让所有儿童共享美好童年"的价值理念，基于生态系统理论的本体论视角，立足"社会—文化"认识取向的早期教育质量观，澄清了高质量学前融合教育的结构、过程与结果维度，被视作欧洲国家规划、改进、监测及评估本国/地区学前融合教育质量的基本框架。[③]如下图所示：

---

① 张瑶，汪甜甜，朱涵. 美国高质量学前融合教育指标体系的解读及启示［J］. 残疾人教育，2022（1）56-62.
② 缪学超. 瑞典发展学前融合教育的新举措及其启示［J］. 学前教育，2015（8）：14-20.
③ 汪甜甜，邓猛. 欧洲学前融合教育生态系统模式：让所有儿童共享美好童年［J］. 学前教育研究，2022（2）：16-26.

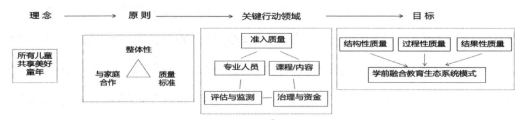

图 1-2 "学前融合教育生态系统模式"研发路径①

（二）国内学前融合教育的发展

1990年12月，第七届全国人大常委会通过的《中华人民共和国残疾人保障法》第二十二条规定：普通中小学必须招收"适应其学习生活"的特殊儿童、少年入学，普通幼儿教育机构应当接受"适应其生活"的特殊幼儿。

1994年8月23日，国务院颁布的《中华人民共和国残疾人教育条例》第十条规定，通过残疾幼儿教育机构、普通幼儿教育机构、残疾儿童福利机构、残疾儿童康复机构、普通小学的学前班和残疾儿童少年特殊教育学校的学前班以及残疾儿童家庭等开展学前特殊教育。

2001年7月，教育部颁布的《幼儿园教育指导纲要（试行）》中明确指出，"幼儿园的教育是为所有在园幼儿的健康成长服务的，要为每一个儿童，包括有特殊需要的儿童提供积极的支持和帮助"。普通幼儿园有义务与责任为特殊幼儿提供教育与服务。从以上法律条文中我们可以看到，普通幼儿园应当接收能适应其学习与生活的特殊幼儿。

2014年《特殊教育提升计划（2014—2016年）》明确指出要"支持普通幼儿园创造条件接收残疾儿童"。

2017 年2 月修订的《中华人民共和国残疾人教育条例》对学前教育进行了专门的法律规定。要求各级政府切实承担起提高学前残疾幼儿入园率这一责

---

① 汪甜甜，邓猛. 欧洲学前融合教育生态系统模式：让所有儿童共享美好童年［J］. 学前教育研究，2022（2）：16-26.

任，并针对不同主体提出要求。县政府及教育部门等作为领导部门应对普园的建设及教育给予理念上的引导和专业、资金上的支持，为普园实施特殊教育创设条件。

2017年推出《第二期特殊教育提升计划（2017—2020）》，各地陆续将学前特殊教育纳入重要发展任务，多个省市随即开展了学前融合教育试点工作，例如北京作为国内首个融合幼儿园的地区在后来的发展中始终走在前头，走出了自己的特色，具有一定的示范作用。河南省设立了 73 所融合试点园，探索学前融合教育的发展模式。上海市则是通过增设特教点实现特殊幼儿的发展需求。在学前融合教育安置形式上也积极探索，尝试引进国外的"反向教育"安置形式。极大改善了特殊幼儿的受教育状况。

我国关于特殊教育的政策法规从无到有，从 1982 年第四部《中华人民共和国宪法》的颁布，再到《"十四五"特殊教育发展提升行动计划》的颁发与实施，国家经过几十年的有力推进，逐步建立起了特殊教育政策法规体系，这为我国特殊教育事业的发展提供了法律保障。尤其是近年来国家通过实施连续两期的"学前教育三年行动计划"和"特殊教育提升计划"，使得特殊儿童受惠面逐步普遍化、扩大化，其中包括多种障碍类型的特殊儿童也被纳入学前教育公共服务体系，相应地，学前融合教育也逐步受到了认同与推广，并取得了显著的成效。

第二章　反向融合教育概述

第一节　反向融合教育的概念

反向融合教育是融合教育的一种形式，是特殊教育学校实施融合教育活动的重要途径之一。"反向融合"对于提升特殊学生，尤其是少年儿童的素质和社会化能力，特别是在听力、语言能力、思维能力、适应能力等方面，更好更快地适应普通幼儿园或小学学习有着重要实践意义，因此受到特殊教育学校和社会的欢迎与支持。

尽管"反向融合"教育越来越引起学者的重视，但"反向融合"教育的概念至今没有统一界定，不同的学者有着不同的理解。刘丽君认为，反向融合是安排少量普通儿童进入以残障儿童为主的班级学习。[①]闫寒认为，反向融合是指将普通学生融入特殊教育学校接受教育的过程，与融合教育的做法相反。[②]在实施反向融合策略的环境中，班级的主体是残障儿童，由此决定了教室的物质环境、师生总体的思想观点、情感态度和行为方式都可能具有不同于普通学校班级的特点。[③]学者琳达·肯普弗·贝克（Linda Kaempfer Baker）认为，反向融合教育是全面融合教育的中间步骤，旨在与来自一般教育人群的普通学生在独立的特殊教育教室中与中度至重度残疾学生共同学习。施玉琴认为，反向融合教育是普通儿童到特殊学校就读，特殊教育学校招收普通学生进入特殊教育

---

① 刘丽君. 唐氏综合征儿童反向融合教育个案分析 [J]. 现代特殊教育，2015（Z1）：106-108.
② 闫寒. 特殊教育背景下的反向融合 [J]. 绥化学院学报，2014，7（34）：153-156.
③ 石晓辉. 融合教育中的同伴作用策略 [J]. 中国特殊教育，2007（8）：8-11.

学校，使普通学生与特殊学生共同学习的反向回归教育安置模式，[①] 又称为逆向融合教育。石晓辉认为，反向融合策略适用于智力接近或达到正常、同时具有一定社交技能的残障儿童.[②] 党琦将反向融合教育定义为一种将普通学生融入特殊教育学校接受教育的过程，普通学生与特殊学生在同一场所中学习、生活、社交等，从而实现无差异化的教育。[③] 作为反向融合教育典型代表之一的徐州市特殊教育学校，将"反向融合"定义为在特殊教育学校中设立普通班，招收普通学生并安置具有一定学习能力的残疾学生就读，同时设置残疾学生康复后续教育班，开展多种形式的融合教育。[④]

综合以上研究，本书将反向融合教育定义为安排普通学生进入特殊教育学校学习，使普通学生与特殊学生共适、共融、共生，达到各自成长目标的教育模式。

第二节　反向融合教育的研究进展

反向融合教育作为全融合教育的重要途径之一，也是特殊教育学校融合教育的重要组成部分，不仅承载着实现"让每个孩子都能享有公平而有质量的教育"的目标，还可以作为随班就读教育方式的延伸来缓解当前随班就读所凸显的问题。

融合教育旨在关注每一位学生的发展，反向融合教育不仅要关注特殊学生

① 施玉琴. 台中启聪学校学前听障反向融合教育班存废政策之研究 ［D］. 台中，中国：台中教育大学，2012.

② 石晓辉. 融合教育中的同伴作用策略 ［J］. 中国特殊教育，2007（8）：8-11.

③ 党琦. 盲生与普通学生的反向融合教育体验研究——以W中等盲人职业学校为例 ［D］. 重庆：西南大学，2021.

④ 徐州市特殊教育学校. "反向融合"让特殊儿童更好地融入社会 ［EB/OL］. （2021-07-12）［2023-05-10］. https://jyj. gmw. cn/2021-07-12/content_34987616. htm.

回归主流社会，还应考虑到普通学生的融合教育质量。反向融合教育的实施应以不损害普通学生的发展为前提，不能因为对特殊学生发展的关注而忽视或损害了普通学生的发展。

国内外大量研究表明，反向融合教育有利于促进普特深入融合。在反向融合教育中，普通学生表现出一定程度的社会接纳和同情，例如，普通学生意识到特殊学生的社会参与有限，希望通过他们的帮助让特殊学生更多地参与社会活动。[1]因此，反向融合教育质量对特殊学生和普通学生都尤为重要。

一、国外反向融合相关研究

从研究方法、研究内容等进行梳理，可以发现国外关于反向融合的研究比较丰富。

从研究方法来看，国外大多采用小群体质性研究和实验对照法。

韩国学者朴佑益（박경우）和秋研究（추연구）探讨实施小团体反向融合教育对残疾学生社会互动及接受态度的影响。实验组学生总数为 44 人，其中残疾学生 4 人，对照组学生 43 人。研究表明，4 名残疾学生的社会互动率都有所提高；对照组的接受态度没有发生显著或积极的变化，对残疾学生的态度基本保持不变或有所下降；实验组的成绩提高表明这项研究对残疾学生有积极的影响。特殊教育教师与普通教育教师长期持续进行反向融合教育合作，将会推动反向融合教育发展。[2]

---

[1] Litvack, M. S., K. C. Ritchie, B. M. Shore. High- and Average-achieving Students' Perceptions of Disabilities and of Students with Disabilities in Inclusive Classrooms [J]. Exceptional Children, 77 (4): 474–487.

[2] 박경우, 추연구. 소그룹 역통합교육의 사회적 상호작용 및 수용태도 변화에 관한 연구 [J]. 발달장애연구, 2012 (16): 23–44.

朴佑益，秋研究. 基于小群体反全纳教育的社会交往与接受态度变化研究 [J]. 发育障碍研究, 2012 (16): 23–24.

学者琳达·肯普弗·贝克（Linda Kaempfer Baker）采用质性研究对 25 名三年级普通学生对 7 名中度到重度特殊学生的态度影响，研究表明，通过反向融合教育，普通学生对特殊学生的交流意愿和认同度增加，还指出，参与反向融合教育的普通教育教师是不可或缺的组成部分。

从研究内容来看，国外主要从特殊学生角度、普通学生角度、家长角度出发探究反向融合教育。

一是从普通学生角度研究反向融合。有研究表明，普通学生认识到一个学生的长相或不同的行为，并不意味着他们不能成为朋友，不能一起玩。事实上，当他们一起在操场上时，普通学生会寻找特殊学生，并用击掌和微笑面对他们。[①]

二是从特殊学生角度研究反向融合。已有研究表明，反向融合教育对于普通学生对特殊学生的接纳态度有积极影响。在反向融合教育中，普特学生的社会互动增加了，由残疾学生发起的互动也增加了，在融合教育教室上课期间对成人帮助的需求减少了。这项研究还指出了这两个群体间友谊的持久发展。[②]反向融合可以为特殊学生提供好处，例如更加了解适合年龄的对话和文化活动；提升自我价值，特殊学生还被同龄的普通学生邀请参加他们的生日派对，特殊学生在家里分享他们结识新朋友的兴奋，使特殊学生在社交互动中拥有更多的经验。[③]

三是从家长角度研究反向融合。韩国学者金浪（김이랑）和李美淑（이미숙）探究了专业残疾托儿中心中无残疾幼儿的母亲对无残疾幼儿实施反向融合

① Schoger, K. D. Reverse inclusion: Providing peer social interaction opportunities to students placed in self-contained special education classrooms ［J］. TEACHING Exceptional Children Plus, 2（6）: 3.

② Hunt P, Alwell M, Farron-Davis F, et al. Creating socially supportive environments for fully included students who experience multiple disabilities ［J］. Journal of the Association for persons with severe handicaps, 1996, 21（2）: 53-71.

③ Schoger, K. D. Reverse inclusion: Providing peer social interaction opportunities to students placed in self-contained special education classrooms ［J］. TEACHING Exceptional Children Plus, 2（6）: 3.

教育的效果。研究中对 4 位无残疾幼儿的母亲进行访谈，这些母亲表示，在选择托儿中心之前，存在着"模仿残疾幼儿问题行为""对残疾人有偏见"等担忧。她们之所以选择残疾托儿中心，是因为她们认为在这里可以减少对残疾的偏见。在残疾托儿所的经历给无残疾幼儿带来了积极的改变，如与残疾幼儿的自然对话和积极的同伴关系，增加了无残疾幼儿的母亲对残疾幼儿的兴趣，减少了各种误解，这比以前更能理解有残疾儿童的父母了。[①]

有研究选取了 244 名学龄前儿童中有残疾和没有残疾的父母，对他们参加以社区为基础的反向融合教育的益处和风险进行了比较。家长们表示非常支持融合教育，正常发育儿童的父母比残疾儿童的父母对正常发育儿童的感知风险更大。家长们表示，他们更支持将轻度至中度残疾儿童，以及有语言或矫形障碍的儿童纳入融合教育，94%的人表示他们会再次让孩子参加类似的项目。[②]

由此可以看出，国外反向融合大多采用质性研究方法，虽然这些学者的研究对象来自不同国家，但他们的研究结果在某些方面具有一致性，即反向融合对特殊学生和普通学生都会产生积极的影响。

二、国内反向融合教育的相关研究

国内反向融合教育研究相对较少，对研究内容进行梳理，分别概括为反向融合的个案研究、定义与实施、体育教育和教育质量、体验研究五个方面。

[①] 김이랑，이미숙 . 역통합교육에 대한일반유아어머니의 경험：장애전문 어린이집을 중심으로 [J]. 열린부모교육연구，2016，8（4）：163-181.

金浪，李美淑. 幼儿母亲在反向融合教育方面的经历：重点关注残疾幼儿的专门儿童护理中心 [J]. 开放的父母教育研究，2016，8（4）：163-181.

[②] Rafferty, Y.; Boettcher, C.; Griffin, K. W. Benefits and Risks of Reverse Inclusion for Preschoolers With and Without Disabilities: Parents' Perspectives [J]. Journal of Early Intervention, 24（4）：266-286.

一是促进反向融合教育质量的相关研究。李之刚和王庆宝就江苏省徐州市特殊教育学校在学前和小学阶段开设普通班的办学成效进行研究，总结了听障儿童反向融合教育十余年的探索与成效：安置方式多样，分为全融合、半融合和双向流动三种方式；课程设置逐步完善，体现融合特质；教学与评价更加科学，体现融合教育要求；得到康复与融合的效果明显等。此外，研究还对语文、数学学科学业水平进行对比分析，得出结论是听障学生在选择、记忆、理解、推理等思维度较高的活动中与普通学生差异较大，且低于普通学生水平。[①]学者马赫男探索了大连市甘井子区特教中心所建立的"中学生义工服务站"融合教育活动模式，面向全区普通中学生群体招募义工，科学选择进入特教班级的义工，保证在融合活动中每个特殊儿童都有一个义工融合伙伴，共同完成义工活动。通过"1＋X 融合伙伴组合""1＋Y 融合活动设置""1＋1>2 融合宣传途径"等策略，丰富了反向融合教育活动方式，拓宽了反向融合教育的实施渠道，促进了特殊儿童与普通儿童的发展需求，实现了反向融合教育质量的提高。[②]

二是反向融合教育的学科教学研究。张经慧、苗新见和刘新学采用问卷调查法探讨普通大学生对听障大学生的体育刻板印象，提出要促进普通大学生与听障大学生在生活上、学习上的反向融合，从而促进体育的融合。[③]黄循棱和胡子航对特殊教育学校反向融合体育进行调查探析，通过文献分析、调查访谈与实地考察等方法，归纳出我国特殊教育学校反向融合体育活动开展存在法律法规泛化、社会整体融合观念认识不足以及反向融合体育活动长效机制缺失等

① 李之刚，王庆宝. 反向融合：听障儿童与普通儿童融合教育之路探索［J］. 现代特殊教育，2016（19）：13-15.

② 马赫男. "中学生义工服务站"：有效推进区域"普特融合"教育发展［J］. 辽宁教育，2018（16）：55-58.

③ 张经慧，苗新见，刘新学. 普通大学生对听障大学生的体育刻板印象研究［J］. 安徽体育科技，2017，38（1）：87-90.

现实困境，提出优化顶层设计、开发融合体育课程以及建立融合体育活动长效机制等突破建议。①

三是反向融合的个案梳理。目前有为数不多的研究对唐氏综合征儿童反向融合教育进行了个案分析，这些研究均指出反向融合教育对唐氏综合征儿童的发展有积极影响，能够纠正不良行为习惯，增强情绪监控能力，增加亲社会行为，培养自我管理能力。刘丽君运用个案研究法，通过调查问卷、环境分析、观察记录、教育建议与结果资料分析，探讨唐氏综合征儿童融合教育的成功经验，整理反向融合教育的研究过程，总结开展反向融合的教育效果。

四是反向融合的定义和实施。闫寒以自闭症为例，总结反向融合的定义、实施要素、运用情况、优势及挑战等内容，并分析融合与反向融合的关系。②石晓辉认为在实施反向融合策略的环境中，班级的主体是残障儿童，由此决定了教室的物质环境、师生总体的思想观点、情感态度和行为方式都可能具有不同于普通学校班级的特点。③反向融合策略不仅对班级中残障儿童所占班级人数比例有要求，在实施方面还有着一系列的实践要求。

五是反向融合体验研究。党琦主要做了中职学校盲生与普通学生的反向融合教育体验研究，采取质性研究范式探究盲生与普通学生在中等职业教育环境中的真实处境，研究发现国家政策、学校支持、师生态度、个人努力等因素，都是造成中等盲人职业学校中盲生与普通学生的反向融合教育体验存在较大差异的主要原因。

综上所述，国内关于反向融合教育的研究数量较少，主要侧重于反向融合的学科探究，集中关注在体育教育等方面；反向融合教育安置、实施方面缺少系统的研究。仅有的研究表明：反向融合教育有利于促进现特殊儿童与普通儿

---

① 黄循楼，胡子航. 困境与超越：特殊教育学校反向融合体育的调查探析 [J]. 吉林体育学院学报，2019，35（3）：81-85.

② 闫寒. 特殊教育背景下的反向融合 [J]. 绥化学院学报，2014，34（7）：153-156.

③ 石晓辉. 融合教育中的同伴作用策略 [J]. 中国特殊教育，2007（8）：8-11.

童多元化共同提高，推动特殊儿童融入主流社会的速度和水平。因此，反向融合教育具有较大的研究价值和实践价值。

三、研究述评

通过对国外反向融合教育以及教育体验的文献梳理，不难发现，当前我国反向融合教育的研究仍处于起步阶段，研究基础薄弱，主要存在以下几个方面的研究局限。

首先，有关教育体验的研究，国际研究主要关注特殊学生入学情况、学习过程、生活体验、社交体验和教育结果五个方面，以及普通学生的学习体验、生活体验和社交体验三个方面。其中，生活体验多关注于特殊学生在融合教育环境中的无障碍体验，而我国融合教育体验的研究除党琦对中职学校盲生反向融合教育研究外，总体上非常缺乏。

其次，国外对反向融合教育的研究内容相对系统而全面。国外主要探究了不同障碍类型的特殊学生、普通学生在融合教育环境中的教育体验；反向融合在学业、社会交往等方面对普通学生和特殊学生分别产生的影响；普通学生对特殊学生的接纳和信念；家长对普特反向融合的看法等。相比之下，国内对反向融合教育的研究数量很少，以个案和理论探讨为主，主要侧重于唐氏综合征儿童反向融合教育的个案研究，听障儿童与普通儿童反向融合教育探索、反向融合体育研究，以及反向融合策略等。由此可见，国内反向融合研究内容相对匮乏，尤其缺乏反向融合教育中特殊学生和普通学生的学习、生活和社交体验等。

再次，在研究方法上，国外大多采用小群体质性研究和实验对照法，分别从特殊学生角度、普通学生角度、家长角度出发，探究反向融合教育环境中的经验和学习成果。相比较而言，国内目前仅有的反向融合教育研究，还停留在反向融合的定义、实施、个案研究等方面，缺少对反向融合教育更深层次探究的质性研究，不利于揭示特殊学生与普通学生在反向融合教育中的真实感受。

综合国内外研究对比，不难看出我国关于反向融合教育的研究起步较晚，研究数量较少，研究方法有待完善，研究结果更需补充。国内有限的研究反映出对反向融合教育研究缺乏应有的重视和必要的投入。本书将立足于探究学前反向融合教育基本规律，从听障儿童和普通学生的入学情况、学习过程、生活体验、社交体验和教育结果出发，探讨反向融合教育实施中的问题，总结有价值的案例，打造共适、共融、共生反向融合教育模式，不断提高反向融合教育质量，创新发展反向融合教育理论，为融合教育实践积累更多经验。

第三节　反向融合教育的主要类型

目前，反向融合教育的类型主要有四种:特殊学校特殊班、特殊学校普通班、特殊学校资源中心、特殊学校＋普通学校（即特校普校融合）。[①]

一、特殊学校特教班

特殊学校特教班，是将普通儿童安置到特殊学校的特教班级中，与特殊儿童一起学习的融合教育模式。这种模式与特殊儿童进到普通学校与普通学生一起在普通班级里学习的随班就读模式刚好相反，它是一种典型的"反向融合"教育模式。特殊学校特教班这种反向融合教育模式，国内外都在积极尝试，经验相对丰富。英国有些特殊教育学校招收普通学生，积极探索反向融合的路径。例如英国英格兰德比郡的斯达宾伍德学校，该校是一所公立特殊教育学校，招收对象为自闭症、脑瘫及多重障碍特殊学生，而在其学前教育阶段招收

---

① 甘绍良，朱媛媛，黄妍妮. 融合教育导论：基于正向融合和反向融合的融合教育理论与实践研究［M］. 厦门：厦门大学出版社，2022：27.

普通学生和特殊学生，采取了混班、混龄的教学模式。[①]

启聪学校是我国台湾地区台中市一所特殊学校，该校1997年开办学前阶段听障融合教育实验班，在台湾地区率先开放招收普通幼儿进入特殊学校与听障儿童共同学习。这种不同于将特殊儿童安置于普通学校的融合教育模式，属于反向融合的安置模式，在台湾地区本身是一个创举。在其影响下，台湾地区跟进的学校有彰化启智学校、和美实验学校和台中特殊教育学校，均相继实施了反向融合教育实验。

这种反向融合教育的优势较为突出，除了让特殊学生接受特殊专业服务外，又有与普通学生的互动机会，增进听障学生说话训练的环境；同时，参与反向融合教育的普通学生也能共享特殊教育学校的精良设备与优质师资，所以，资源共享和取长补短在反向融合教育中的优势凸显出来。

反向融合教育在开拓实施和不断推广的过程中，也曾经出现过不同的声音。例如，有人质疑此种模式可能会将反向融合教育的普通学生予以"标签化"，而让社会大众以异样的眼光来看待毕业于特殊学校的普通儿童；另外，也有人认为，反向融合可能会减少普通学生与一般社会大众的接触互动机会，接受普通教育受限等。但随着反向融合教育的深入推进，反向融合的优势消除了很多人起初的担忧，越来越多的普通学生家长对反向融合教育给予了认同。

二、特殊学校普通班

特殊学校普通班，是在特殊教育学校设立普通班招收普通儿童，与具备条件的特殊儿童一起学习的融合教育模式。这种模式与普通学校特教班模式刚好相反，也是一种典型的"反向融合"教育模式。特殊学校普通班模式在我国虽然还没有普及，尚处在部分特殊教育的试点阶段，但从试点的特殊教育学校来看，特殊学校普通班的反向融合教育模式效果比较明显，更容易被较多的师生

---

① 王俊. 英国全纳教育研究：对我国随班就读教改试验的启示［D］. 华东师范大学，2002.

所接受。

江苏省徐州市特殊教育学校较早地开展了特殊学校普通班的反向融合教育实验。该校招收普通学生开展反向融合教育，给听障学生创造了更好的教育环境，在解决听障学生困难的同时，普通学生也取得了较好的成绩。[①]

山东省临沂市平邑县特殊教育学校是一所集普通小学、特殊教育和聋人职业培训为一体的"普特合一"的学习型学校。作为"普特合一"的现代化学校，也开展了反向融合教育实践，在学校单独设置了普通教育班，使特殊学生和普通学生有更密切的接触。通过特殊学校普通班模式的反向融合教育逐步深入，越来越多的普通儿童家长接受了特殊儿童与普通儿童一起学习的方式，特殊学校普通班的教师都能够主动接纳特殊学生，使得这里的孩子均得到了较好的发展，家长也很满意，营造了有利于特殊儿童接受反向融合教育的良好氛围。

和美实验学校是我国台湾地区反向融合教育特殊学校普通班的代表。和美实验学校是一所位于台湾地区的特殊学校，前身为彰化仁爱实验学校，于1968年建校，最初设置小学和初中，招收肢体障碍学生。1982年该校增设高职部，教学课程特别注重机能训练、语言训练、心理辅导与职业训练。1998年创设幼儿部，2001年起幼儿部招收普通幼儿，实施融合教育（2011学年度停止招收普通幼儿）。2002年高职部开始招收普通生与身心障碍生融合的体育班，2005学年学校更名"和美实验学校"，除肢体障碍学生外，也开始招收一般高中生，形成了幼儿部至高中高职一贯制培养的完全教育模式。

河北省石家庄市特殊教育学校采取的是特殊学校普通班安置模式。该校将普通儿童安置到特殊学校的特教班级中，与特殊儿童一起学习。该校是一所涵盖听障、视障、培智、自闭症四个残疾类别，集学前教育、基础教育、职业教

---

① 李之刚，王庆宝. 反向融合：听障儿童与普通儿童融合教育之路探索 [J]. 现代特殊教育，2016（19）：13-15.

育为一体的综合性特殊教育学校。该校自1992年开展分类教学以来，入校听障儿童通过专业语言康复训练均顺利进入普小学习，听障学生的书法、美术、舞蹈作品屡次在国家和省市比赛中获奖。该校2012年成立公办幼儿园，2020年在学前阶段开展反向融合实验，学习全新管理理念，科学开发教学课程，合理使用教学资源，迅速探索出一条适合教育实际的"共适、共融、共生"学前反向融合教育新模式，产生了良好的教育效果和社会反响。

三、特殊学校资源中心

特殊学校资源中心，又称为特殊教育资源中心、融合教育资源中心，简称资源中心。资源中心是在特殊教育学校等机构专门设置的，配备有特殊儿童所需要的各种辅助设备、教材、教具、训练器材等，由受过特殊教育专业训练的资源教师负责的特殊教育辅导机构。资源中心设置相对灵活，可以在特殊教育学校、普通学校、高等师范院校、教育主管部门等进行灵活设置。

根据《中华人民共和国残疾人教育条例》第二十六条规定，"县级以上地方人民政府教育行政部门应当统筹安排支持特殊教育学校建立特殊教育资源中心，在一定区域内提供特殊教育指导和支持服务"。资源中心为所辖区域内不同学校的特殊学生和相关教师提供服务和开展工作。资源中心可以受教育行政部门的委托承担以下工作：指导、评价区域内的随班就读工作；为区域内承担随班就读教育教学任务的教师提供培训；派出教师和相关专业服务人员支持随班就读，为接受送教上门和远程教育的残疾儿童、少年提供辅导和支持；为残疾学生父母或者其他监护人提供咨询；其他特殊教育相关工作。

四、特殊学校＋普通学校

特殊学校＋普通学校，简称"特普反向融合""特校普校融合"或"特普融合"。特普融合类型是特殊学校为主、普通学校为辅的一种反向融合教育模式。这种反向融合类型是特殊学生根据实际情况和特殊需要，以特殊学校为主、普通学校为辅，在两校灵活地接受教育。也就是特殊学生大多数时间在特殊学校学习，有需要时抽出部分时间到普通学校与普通儿童一起学习和活动。

"特普融合"模式与"普特融合"模式一样，特殊学生可以拥有普通学校和特殊学校双重学籍，根据需要在两地灵活转换。尽管管理难度加大，但由于其灵活性强，优势也较为明显。

第四节　反向融合教育的主要价值

一、反向融合模式的现实背景

融合教育的发展让全体儿童享受了公平而优质的教育，并为特殊儿童创造了更多的与普通儿童一起学习和交往的机会。我国非常重视融合教育的发展，尤其是党的十八大以来，出台了一系列推进融合教育的政策，从顶层设计、政策法规等给予了非常大的支持，如：2019年，中共中央、国务院印发的《中国教育现代化2035》；2022年，国务院转发教育部等部门的《"十四五"特殊教育发展提升行动计划》明确提出"推进融合教育，全面提高特殊教育质量，促进普特融合高质量发展"。普通学校在融合环境创设方面的支持保障不断提高，但是我们发现融合教育的发展仍然会遇到许多困难和挑战。

（一）政策执行不均衡

融合教育以"关注和尊重每一个人、加强合作、促进参与、满足不同需求"为目标，这就要求为了实现特殊儿童教育的公正公平，相关政策不仅仅考虑特殊教育，还要把普通学校考虑在内，但是研究发现，在实施的过程中，普通学校在资源配置、师资配置等很多方面并没有得到相应的支持。比如经济水平较高的江浙、华东、华南等地区，对特殊教育学校和普通学校的政策支持力度大，且落实得好，而在广大农村、西部等地区，融合教育政策的推进相对缓慢。

（二）社会接纳程度不相同

融合教育自20世纪90年代以来就已经成为全球范围内残疾人教育改革和发展的重要思想，也成为我国特殊教育发展的主要趋势。目前，越来越多的社会大众能够支持特殊儿童接受教育，但思想的认同并不代表行动上的接纳，相当一部分人还持有传统的特殊教育观，认为特殊儿童应该被安置在专门为他们建立的学校或机构内接受教育。[①]甚至普通学校的领导、教师及家长都对特殊儿童进入普通学校进行安置的接纳程度不高，他们大都表示不愿意或者视情况而定。而特殊儿童和普通儿童的家长也对特殊儿童到普通学校随班就读表示担忧，担心受歧视和教育质量无法保证。[②]在大部分地区，社会大众对残疾儿童随班就读的认识没有形成一个共识，特殊儿童去普通学校融合也给特殊儿童带来巨大压力。

（三）融合教育的支持体系还不完善

大部分经过康复训练、具备融合能力的特殊儿童进入普通学校随班就读，普通学校相应的适合特殊需要儿童的支持体系还不完善，比如资源教室的建设不够完善，缺少无障碍设施和特殊的辅助设备，只是一味对特殊儿童在各方面放低要求，有悖于融合教育为特殊儿童创造平等环境的初衷，也无法满足特殊儿童自身发展和成长的需要。

（四）融合教育教师的专业化水平不高

根据我国目前的特殊教育发展状况，一方面，普通学校的教师一般缺少系统学习特殊教育的相关知识，对于特殊儿童的生理、心理特点并不清楚。另一方面，参加学习过的教师也缺少后续的系统学习和跟进，所以不能根据特殊需要儿童的差异进行有针对性的学习。还有，不是每个普通学校都能配备资源教

① 张欣，张燕，赵斌. 我国随班就读工作推进中的困难及对策探析 [J]. 现代特殊教育，2018（18）：14-18.

② 彭霞光. 中国全面推进随班就读工作面临的挑战和政策建议 [J]. 中国特殊教育，2011（11）：15-20.

师或者巡回指导教师，这些教师也保证不了对每一个特殊需要儿童都能提供适合的支持与服务，所有这些都有悖于融合环境能保障特殊需要儿童在"最小受限环境"的初衷。

（五）融合教育的课程设置问题

融合教育需要融合学校既有面向所有学生的共同课程，又有适应融合学生个别差异的个性化课程，并且需要根据对融合学生的评估情况及时地调整。

普通学生的课程目标不适合有特殊需要的学生，一些学生由于认知发展迟滞或者其他原因难以达到所要求的课程目标。

常规的课程内容不适合或者部分不适合特殊学生。比如听力障碍的儿童无法学习音乐课的所有内容；智力发育迟缓的儿童更不能完全跟上所在年级的各科所学内容。

常规的课程传授方式、教学进度也不适合特殊儿童。

常规的课程评价方式也不适合特殊儿童。融合学校基本上无法做到随时的调整和安排。

二、学前反向融合模式实施的必要性和实践价值

石家庄市特殊教育学校附属幼儿园（七彩阳光幼儿园）自1992年开始实施融合教育，并于2012年开始与区域内三所普通幼儿园开展"幼特融合"实验，至今已有近40名幼儿回到普通小学（幼儿园）就读。但是近几年来，我们发现这些孩子不断有"回流（回到特教学校）"现象，或者硬着头皮跟着普通学校就读，但效果非常不好。

为了让特殊幼儿能够享受更加公平、优质的教育，学校附属幼儿园尝试招收普通儿童，探索学前反向融合模式。经过多年的实践与探索，我们发现，学前反向融合模式是目前非常适合中国实际情况的早期融合模式。学前反向融合模式是学前融合教育领域的一个拓展和延伸，它是对传统学前融合教育模式的突破与补充，更有利于特殊幼儿和普通幼儿的终身发展。

（一）为特殊幼儿和普通幼儿创造了最小受限环境

学前反向融合模式的班额一般较小，以石家庄市特殊教育学校反向融合幼儿园为例，普通幼儿和特殊幼儿的融合比例一般为7∶1左右，这样的比例更易于照顾幼儿的特殊需要，并且有专业的师资为他们进行个别化的教育和训练；对普通儿童来说，也能得到更多的关注。

图 2-1　附属幼儿园外部环境图　　　图 2-2　附属幼儿园户外游戏场地

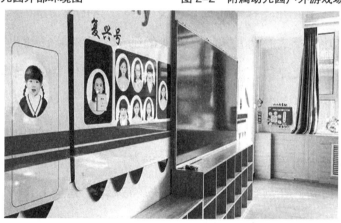

图 2-3　小班教室——复兴号

（二）早期的幼儿更容易互相接纳

学前融合教育的实施是社会公平与教育平等在学前教育阶段的体现。有研究表明，学前阶段是人一生中发展最关键的时期。幼儿的社会化程度不高，道德观念也尚未成型，通过教师的引导和各种融合活动，特殊幼儿能有更多机会参与到普通幼儿的各种游戏和活动中，普通幼儿与特殊幼儿更容易相互尊重、理解与沟通。

图 2-4　一起游戏

（三）有利于提升特殊幼儿的各种素质和社会化能力

实施反向融合模式的幼儿园具有专业的师资，能对特殊幼儿进行有针对性的专业训练、康复及评估，并根据特殊幼儿的需求随时调整教学策略，使每一名特殊幼儿都得到更适合的教育。

在反向融合环境中，特殊幼儿与普通幼儿结成伙伴一起学习和生活，在与普通幼儿的沟通与交流中，特殊幼儿的听力、语言、感知、思维、适应等方面得到了很大的提高；在与普通幼儿融合中，特殊幼儿健全了人格，变得更加自信与阳光，为早日融入社会、回到普校（幼儿园）打下基础。

（四）有利于普通幼儿的终身发展

在学前反向融合环境中，普通幼儿在与特殊幼儿的沟通与交往中，学会了宽容和尊重个体差异，普通幼儿会变得更加善良、有爱心和耐心，在今后成长过程中，再遇到有特殊需要的同伴时，更容易接纳并学会帮助，为未来理解与包容多元化的世界打下了良好的基础。

（五）能够促进融合教育的深入改革，有一定的社会意义

学前反向融合模式更能关注到每一名幼儿的多样化需求和终身发展，包括特殊幼儿和普通幼儿，让所有幼儿都能在一个正常的环境里接受适合的教育，他们互相尊重、互相帮助、彼此接纳、相互合作、全面发展、健康成长。它能最大限度地体现融合教育的理念和价值，改变现有的教育和服务支持体系，所有幼儿只存在个体的差异，没有特殊和普通之分，保障所有的幼儿都能享受平等的教育。

三、反向融合模式的社会价值

（一）融合个体的共同成长成为推动社会文明的力量

在反向融合环境中，普通幼儿与特殊幼儿共同成长，一起种下了平等、善良、友爱的种子，他们满怀信心而又坚韧不拔地在理想和现实的驱动下最大限度地发挥自己的潜能，成为推动社会文明进步的力量。

（二）形成社会合力，共筑人类命运共同体

学前融合教育需要全社会的支持，社会各成员各司其职、相互协作，最终满足所有幼儿都能走入社会、融入社会，获得美好的生活，也为所有幼儿创造了一个可持续发展的未来社会。

1.融合家长协同支持，形成家园共育新格局

在反向融合模式中，许多工作需要由家长、教师等组成的团队共同合作开展。可以引导家长履行融合教育主体责任。比如，学校把普通幼儿和特殊幼儿的家长结成对子，不仅"一对一"帮扶幼儿，还可以"一对一"帮扶家庭。这样可以密切与特殊需要幼儿家长的沟通，加强家庭教育工作的指导。[①]还可以发动普通幼儿家长和部分老师参与志愿服务，协助做好特殊需要幼儿的辅助

---

① 徐妍. 普通学校融合教育支持系统的重构——以江苏省南京市长江路小学融合教育的实践探索为例 [J]. 现代特殊教育，2023（3）：24-26.

工作，并激励更多的家长参与融合教育。家长充分信任学校，积极参与各种活动，形成家园共育新格局。

图 2-5　家园开放日

2. 开展跨领域多专业合作

在反向融合模式中，还需要医学专家、康复机构等的参与和帮助。比如，学校附属幼儿园与河北省儿童医院、河北医科大学、河北医科大学第一医院等多个医疗机构、康复机构、高校深度合作，建立良好的融合机制，为特殊幼儿提供更多的教育康复支持。

3. 吸引更多的爱心人士为融合教育共同努力

附属幼儿园的反向融合模式也吸引了一批爱心人士的助力。河北医科大学羡晓辉教授带领的志愿团队、石家庄市舞蹈协会刘志宗主席志愿团队等长期义务为普通幼儿和特殊需要幼儿提供医学和艺术领域的康复与支持。

4. 坚定普通学校开展融合教育的决心，增加社会接纳度

反向融合模式的实践是一场关于融合教育的特殊的时空对话，是实现所有儿童全面发展的重要方式，带给普通学校更多的启发，不仅能够指导他们的

图 2-6　河北医科大学师生为幼儿科普医学常识

图 2-7　河北医科大学师生入园开展交流活动

实践操作，更能帮助他们坚定开展融合教育的信心，增加社会的接纳度，还会为所有儿童的终身发展服务，进而全面推进符合中国实际情况的高质量的融合教育。

5.弘扬社会主义核心价值观，构建以人为本的和谐社会

经过多年的研究实践，我们发现学前反向融合的理念充分弘扬了社会主义核心价值观，是能够着眼于人类发展提出的彰显中国智慧的理念和方案。普通幼儿和特殊幼儿在同一个环境里，相互适应、相互尊重、相互合作、相互促

进，也顺应了和平、发展、合作、共赢的时代要求，推动着整个世界朝着更加
开放、包容、普惠、共赢的方向发展，共同创造人类的美好未来！

图 2-8　我们在一起

第三章　学前反向融合教育模式概述

第一节　学前反向融合教育概述

学前融合教育是融合教育的重要组成部分，主要指学前阶段的融合教育。指把学龄前有特殊需要的幼儿和普通幼儿安置在同一个教育环境中，并为其提供多方面的支持和服务[①]。

学前融合教育的理念是融合教育思想在学前教育领域的延伸，强调所有学龄前幼儿，无论他们的性别、种族、身体条件、智力水平等，都应该在幼儿教育机构共同接受教育。

一、学前反向融合教育

学前融合教育也可以将普通幼儿安置于特殊幼儿园，与特殊需要幼儿一起学习和生活，接受适合的教育，这样的方式我们称为学前反向融合教育。学前反向融合教育也是学前融合教育的一种形式、路径和方法，它更关注于特殊需要幼儿和普通幼儿的终身发展，促进彼此的接纳、合作以及共同成长[②]。

"特殊需要儿童"这一概念源自1978年英国《沃诺克报告》，该报告提出"儿童的特殊教育需要既包括那些因身体的、感觉的、心理的缺陷或情感上、行为上的失调导致的对教育的地点、内容、实践或方法的特殊需要，也包括其

---

① 丁雯. 运用奥尔夫音乐活动促进自闭症幼儿同伴互动的研究［D］. 重庆：重庆师范大学，2020.

② 刘悦悦. 学前融合教育质量现状及提升策略研究［D］. 杭州：浙江师范大学，2019.

他有某种困难的学生对教育的某种特殊需要，以上需要既可以是贯穿整个受教育时期的，也可以是短期的"。

学前反向融合教育的服务对象主要是特殊需要幼儿和普通幼儿。

二、学前反向融合教育的核心理念

学前反向融合教育的核心理念是指在学前教育阶段，普通幼儿和特殊幼儿融合在一起，经过相互认识、彼此接纳到学会分享、相互支持，最后共同成长，都得到适合他们的教育。也体现了尊重差异、公正公平、多元包容的人本理念。

它包含文化（理念）的融合、课程的融合、师资的融合、同伴的融合、家校的融合。

1. 更加尊重所有幼儿的个体差异

学前反向融合教育更加充分地理解和尊重普通幼儿和特殊需要幼儿的个体差异，认为每个幼儿都是特殊的，都应该根据差异情况为他们提供有针对性的、适合的支持。比如，对特殊需要幼儿，要根据他们的个体差异提供相应的教育和康复服务，来帮助他们在语言、社会、情绪、身体和认知方面获得充分发展，使其各方面的能力都有提高并获得一定的生活能力和技能。对于普通幼儿，小班教学、个性化的培养，也能让他们更好地实现全面发展。

2. 关注所有幼儿的终身发展

无论是普通幼儿还是特殊需要幼儿，首先是儿童，他们的身心发展规律、认知发展、人格发展一样遵循着由简到繁、由不完善到完善的发展规律，只是发展的速度和情况不同，所以更应关注幼儿的成长和终身发展。

3. 体现了社会公平与教育平等

学前反向融合教育不是学前特殊教育，也不是普通教育和特殊教育的简单叠加，它能更好地帮助特殊需要幼儿与普通幼儿一起平等地参与活动，自主学习，共同成长。

4. 探索出1232反向融合实践模式

经过多年的探索与实践，我们探索出1232实践模式。

"1"指"一种模式"，即学前反向融合教育模式。

"2"指"两个教育对象"，即普通幼儿和特殊需要幼儿。

"3"指"三个阶段"，即普通幼儿和特殊幼儿的"反向融合"包括"共适""共融""共生"三个阶段。

"共适"阶段——普通幼儿和特殊幼儿相互认识、彼此接纳；

"共融"阶段——普通幼儿和特殊幼儿学会合作和分享，他们相互帮助，相互支持，共同成长；

"共生阶段"——普通幼儿和特殊幼儿变得更加独立与自信，他们一起种下平等、友爱、善良的种子，成为推动社会进步的主要力量。

"2"指"双螺旋上升"模式，这三个阶段是双螺旋上升的、层层递进的关系。

第二节　学前反向融合幼儿园入园流程及管理

和普通幼儿园一样，学前反向融合幼儿园也有一个完整清晰的入园流程，包括招生计划的制订、招生宣传、招生的咨询与接待、家长的访谈、办理入园手续、普通幼儿和特殊幼儿的安置方案和调整等。

一、制订招生计划

反向融合的幼儿园在招生之前应提前（最好提前半年以上）制定好下一年度的招生计划。招生计划中应分别包含招收普通幼儿和特殊幼儿两个教育对象的数量、班级、年龄等。反向融合的幼儿园的班额为20名幼儿左右，根据3—4岁、4—5岁、5—6岁三个年龄段分为小班、中班、大班。每个班安置的特殊幼儿不超过3名。

二、进行招生宣传

制订招生计划后，要有一定的招生宣传和重点，宣传学前反向融合模式的理念，做好两个教育对象家长的咨询工作。

学前融合教育在我国起步较晚，目前宣传也不足，所以相当多的家长对学前融合教育的认识不足，对反向融合教育模式理念和价值需要更进一步的宣传和理解。宣传的方式有电视、纸质媒体、自媒体、现场观摩等，要宣传出反向融合模式幼儿园的优势和特点，并写清楚招生的时间、电话、方式。

三、招生的咨询与接待

确定了招生的计划和时间后，就可以根据安排开始招生的咨询与接待工作。一般家长都会选择电话咨询和入园咨询，招生负责人要详细了解报名幼儿的年龄、程度、属于哪个教育对象，如果是特殊幼儿，要问清残疾类别和程度、医院的诊断结果、幼儿的康复情况等，根据询问情况初步判断是否适合入园并约定带幼儿入园咨询的时间。

家长入园咨询，首先要填写幼儿的基本资料，招生负责人初步观察幼儿的简单情况，对特殊幼儿由幼儿园的鉴定专家组进行初步评估。鉴定专家包括特殊教育教师、学前教育教师、康复教师、心理教师、医学专家等。

招生负责人还要全面介绍反向融合幼儿园的基本情况、理念、师资等，带领家长参观幼儿园的硬件设施、场地、教室，实地观摩融合课堂，并且可以安排幼儿进行一日常规的体验。

四、家长访谈

家长访谈对普通幼儿的家长主要是了解幼儿在家的表现、性格、爱好等，解答普通幼儿家长的疑虑，坚定他们选择反向融合幼儿园的信心。

对于特殊幼儿的家长，应了解幼儿的生长发育史、母亲的孕产史、幼儿的诊断情况、康复情况、心理和能力、有无特殊疾病等，帮助进行更好的教育安置。

五、办理入园手续

经过沟通交流和实地考察后，如果幼儿园和家长已基本达成了协定，就可以正式办理入园手续了。

入园手续需要家长提交户口本复印件、监护人及幼儿的户口页复印件、监护人身份证复印件、预防接种证复印件、儿童保健手册、入园体检表等。特殊幼儿还需要提交诊断证明等。

填写正式的"幼儿入园登记表"，内容包括幼儿的姓名、性别、家庭住址、户籍所在地、家庭联系方式、幼儿的个性特点、生活习惯及父母的简单情况等。

表 3-1　石家庄市特殊教育学校附属幼儿园入园登记表（普通幼儿）

幼儿姓名		性别		出生日期		籍贯	
父亲姓名		最高学历		职业		身份证号	
母亲姓名		最高学历		职业		身份证号	
现详细住址				联系电话			
常联系人及手机号				紧急联络人及手机号			
2张2寸照片　户口本复印件　入托体检证明 预防接种证复印件							

（续表）

幼儿姓名		性别		出生日期		籍贯	
生活状况	特殊饮食习惯			独处时常做的事情			
	食物过敏史			经常在一起的玩伴			
	特殊的睡眠习惯			日常较为亲密的人			
	最喜欢的室内活动			特别害怕的人			
	最喜欢的室外活动			特别害怕的事、物			
健康状况	曾患病症	有	无	常患病症	有	无	
	水痘			感冒			
	白喉			扁桃体发炎			
	百日咳			腹泻			
	麻疹			发烧、抽搐			
	外伤			过敏症			
	其他			其他（哮喘、癫痫）			
备注							

保健要点：1.是否有过如厕训练（　　　）

　　　　　2.午睡时是否需要尿布（　　　）

　　　　　3.是否会脱衣服（　　　）

　　　　　备注：

入园时间		家长签名	

表 3-2 石家庄市特殊教育学校附属幼儿园入园登记表（听力受限幼儿）

幼儿姓名		性别		出生日期		籍贯	
父亲姓名		最高学历		职业		身份证号	
母亲姓名		最高学历		职业		身份证号	
残疾证号		发现听力问题年龄			导致障碍原因		
康复时间				康复地点			
听力情况		助听工具	型号	听力损失	听力补偿	佩戴时间	备注
	左耳						
	右耳						
现详细住址				联系电话			
常联系人及手机号				紧急联络人及手机号			
2张2寸照片 户口本复印件 入托体检证明 预防接种证复印件							
生活状况	特殊饮食习惯			独处时常做的事情			
	食物过敏史			经常在一起的玩伴			
	特殊的睡眠习惯			日常较为亲密的人			
	最喜欢的室内活动			特别害怕的人			
	最喜欢的室外活动			特别害怕的事、物			
健康状况	曾患病症	有	无	常患病症		有	无
	水痘			感冒			
	白喉			扁桃体发炎			
	百日咳			腹泻			

（续表）

幼儿姓名		性别		出生日期		籍贯	
健康状况	麻疹			发烧、抽搐			
	外伤			过敏症			
	其他			其他（哮喘、癫痫）			
备注							
保健要点：1.是否有过如厕训练（　　　） 　　　　　2.午睡时是否需要尿布（　　　） 　　　　　3.是否会脱衣服（　　　） 　　　　　备注：							
入园时间				家长签名			

六、安置方案和调整

办理入园手续后，负责幼儿园的行政领导会根据入园幼儿的情况进行安置和编班。安置方案包括将普通幼儿和特殊幼儿安置到哪个班级，配备几位老师，还有特殊幼儿的个别化课程设置。例如，对于听力受限的幼儿，什么时候抽离出来进行语言康复的训练，多长时间，一周几次等。安置方案确定后，幼儿园会安排班级教师和家长见面，并与特殊幼儿的家长单独沟通孩子的安置方式。

第三节　学前反向融合教育的课堂

一些研究者将学前阶段融合的形式基本概括为三种，即物理的融合，社会性的融合和课程的融合。在融合的过程中，难度最大的就是课程的融合。在学前反向融合模式中，普通幼儿和具有多样化特殊需要的幼儿被安置在同一个班级中，他们的日常生活和学习活动都同时开展，只有部分时间特殊幼儿到资源教室接受个别的康复训练及辅导。所以如何在融合班级里设计适应所有幼儿需要的课程，是教师面临的一个最大的挑战。

一、幼儿园课程

幼儿园课程是一个很特殊的领域，目前，在很多国家正式颁布的文件中，很少能见到"幼儿园课程"一词。很多教育领域的专家也会发出疑问："幼儿园有课程吗？"在很多专家的心目中，课程是系统的学科知识，如果幼儿园的小朋友像中小学生一样学习课本里的知识，不就违背了幼儿身心发展的规律了吗？

其实，幼儿园这样的学前教育机构也是教育系统的重要组成部分，没有课程就无法落实儿童全面发展的教育任务。对幼儿园的课程有疑惑，正好说明幼儿园课程具有特殊性。其实它就是为了满足学前儿童的不同需要而确定的实践方案及其落实的过程，包括不断细化的目标体系以及与目标相对应的内容体系和活动体系，包括集体教学、区域活动、各类游戏以及日常生活活动等①。

幼儿园课程具有以下特点：

第一，幼儿园课程不是一个学科知识文本，不会全国采用同一个课程方案，更不会所有幼儿园教完全相同的内容。

第二，幼儿园的课程一定真正从幼儿出发，而不是从书本出发，要与幼儿的生活紧密结合。

图 3-1　美术活动

图 3-2　陶艺课程

① 虞永平. 幼儿园课程建设是系统和长期的工作［EB/OL］.（2020-12-28）［2023-07-09］. https://www.sohu.com/a/432335317_479635.

二、学前反向融合课程

（一）学前反向融合课程理念

学前反向融合课程是融合课程基础上的一个延伸，它渗透了融合教育的基本精神。有研究表明，世界上没有一门课程是可以适合融合班级的所有幼儿的，如果让每个幼儿都能习得知识和能力，就必须要设计融合课程。融合教育的课程既包括面向普通幼儿和特殊幼儿的共同课程，又有适应幼儿个别差异的个性化课程。在反向融合幼儿园，反向融合的课程更具有灵活性和可调整性，认同所有幼儿都能学习与成长，都能在同样的环境中获得高质量的学前教育，普通幼儿和特殊幼儿在活动中、在与同伴的互动中获得成长。

（二）学前反向融合课程的构成

在石家庄市特殊教育学校附属幼儿园的学前反向融合课程建构中，我们提出了"回归自然本真的理念"，做"更加专注、更有温度"的学前融合教育。首先遵循《3—6岁儿童学习与发展指南》，为普通幼儿和特殊幼儿确定适合的、共同发展的目标；尊重幼儿的身心特点和个体差异、尊重儿童的天性和认知规律，以3—6岁儿童学习与发展的五个领域为基础，围绕着共适、共融和共生三个阶段进行课程设置、调整和创新，将普通课程与融合教育计划从形式到内容上进行整合，在教育目标、内容、活动方式及评价上做相应的调整和改变，在园本课程的基础上又根据学校的资源优势开设了很多特色课程，这些课程与生活非常贴近，能引发所有幼儿积极投入，不断获得新的经验，实现全面发展。为了更好地实践这个理念，幼儿园从外部环境到主题活动都围绕亲近自然的主题。对于幼儿来说也不仅仅是表面的观察和感知，而是对大自然的持续探究和更深的理解和适应。这也是联合国和世界学前教育组织所倡导的可持续发展理念在幼儿园的实践与探索。

图3-3　雪地玩耍　　　　　　　　　　图3-4　沙子的快乐

（三）学前反向融合课程的实施

　　学前反向融合课程的实施首先要整合园所现有的资源和特色，根据特殊幼儿安置的数量、程度、方式、找到最合适的融合课程模式，为所有幼儿提供相应的支持和服务。这些课程虽然在形式上存在着差异，但是都围绕着一个关键的课程目标，即增进普通幼儿和特殊幼儿在融合班级中的活动参与程度，提高同伴互助交往能力，从而促进普通幼儿与特殊幼儿共同多元化成长，实现多元、平等、融合的社会梦想。

　　1. 共同课程

　　学前反向融合课程首先是一种"共同课程"，提供所有幼儿学习的课程，也称"一般发展性课程"。

　　在这里我们要特别提到"通用学习设计"。它是融合教育教学实施的核心理念之一，对反向融合模式同样适用。通用设计起源于20世纪70年代，最初是一个建筑概念，希望设计的产品能够适应大多数使用者的需求，不需要适应或者特殊化的设计。后来，通用设计的领域开始拓展到教育领域，称为"通用学习设计"。它强调所有儿童无论是否有身心障碍或学习障碍，都需要接受有意义且能发挥其优势的课程，以克服其身体、感官、情绪及认知障碍，而直接在课程设计中纳入这个原则，可帮教师节省许多花费在课程调整上的时间和精力。"通用学习设计"与事后课程调整的思维不同，主张在课程设计之初就考虑不同儿童的需求，以比较有弹性、多元的方式呈现课程。

也就是针对不同幼儿的特殊需求，融合园教师要通过设计教学材料和活动，运用多样化的方法，让每一个幼儿都能参与各种活动，并能获得愉快的体验及良好的效果。

2. 特殊课程

经过研究实践，我们认为，反向融合课程同样应该具备弹性，支持特殊需要幼儿能力的多样性、反映不同幼儿的特点与学习需要。更加强调幼儿的人格、情感、社会交往等多方面的发展，以追求教育公平。针对特殊需要幼儿的特殊性，反向融合课程应该包含面向所有幼儿学习的共同课程，又包含针对特殊需要幼儿学习需求的特殊课程。

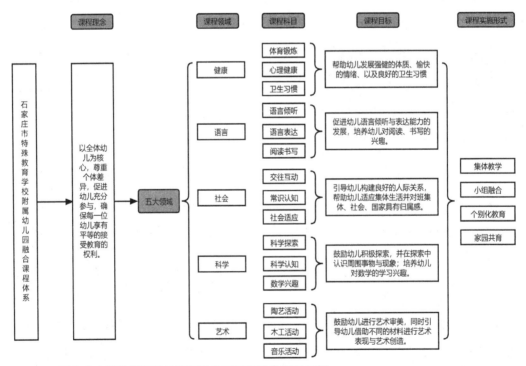

图 3-5　石家庄市特殊教育学校附属幼儿园反向融合课程示例

3. 个别化教育计划（Individualized Educational Programs，简称IEP）

融合幼儿园需要为每个班制订教育目标和详细的教育计划，并且需要根据特殊需要幼儿的评估情况为其制订个别化教育计划。

（1）个别化教育计划概述

个别化教育计划源自美国，自1975年，美国国会通过的94—142公法（The Education for All Handicapped Children Act）规定：必须为所有3—21岁的特殊儿童制定适合其需要的个别化教育计划，且须定期评估与修正。1990年的101—476公法（Individuals with Disabilities Education Act，IDEA）将转衔服务内容列为IEP的必要项目，要求学校负责制定个别化转衔计划（Individualized Transition Planning，简称ITP）。ITP是由幼儿园行政人员、普通教师、特教教师、相关康复师和幼儿的父母等，针对特殊需要幼儿的学习特点、能力和需求，共同拟定的适合该幼儿阶段的学习重点和评估机制。

（2）个别化教育的作用和意义

①促进教育平等。个别化教育计划通过在课程以及评价方式等各个方面的权衡，努力使幼儿接受最适合其发展的教育，以实现真正意义上的教育平等。

②有利于"因材施教"。"因材施教"是一种处理教学中个别差异情况的教学原则和教学策略。因材施教的本质在于：教师在教学过程中，要了解每个幼儿的个性、需要、优势、弱势和已有的知识基础等，从幼儿的实际出发，采取不同的措施，有的放矢地进行教育。特殊幼儿由于障碍类别、障碍程度、发展过程以及所处环境等诸多因素的不同，其身心发展水平表现出较大的特殊性和差异性。因此，在教育中要照顾幼儿的个别差异，针对不同幼儿的不同特点，采取特殊措施，以适应每个幼儿的需要①。IEP根据特殊幼儿的不同需要设

---

① 康倩倩. 因材施教，让幼儿自由翱翔——幼儿教育基于因材施教的实践做法 [J]. 学苑教育，2018（20）：95.

计不同的教育方案，还根据该儿童内在的能力设计最适当的教学计划，以保证其得到最适当的发展。与此同时，IEP以具体的教学方案，针对幼儿的个别需要实施个别化教学，体现了因材施教的理念。

③促进家长参与。为使特殊幼儿获得适当的教育，家长的参与极为重要。一方面，家长可以提供关于幼儿发展的重要信息，表达自己的意愿；另一方面，家长可以在参与的过程中更多地了解特殊幼儿的能力与兴趣。家长可以直接或间接地介入特殊幼儿的教育过程，与幼儿园教育相辅相成，提升教育的效果。IEP方案非常重视家长的参与，包括幼儿的评定、教学目标的制定、评价等。通过个别化教育计划，家长、教师以及其他为学生提供服务的人员得以共同参与计划的制定与执行，彼此有了更多的沟通[1]。

④促进融合教育的发展。在IEP的制定与实施中，特殊幼儿应尽可能拥有与普通儿童共同学习的机会，且在最小受限制的环境下接受适当的教育。

⑤促进多员参与。为特殊幼儿提供适当的教育，需要多人员的通力合作，主要包括教育、医学、心理、社会等各领域人员。这种多领域合作的思想，充分体现在IEP之中。

（3）个别化教育计划在反向融合教育模式中的应用

①确定特殊需要幼儿的评估方案及方法。个别化教育计划的制订首先要对特殊需要幼儿进行评估，评估首先要参考特殊需要幼儿的医院鉴定证明及其他相关检测结果，找到幼儿急需干预的目标和已经具备的能力，然后根据班级一日活动的基本目标和课程目标，设计详细的评估方案，用自然观察、情境观察、评估设备和工具、家长访谈等方式对特殊需要幼儿进行全方位的评估，并记录评估结果。

②确定特殊需要幼儿的主要阶段干预目标。根据特殊需要幼儿的评估结果，选取对其适合的阶段干预目标，比如在共适阶段，以有助于幼儿自理能

---

[1] 刘春玲，江琴娣. 特殊教育概论［M］. 上海：华东师范大学出版社，2015：65-66.

力的教育目标优先，如能够独立进餐、穿脱衣服、表达大小便需求等；还以有助于特殊需要幼儿自主参与交往和活动的目标优先；以改善障碍程度优先，如对于听力受限幼儿，有针对性地进行语言训练，帮助其更好地康复，减少差异。

需要说明的是，个别化教育计划并不需要对特殊需要幼儿在所有的课程环节和发展领域制订，而是根据需要在某一环节或领域制订即可。对特殊需要幼儿的评估也需要有长期的教育目标和短期的评估目标，教师需要根据评估方案和结果调整教学策略，帮助特殊需要幼儿尽快适应并更好地融入班级和日常活动，为每个特殊需要幼儿提供最适合的教育。

4. 学前反向融合课程的调整策略

在融合过程中，当特殊需要幼儿无法完成相应的学习目标时，教师就需要为特殊需要幼儿提供更多的支持，以帮助特殊需要幼儿更好地适应或成长。

课程调整就是通过改变环境设置、活动内容、活动材料等来帮助特殊需要幼儿最大化地参与到规划的活动和流程之中，在参与的同时，能够提升幼儿的学习能力和水平，获得最大的发展。

何时使用课程调整？

通过观察，老师发现特殊需要幼儿对当前活动感兴趣，但是却无法充分参与时，课程调整将是最有效的策略。幼儿可能尝试参与活动，但是却未能成功参与，或是让老师看到他遇到了困难，那么他是需要帮助的。

课程调整策略有：

（1）目标调整

在设计和实施教育活动时，首先要根据特殊需要幼儿的评估发展目标对现有目标进行调整，主要调整目标的量或者难易程度。

以石家庄市特殊教育学校附属幼儿园为例（以下课程调整策略均以此幼儿园为例），在中班的语言活动《小鸽子想要去海边》中融合教育目标是：能基本完整地讲述所听故事的主要内容；能根据连续画面提供的信息，基本说出故事的情节；能随着作品的展开产生喜悦、担忧等相应的情绪反应，能够体会作品所表达的情绪、情感。

对于特殊需要幼儿，不能较完整地表达出故事内容，就可以根据特殊需要幼儿语言的发展情况，让幼儿用手部动作代替语言表达，且对于关键词表达清晰即可，保留情绪反应，教师加大对作品的情绪表达，让特殊需要幼儿和普通幼儿一起感受到教师的情绪变化。教师将故事内容用连环画的形式展示给特殊需要幼儿，因此将特殊需要幼儿的发展目标调整为：能用肢体表达关键人物；根据画面提供的信息及表达的情绪、感受体会到作品的情绪、情感并逐渐能表达完整的短句。

（2）环境调整

也就是通过改变物理环境、社交环境甚至是时空环境等来促进幼儿参与、互动与支持。

比如在进行园内社会活动《我是小医生》时，可以将班级分组打乱，通过分组将两名中班普通幼儿、一名特殊需要幼儿、一名小班普通幼儿的方式对幼儿进行社交环境的改变，采用混龄互助的形式帮助幼儿融入活动，感受同伴交往所带来的快乐和成长。

（3）活动材料调整

可以调整活动材料使幼儿能够尽可能地独立参与。（例如：将材料和设备放置到最佳的位置，调整材料的尺寸、颜色，固定活动材料，调整反馈方式等。）

比如在融合班级，根据特殊需要幼儿的兴趣选取材料物品的形状、颜色等，并放置到适合其取放的位置，随时观察幼儿在活动时的反馈，根据幼儿的表现情况及时调整。

（4）活动难易程度调整

在集体活动中，教师可以将任务分解成小步骤或者减少任务数量来简化任务步骤（例如：任务分解，改变或减少步骤数量，以成功的体验结束活动等），以满足不同能力和发展水平的幼儿。

例如在进行陶艺活动的泥条盘筑时，幼儿经常不知如何将面团搓长，或者搓着搓着就直接断掉，教师可根据幼儿的能力水平将陶泥减少到幼儿可控的大小，再帮着幼儿一起调整陶泥的软硬程度，接着进行示范将陶泥搓长，在搓长的过程中根据情况指导幼儿及时把裂纹进行修正，帮助幼儿获得成功，提高成就感。

（5）利用特殊需要幼儿的兴趣调整

在融合课程中，如果幼儿没有充分参与活动，可以寻找并利用幼儿的个人喜好（例如：手持幼儿喜爱的玩具，利用幼儿最喜欢的活动，引入幼儿最喜欢的人等），帮助幼儿充分参与活动。

另外，每个幼儿的注意力时长和兴趣点均不相同，所以教师在进行教学活动时及时变换活动形式就尤为重要。比如在奥尔夫音乐活动中，幼儿常常把自己的乐器玩玩就想换另一个，所以可以在活动中待一首或者两首音乐结束后就和身边的幼儿交换乐器，这样可以延长幼儿的参与时间，幼儿也会体验到不同乐器带来的快乐。

（6）设备调整

使用特殊、合适的设备帮助特殊需要幼儿参与活动，或者提高幼儿参与的水平，例如使用语言训练设备、特殊座椅、沟通辅具等。

比如，对于听力受限的幼儿，可以采用"启音博士构音测量与训练仪软件"等对听障幼儿进行构音训练，通过对"下颌、唇、舌"三部分进行被动治疗和自主运动，用动画和游戏的形式帮助听障幼儿训练发音。在日常活动时，教师也会在融合班级让普通幼儿和特殊需要幼儿一起进行发音训练，一对一进行模仿，提高幼儿的参与水平。

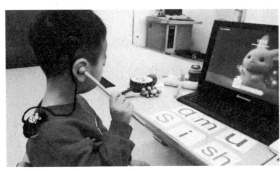

图3-6　语言训练设备　　　　　　　图3-7　语言康复训练

（7）成人支持策略调整

成人介入，辅助幼儿参与和学习。例如：成人示范，加入幼儿游戏，对幼儿表扬和鼓励等。教师可以利用家长开放日，请家长感受、了解幼儿一天的日常活动。如家长开放日时，小班幼儿在一起玩彩虹伞的游戏，所有家长一起为幼儿撑起一个彩虹色的梦幻空间，让幼儿感受小星星的旋转、崩爆米花、上下远近的空间移动。随着家长的示范和助力，所有幼儿都非常开心和兴奋，每个孩子都洋溢着快乐的笑容。

（8）同伴支持策略调整

请同伴帮助幼儿学习重要的目标（如示范、手拉手结对、表扬和鼓励）等。

同伴协助不仅仅体现在本班幼儿，园内跨年龄阶段的结组更是随处可见，同伴的帮助对于幼儿来说至关重要，大孩子对于小孩子的鼓励也尤为关键，通过"小手拉小手"活动不仅能够提高幼儿同伴交往能力，对于其亲社会行为和社会适应能力也有显著提升。

图 3-8　一起画点点

（9）隐性支持策略调整

在活动中安排会自然发生的事情（如顺序调整，在课程领域内将活动排好顺序）

在一日流程中，幼儿会饮水4—5次，但是幼儿经常表现出没有秩序感，不愿意排队，随意走动，也会碰撞到其他小朋友，教师通过在地上画出一排不同的小动物和代表幼儿名字的小符号，帮助幼儿认领属于自己的位置，幼儿的自我意识会直接在自己的位置上站好，解决了没有秩序感的问题。

（10）分层策略调整

根据特殊需要幼儿的需求将班级幼儿分成两组或更多小组，由教师分别安排不同的课程或活动，制定分层目标，分组施教。

课程调整应该是易操作的干预策略，需要的是想法和计划，并不是额外的资源。事实上，大部分教师都会根据幼儿的实际需要定期进行调整，帮助幼儿取得显著的进步。

对于教师来说，需要记住的是，课程调整的目的是帮助幼儿参与。如果参与度还无法满足幼儿学习的需要，就要使用其他策略，如嵌入式教学策略和以儿童为中心的教学策略。同样需要记住的是，要随时评估课程调整的结果，许多课程具有明显的即时效果。

在某些特定学习目标上，如果幼儿还是无法获得进步，将需要包含更多教学的支持策略。具备这种强度和特殊性的支持，我们称为嵌入式教学策略，这种方法是指将特殊设计的教学策略加入常规活动和流程中。这些嵌入式的、较为分散的教学支持旨在帮助幼儿学习关键经验，帮助幼儿在多场景、多活动中泛化新技能。对于某些幼儿来说，某些学习目标需要更明确的教育支持。这种需要明确教学时间、教学支持、辅助方式及教学结果的策略，我们称为以儿童为中心的教学策略。

嵌入式教学策略：幼儿教师通过嵌入式教学策略，在日常活动和常规中创设短小的教学环节，这些教学环节关注的是幼儿的个体学习目标，并将其融入活动和常规之中。比如特殊幼儿和普通幼儿参加相同的主题活动，但是因为特殊幼儿的个体差异较大无法实现总体的教育目标时，就可以考虑对特殊幼儿进行嵌入式教学策略，将特殊幼儿的个别化教育目标放入活动中，适合特殊幼儿主动参与活动。

首先，因为这个策略是在当前的活动和常规中进行的，教师不需要对教室进行大范围的调整。

其次，教师可以充分利用幼儿的兴趣和喜好，这些兴趣和喜好是幼儿参与和学习的动力。

再次，因为教学发生在自然情景下的教室内，所以幼儿使用新技能的能力也提高了。

最后，如果教师在一天的不同活动中设计了几次嵌入式教学策略，那么幼儿习得的技能也在多个场景中得到了泛化。

教师和团队在计划和使用嵌入式教学策略时，会使用类似的教学策略，如激励和强化。嵌入式教学策略的使用要非常自然，所以教师必须事前进行精心设计，以保证有特殊需要的幼儿能够通过这个策略获得充分的技能练习。

基本步骤：

第一，明确幼儿的学习目标和学习标准。

第二，收集能够反映幼儿现有表现水平的基本信息。

第三，选择适合的活动、活动区或教室常规区。

第四，设计教学互动，并把它写在计划表上。

第五，按计划实施教学：①发出具体、明确的指令；②等待幼儿回应；③提供反馈。

第六，记录教师所提供的机会。

第七，定期检核，评估幼儿是否已经达到目标。

以儿童为中心的教学策略：在普通班级参与日常活动时，特殊需要幼儿有时还需要接受直接的、具体的教育支持。

和嵌入式教学策略不同的是，两者提供的教育支持的强度不同。一些幼儿为了能够习得必要的技能和概念，每天可能需要更多的练习，需要教师提供更多的协助，减少教学环境中的干扰，以及使用更积极的强化方式。

当教师想教授某一特定技能或概念时，就可以使用以儿童为中心的教学策略。该教学策略可以应用在大量的不同的教室情境中，也可以应用在幼儿发起的或教师发起的互动中。教师确定幼儿的学习目标，这一学习目标需要特别设计教学情境，当幼儿需要更为密集的关注时，就要使用以儿童为中心的教学策略。

在使用以儿童为中心的教学策略时，所有的教学都应该发生在互动的情境当中，但是这个互动可以发生在师生的互动之中，也可以让同伴担当教师的角色。需要注意的是，这个过程中，人员的出现顺序是非常重要的。一个教学互动应该包含前因、目标行为及行为结果。

以上几种策略整合在一起就构成了优质的幼儿园教学体系的基础。教师及其他工作人员通过对幼儿学习的细致观察，必要时增加特殊的、实证的、个别的支持，满足幼儿的学习需求，帮助幼儿学习并获得成功。

使用嵌入式教学策略或者课程调整以后，幼儿的进步依然非常缓慢，幼儿对当前干预的回应离预期有差距。这时要特别设计教学情境，为幼儿提供更多在协助下练习目标技能的机会。

幼儿必须在习得一项技能或概念后，才能学习一般幼儿的课程。目标技能是幼儿参与当前教室活动和学习课程内容的基础，需要特别教授的技能或概念可以帮助幼儿建立共同注意、模仿同伴或成人、玩玩具以及听从普通指令的能力。

幼儿必须习得学前生存技能，即教师帮助幼儿在教室中尽可能独立学习和生活。例如：教师需要根据班级常规能力的培养私下教授、指导幼儿如厕或穿脱衣服等。

幼儿的目标是特有的，班级中的其他幼儿并不需要学习这些技能或概念。

确定以儿童为中心的教学策略后，基本步骤有：

第一，确定幼儿的学习目标和学习标准。

第二，收集幼儿当前表现的基本信息。

第三，依据活动矩阵选择在一日中可以使用特别设计教学的活动或次数。

第四，设计教学互动，并记录在表格中。

第五，依据计划实施教学，确保计划准确并能充分地实施教学，以便为幼儿提供教师协助下多方面回应和练习技能的机会。

第六，收集和总结幼儿每日表现的信息。

需要注意的是，最后一步的实施在强度上是有所不同的。教师或团队成员需要每天收集幼儿的表现信息，这样就可以随时调整教学策略，如日程表、材料选择、学习动机、教学评估考核等。

第四节　学前反向融合教育的班级管理

在学前反向融合教育模式中，普通幼儿来到特殊教育学校的幼儿园，普通幼儿与特殊幼儿按照比例融合在一个班级中。

以石家庄市特殊教育学校附属幼儿园为例，普通幼儿与特殊幼儿以7∶1的比例融合在一起，教师根据他们的不同教育需求，有针对性地开展班级日常教育教学管理工作。

一、学前反向融合模式的班级

班级管理是学前反向融合模式实施的基本组织形式，班级是由普通幼儿、特殊需要幼儿、教师、保育人员等组成的一个集体。班级作为与幼儿所处的与自身关系最密切的环境和具体的生活场所，对幼儿的发展有着最直接的影响。

石家庄市特殊教育学校附属幼儿园班级的划分主要以年龄为主要依据，分为托、小、中、大四个年龄班。托班主要是为0—3岁的听力障碍儿童进行语言康复和早期适应训练，并为家长提供家庭康复训练服务和指导的班级，其他三个班为普通幼儿和特殊幼儿的融合班级。

学前反向融合的班级也是通过有目的、有计划、有组织地开展多种形式的教育活动来发挥其生活功能、教育功能和社会功能。其基本要素主要包括人员结构、物质设施、组织结构三个方面。

（一）人员结构

1. 保教人员

《幼儿园工作规程》指出，教师和保育员是幼儿班级管理的主要承担者，担负着对幼儿进行保育和教育的双重任务。因此，作为班级工作的承担者，保教人员的数量和质量直接影响着保教目标的实现。

石家庄市特殊教育学校附属幼儿园同样采取"两教一保制"，并增加了康复教师做相应的康复训练和指导。两教包括学前教育老师和有学前教育资格的特殊教育教师，特殊教育教师的数量根据融合班级幼儿的数量调整为1—2名。

（1）学前教育教师

幼儿园的教师是履行幼儿园教育工作职责的专业人员。她能结合本班幼儿的发展水平和发展需要，制订和执行教育工作计划，合理安排幼儿的一日生活；能创设良好的教育环境，合理组织教育内容，开展适宜的教育活动；指导并配合保育员管理本班幼儿的生活，做好卫生保健工作；与家长保持长期的联系，与家长一起商讨符合幼儿特点的教育，相互配合共同完成教育任务；组织班级教师的业务学习和研究[①]。

（2）特殊教育教师

特殊教育教师首先要考取学前教育教师资格证书，并且具有丰富的特殊教育知识和经验，及时根据特殊幼儿的上课情况配合学前教育教师做好课程策略的调整，更加关注特殊幼儿在融合班级的适应情况，配合学前教育教师做好班级一日常规的管理工作。

（3）康复教师

能够为融合班级的特殊幼儿做康复训练；定期对特殊幼儿进行评估，及时制订和修改特殊幼儿的个别化教育计划；对特殊幼儿的家长进行每日的家庭康复训练指导。承担康复训练的教师是幼儿园单为特殊幼儿配备的教师，根据特殊幼儿的人数和安置方案配备。

随着国家对学前教育和融合教育力度的不断加大，教师人数稳步增长，学历层次持续提升，专业素养明显提升。石家庄市特殊教育学校附属幼儿园的教师学历全部为大学本科以上，其中研究生学历教师有3人，占幼儿园教师人数的20%。

---

① 高悦. 幼儿园一日生活中消极等待的研究［D］. 贵州：贵州师范大学，2016.

（4）保育员

以前，人们对保育员职责的定位一直停留在打扫卫生、负责幼儿安全、照看并管理幼儿生活上，保育员似乎只负责"保"，把"育"当成是教师的事，这种"保""教"分离的理念不符合融合幼儿园发展的理念。

《幼儿园工作规程》第四十二条对保育员的具体职责作了如下规定：

①负责本班房舍、设备、环境的清洁卫生和消毒工作；

②在教师指导下，科学照料和管理幼儿生活，并配合本班教师组织教育活动；

③在卫生保健人员和本班教师指导下，严格执行幼儿园安全、卫生保健制度；

④妥善保管幼儿衣物和本班的设备、用具。

上述第二点尤其体现了国家对保育员作为幼儿保育和教育者的专业性认可，另一方面也暗含着对保育员作为教育者的角色要求。

其实，在保育员的工作中，蕴含着丰富的教育元素，包括生活常识教育、健康教育、卫生习惯和行为的宣传教育、仪表礼仪教育、安全教育等。在反向融合幼儿园，要求保育员在对普通幼儿和特殊幼儿生活管理时，要学习并掌握幼儿的心理知识和一些医学及康复知识，并且配合教师发现日常生活中的教育因素，把握教育契机，培养普通幼儿和特殊幼儿的生活习惯和独立自主的能力。另外，还要及时发现普通幼儿和特殊幼儿在融合过程中发现的问题，及时和教师进行沟通。[①]

2. 幼儿

幼儿是幼儿园教育的对象，是班级的主体。学前反向融合模式的主体对象是普通幼儿和特殊幼儿，反向融合保教人员要了解该阶段幼儿的生理、心理特点，做到科学保教。

---

① 陈彩霞. 重视保育队伍建设，真正落实保教并重［J］. 早期教育，2018（12）：32-34.

（1）普通幼儿的生理特点与保健

3—6岁的普通幼儿，和2—3岁相比，身高和体重的增长速度有所放缓，但是脑和神经得到了较快的发展。在这个阶段，幼儿的生理活动调节能力较差，神经兴奋过程大于抑制过程，但是神经细胞脆弱，容易疲劳。所以，为幼儿设置活动安排时，应该注意：

①开展的活动要有趣、丰富；

②开展的活动要保持适度的兴奋；

③要建立有序、合理的常规；

④保证充足的营养和睡眠。

这个时期普通幼儿的心理特点是：

①好奇好问、活泼好动；

②喜欢模仿；

③思维具体形象；

④情绪作用大。

（2）特殊幼儿的生理特点与保健

以听障幼儿为例，其生理特点主要是听觉发育不全或听觉受损，导致言语和语言障碍。听觉损伤的部位如果在耳蜗，并伤及前庭和半规管，可能影响幼儿的平衡功能。听障还有可能影响幼儿的听动协调，但在其他方面，听障幼儿一般与普通幼儿无异[1]。

听障幼儿由于听力受损，容易导致言语和语言障碍。语言障碍会导致他们与社会的交往障碍，进而会导致他们的心理发展受到一定的影响和制约，心理发展的某些方面滞后于普通幼儿。所以，我们要帮助他们克服障碍，发掘潜能，鼓励他们积极参与活动，更好地成长。

---

[1] 李诗. 特殊儿童随班就读的实施策略 [J]. 新课程研究，2019（S1）：124-125.

（二）物质设施

1. 空间环境

空间环境主要是指幼儿园的房舍和活动场地。空间环境相对较大时，幼儿能在班级中自由地进行各种活动，要充分发挥环境与幼儿之间的相互作用。如果客观条件限制，空间环境较小，则应想办法巧妙设计并充分利用空间。比如：幼儿园场地紧张，活动设施有限，可以充分利用每个教室的墙壁和地面设计适合幼儿活动的场地。

班级的环境主要指班级室内的活动空间，是幼儿学习和活动的重要场所。平均每个幼儿应占面积为2.5平方米以上。石家庄市特殊教育学校附属幼儿园的教室每个幼儿应占面积为4平方米。另外室内采光还要干燥、通风，墙壁以淡色为宜。

户外环境指班级外的活动场地。《幼儿园工作规程》第三十五条明确规定："幼儿园应有与其规模相适应的户外活动场地，配备必要的游戏和体育活动设施，创造条件开辟沙地、水地、种植园地等，并根据幼儿活动

图3-9　荡桥

图3-10　沙池

图3-11　幼儿户外活动设施

的需要绿化、美化园地。"①因此，幼儿园一般要提供足够的活动场地，活动场地建议人均3平方米以上为宜。附属幼儿园为幼儿提供了攀爬架、滑梯、荡桥、滚筒、跨栏、平衡木、安吉游戏玩具、钻圈、感统器材、彩虹伞等。

2.设备

（1）玩具

班级内应配备数量充足、种类多样的玩具材料。如各种型号规格的积木、进行智力活动的拼图、棋类玩具等。教师提供的玩具要适合幼儿的年龄特点，又要适合普通幼儿和特殊幼儿的个体差异。

各类玩具材料要分门别类地摆放在敞开的玩具架上，让幼儿看得见、拿得到，需要注意的是要特别重视玩具的卫生和安全问题。使用时，注意培养幼儿爱护玩具的好习惯。

（2）图书

班级应提供一定数量的、适合幼儿的图书，图书区要放在光线较好的安静位置。附属幼儿园的每个教室都有专门放图书的架子，每个教室都有一个小小的绘本馆。

图3-12　小小绘本馆

---

① 李丽平. 农村民办幼儿园室外游戏环境创设的现状及对策——以云南省曲靖市师宗县农村民办幼儿园为例［C］. 昆明：中国学前教育研究会学术年会，2016：484.

（3）家具

桌椅的尺寸要符合幼儿身体发展的特点，合适的桌椅有利于幼儿保持良好的坐姿，缓解疲劳，还有利于保护幼儿的视力。幼儿午睡用的床要按幼儿的人数设置床位，一人一床。活动室的卫生生活设施，如饮水设备、水杯架、毛巾等，要便于幼儿取放。每个幼儿应有个人专用毛巾架，在毛巾、水杯上贴上标志，以便幼儿能够进行辨识。

（4）康复训练设备

根据特殊需要幼儿的生理特点和个体差异，为其配备康复训练设备。例如：为听障幼儿设置启聪博士听觉评估导航仪、启音博士构音测量与训练仪、启音博士言语矫治仪、新概念学说话语言康复训练仪、学习能力评估设备等。

（5）功能教室

石家庄市特殊教育学校附属幼儿园为幼儿设置了科学探究室、陶艺教室、美术教室、时光木工坊等。

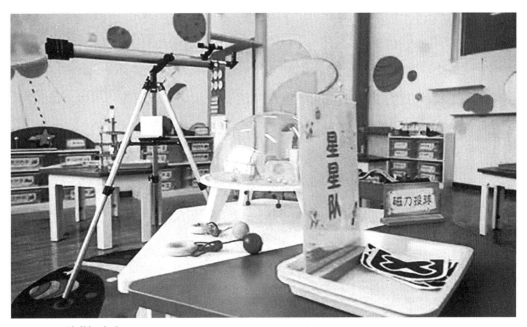

图 3-13　科学探究室

图 3-14　时光木工坊　　　　　　　　图 3-15　陶艺教室

（三）组织结构

1. 班集体

班集体是班级的基本组织形式。班集体的形式可以集中、高效地达成教育目标，以减轻教师的教学负担。教师在管理班集体工作时，要加强幼儿对班集体的理解，利用班集体的合作力量对幼儿进行教育和引导。

2. 小组

小组是班级的基层组织形式，我们把普通幼儿和特殊幼儿分为固定小组和临时小组两种。固定小组一般根据幼儿的特点、能力，由普通幼儿和特殊幼儿搭配结成小组，有利于幼儿之间的生活和活动。临时小组一般是根据活动的需要临时组建的小组，这类小组成员是经常随着活动的内容而变化的。

图 3-16　我来讲给你听

3. 个别活动

班级的每个成员都是个体。在班级活动中，一方面要发挥幼儿的自主性，开展个别活动，给予其活动的自由；另一方面又需要他们适应集体，努力成为集体的一员。

二、学前反向融合模式的班级管理

在反向融合模式的班级中，学前特殊幼儿和普通幼儿融合在一个班级中，共同接受教育，这是一种比较利于特殊幼儿发展的教育模式。教师要根据普通幼儿和特殊幼儿的不同教育需求，要有针对性地开展班级日常教育教学工作。

班级管理的内容非常宽泛，幼儿班级一日生活的各个环节、材料、场所、时间、人物的行为反应及情感需求等都属于班级管理。

（一）班级的一日常规管理

班级中的一日常规管理是普通幼儿和特殊幼儿管理的重要内容。不论是普通幼儿还是特殊幼儿，在入园时都会出现各种行为习惯问题。因此，入园后的班级常规培养尤为重要，养成良好的一日常规习惯，能够有利于幼儿更好地融入班级生活。

根据反向融合模式的共适、共融、共生的三个阶段，班级管理主要包括以下几类：生活适应、运动健康、学习活动、游戏活动等。

1. 生活适应

普通幼儿和特殊幼儿的生活自理、同伴适应、环境卫生、生活规则有关的活动内容等，应当从实际出发，建立一个合理的常规，同时要尊重普通幼儿和特殊幼儿的个体差异，培养幼儿良好的习惯和初步适应生活的能力。在此期间，还有充分关注普通幼儿和特殊幼儿的个体差异，尤其是关注特殊幼儿的各种情绪，并且通过调整策略让普通幼儿和特殊幼儿自主、自觉地发展各种生活能力，形成健康的生活习惯和交往行为，在集体生活中安全、健康、愉快地成长。

2. 运动健康

运动健康主要指普通幼儿和特殊幼儿在自然锻炼、户外活动等活动中建立的有关实践、内容和程序的相关规定。建立科学的运动健康常规，有利于普通幼儿和特殊幼儿在适宜的运动强度、密度和时间中增强身体素质，提高动作协调能力和环境适应能力，为获得健康的体质奠定基础。

图 3-17　捉呀捉

3. 学习活动

学习活动常规主要指幼儿在阅读、讨论、欣赏、制作、表演等活动中形成的一些规则，建立合理的学习活动常规，有利于普通幼儿和特殊幼儿在有计划、有准备的学习情境中主动探索、积极体验，提高认知能力，丰富情感体验，为后面的学习生活打下基础。

对于特殊幼儿，老师还会根据幼儿的特殊需求选用适合的教学策略，如可以使用比普通幼儿更加直观的教材，并且多用图片、视频、音乐等去帮助展现，并且要为特殊幼儿制定适合其发展的目标。

4. 游戏活动

游戏活动常规是指教师和普通幼儿、特殊幼儿在自发、自主、自由的游戏活动中的约定。建立宽松的游戏常规，有利于幼儿在和谐的游戏情景中发展想象力、创造力及合作交往能力，促进幼儿情感、个性的健康发展[①]。

图 3-18 一起钻圈圈

在反向融合模式的一日常规中，普通幼儿和特殊幼儿都会互相参与到对方的一日生活中，同伴的互助和加入会增加幼儿之间的互动，让他们在互动过程中学习社会交往。同时，同伴的引领、示范作用会让普通幼儿更加乐于助人，也会让特殊幼儿更愿意接纳和融入。

（二）班级的师资管理

在反向融合的模式中，教师的专业素质和良好的配合非常重要，所以在每个融合班级，既有学前教育专业教师、又有特殊教育教师，还有做康复训练的教师，几位教师互相配合，共同制订学前反向融合班级的教育计划。

对于班级的所有教师，要做到以下几点：

第一，能够接纳特殊幼儿，善于发现特殊幼儿的闪光点，并帮助特殊幼儿建立自信心，体会成功的快乐。

---

① 贾宏燕，成莉. 教育一体化视域下幼儿发展核心素养导向的课程设计［J］. 教育科学探索，2022，40（5）：63-71.

第二，学前教育专业的教师、保育员要接受并学习特殊教育知识和相关理论，了解特殊幼儿的生理、心理特点，为他们参与融合提供教育的支持。特殊教育教师要学习学前专业教育知识，做好反向融合模式的相关支持。

第三，尊重所有幼儿。在班级活动中，能够尊重普通幼儿和特殊幼儿的个体差异，为他们设定适合的教学目标，准备适宜的教学材料和教育指导。

第四，引导普通幼儿和特殊幼儿互相关爱，互相支持。在日常活动中，引导特殊幼儿积极参与到普通幼儿的活动中，并且引导普通幼儿带动特殊幼儿参与班级各项活动，形成良好的氛围。

（三）班级中的家长工作管理

在反向融合模式幼儿园工作中，为了更好地开展班级管理工作，每位教师尤其是班主任应了解家长对班级管理的重要性，才能更加有效地管理家长工作。《幼儿园教育指导纲要（试行）》中指出："家庭是幼儿园重要的合作伙伴。应本着尊重、平等、合作的原则，争取家长的理解、支持和主动参与，并积极支持、帮助家长提高教育能力。"学校幼儿园健全反向融合教育工作机制，加强家园协同育人。教师充分发挥桥梁纽带作用，推进幼儿园、家庭形成有效育人合力。

在班级管理实施中，教师要充分利用好普通幼儿和特殊幼儿家长资源促进反向融合班级管理工作的开展，其内容包括了解家长需要、丰富沟通渠道、宣传教育理念等。

在跟学校幼儿园教师白老师访谈过程中，她分享了自己班里普通幼儿和特殊幼儿家长群交流的内容：

"豆豆妈妈，感谢您对我们的大力支持与信任。这一周来，宝贝很棒，没有哭闹，吃饭习惯也很好；在幼儿园很乖，特别听老师的话。老师要求小朋友们完成的任务他都能很认真负责地完成工作，但就是害羞、胆怯。我希望宝贝再勇敢一点，作为她的老师，也是咱们班的班主任，我们会多给他锻炼的机会，多多表扬鼓励孩子。也希望你们在家也多带他到人多的地方走一走，多多鼓励孩子参加一些和社区小朋友的活动、游戏，带他一起多玩玩，同时在以后的工作中您多提宝贵建议。"（白老师，研究生学历，30岁）

"作为家长也衷心地感谢白老师和各位老师对豆豆的悉心照顾，你们辛苦了！感谢白老师无限的热爱、无限的耐心，真挚地陪伴孩子的成长，让他感受到了生活和世界的美好！我也正在想和您聊聊孩子最近在幼儿园的具体表现，而且孩子胆怯、害羞的问题非常希望您多想想办法，帮她改善改善。"（3岁听障幼儿豆豆的家长）

在访谈过程中，白老师表示豆豆是这学期刚转园来的听障幼儿，需要随时了解幼儿的身心发展情况，因此倾听家长需求、及时交流变得更加必要。

良好的家园共育，不仅可以促进教师与家长对幼儿教育工作的理解与合作，还能最大限度促进幼儿健康发展。学校附属幼儿园采用了多种形式促进家园共育：一是通过举办家长课堂对普通幼儿和特殊幼儿的家长开展培训、研讨，推介融合教育理念，介绍融合教育方法；二是通过康复技能培训、心理培训、法律知识援助等，对家长给予指导；三是建立普通幼儿和特殊幼儿的家长一对一结对共进联系，通过定期举办家长开放日等活动，拉近特殊幼儿家长和普通幼儿家长的距离，让普通幼儿家长全面了解幼儿园活动的开展情况，体会到特殊幼儿家长的不易，一起关心、帮助特殊幼儿，让他们感受到社会大家庭的温暖！

第五节　学前反向融合教育模式构建下的实践场景

探索学前反向融合教育新模式，专注全面培养孩子各方面的兴趣和能力，围绕"弘扬传统文化，回归自然本真"的主题，让所有孩子都享有公平受教育的机会，促进教育公平、均衡，构建可持续发展的共适、共融、共生理论实践场景，以求让孩子们在游戏中互相促进，充分感受寓教于乐的乐趣。

图 3-19　石家庄市特殊教育学校附属幼儿园大门

图 3-20　复兴号主题教室

图 3-21　星空主题教室

图 3-22　传统文化主题教室

图 3-23　科学探究室

图 3-24　绘本室

构建以复兴号、外太空为主题的教室、科学探究室、美术教室、木工教室、乐高教室、绘本教室、舞蹈教室等功能室，设置多元的区角，如植物角、娃娃家、益智区、建构区等，创设多元的学习环境，激发幼儿的认知力、创造力和想象力，消除认知偏见，互相接纳。

图 3-25 学生美术作品

图 3-26 学生手工作品

图 3-27 特色课程

图 3-28　学生陶艺课程作品

　　开设多种以传统节日、古诗词文化为场景的实践主题课程，在教学中彰显传统文化的魅力。实施个别化教育让孩子在学习中相互了解，了解差异及特点；设法满足孩子们的需求，让孩子们在游戏中互相促进，充分感受寓教于乐的乐趣。

图 3-29　附属幼儿园室外场景（一）

图 3-30 附属幼儿园室外场景（二）

图 3-31 附属幼儿园室外场景（三）

图 3-32 幼儿园室外活动场景

图 3-33 幼儿园室外活动——爬梯

图 3-34 幼儿园室外场景——荡桥

　　附属幼儿园室外800平方米的活动场所采用安吉游戏理念建设和缓的山坡和水池、沙池，配合各式各样的攀爬设备，让孩子在游戏过程中缓解幼儿紧张的神经，培养孩子活泼开朗的性格，形成自己的见解、想法和规划，从而达到自身最大的潜能。通过亲近自然，释放孩子们天性，在活动中产生良性的互动，在活动过程中共同进步。

图 3-35　附属幼儿园课堂教学

　　"更加专注　更有温度"，用心去关怀、接纳所有儿童，关注每一位儿童不同的发展需求，尊重每一个孩子发展的无限可能，包容每一个孩子的需求，让他们自由充分发展，让特殊教育真正告别"特殊"，与身边世界融为一体，让教育回归自然本真。

第四章　学前反向融合教育模式教学实践：
共适·共融·共生

　　在反向融合教育理念的指引下，石家庄市特殊教育学校附属幼儿园积极践行反向融合教育。石家庄市特殊教育学校附属幼儿园始建于2012年，在创立之初，园所只招收学龄前听障幼儿，进行语言康复训练。自2020年起，园所扩充资质开始招收普通幼儿，并尝试将语训成果良好的听障幼儿纳入普通班级，与普通幼儿融合、共同开展一日生活。

　　听障幼儿与普通幼儿的身心发展既有共性，也有差异性。共性主要表现在他们都是幼儿，有着共同的生理基础和基本的身心发展规律。差异性主要表现在听障幼儿听力的损伤，影响了他们在语言、感知觉、理解力、注意力等方面的发展。听障幼儿的特殊性无疑对教师的教育教学提出了更大的挑战，而听障幼儿与普通幼儿之间的差异也会无形中妨碍他们之间的互动交流。听障幼儿与普通幼儿之间的共性是实施融合教育的基础，[①]他们之间差异性的存在又对融合教育的实施提出了严峻的考验。那么如何促进听障幼儿与普通幼儿进行有效的融合教育，并实现他们的共同进步、全面发展呢？石家庄市特殊教育学校附属幼儿园在反复的实践摸索中探索出了听障幼儿与普通幼儿共适、共融、共生的三阶段、双螺旋上升式的反向融合教学实践模式。

第一节　共适——认识、接纳

　　共适阶段是反向融合模式教学实践的第一个阶段，通常发生在听障幼儿

---

① 李诗. 特殊儿童随班就读的实施策略［J］. 新课程研究，2019（S1）：124-125.

与普通幼儿进入幼儿园的第一年，主要的任务是让幼儿在宽松愉悦的环境中健康快乐的生活，在教师有目的有计划的教育、支持与引导下，运用一定的教育教学策略帮助两类幼儿在共同适应幼儿园生活的基础上，认识彼此的共性和差异，接纳彼此，对彼此的存在感到理所当然。

新入园的幼儿从宽松熟悉的家庭生活环境进入到陌生的幼儿园环境，离开朝夕相处的亲人，独自面对陌生的环境、老师和伙伴，再加上幼儿园生活的相对不自由，集体生活规则的束缚，致使幼儿无论从心理还是生理上，或多或少都会产生入园分离焦虑以及适应不良等现象，幼儿入园适应性的问题随之而来，而且对于大部分听障幼儿来说更是如此。本节从融合环境的创设、融合前的准备工作、引导幼儿相互接纳的策略以及多元化评价四个方面来探讨如何帮助听障幼儿与普通幼儿顺利度过共适阶段。

一、创设融合环境

幼儿园是除家庭环境之外，幼儿生活学习时间最长，对幼儿发展具有重要影响的环境。[①]而环境教育在开发幼儿的潜能，促进幼儿个性发展方面具有潜移默化的功能与作用。融合教育的环境创设要兼顾所有幼儿，环境设计上要符合听障幼儿康复需求以及普通幼儿成长发育的规律。幼儿园要为幼儿创造良好的物理环境和人文环境，让幼儿充分感受到轻松愉悦，并喜欢上幼儿园。

（一）物理环境

奥托·戴克（H.Otto Dahlke）认为，教学活动是在一定的物理环境中进行的，这个环境在一些非常重要的方面限制和规定着学生学习和发展的可能性。环境这个舞台一旦搭建起来，那么在这个舞台上将要进行的演出活动就已经被部分地决定了。[②]因此幼儿园物理环境的设计、布置是否合理，对幼儿园的教育质量有重要影响。

---

①② 吴梦嘉，李伟亚. 幼儿园开展融合教育物理环境准备度的质性研究［J］. 幼儿教育，2013（Z2）：88-92.

1. 资源教室

在幼儿园建立资源教室，是融合教育顺利进行的有效保障之一。资源教室是在融合教育中设置的、有一定相关设备和资料的、为特殊需要幼儿提供适合其特殊需要的个别化教育支持或同类幼儿小组教学的场所。学前阶段的听障幼儿很多都需要继续进行语言康复训练，因此融合幼儿园要配备专业的语训教室。

2. 充分考虑环境中的安全因素

在安全方面为了避免幼儿在活动中受伤，活动教室空间内墙面、地面应该用柔软的材质，墙角、桌角、窗户等采用圆角或进行安全处理。此外，幼儿园应定期检查、改换、清洁消毒学具、玩具等活动材料，谨防由于活动材料本身的问题而引发的安全隐患。

3. 明确的功能分区、结构化的环境设置

无论是普通幼儿还是听障幼儿，都对秩序和规则抱有期望。环境创设中的秩序和规则可以让幼儿感受到环境的可预见性，无形中为幼儿的自由活动增加了心理上的安全支持。人所感受的外界信息80%以上来自视觉，而听障幼儿主要依靠视觉对事物进行形象记忆。因此明确的功能分区、视觉化的环境设置，可以帮助普通幼儿以及听障幼儿更好地适应幼儿园生活。

石家庄市特殊教育学校附属幼儿园在环境空间设计上采用大面积地使用贴近自然的材质，局部使用丰富鲜明的强调色，功能分区明确，配有专业的语训教室以及丰富的功能教室。户外活动区域包括石家庄市特殊教育学校的室外大操场、室内操场以及幼儿园专属的安吉游戏活动区域。

（二）人文环境

幼儿从家庭环境进入幼儿园环境，是一种转变；教育者从家长转为教师，又是一种转变。在这种转变中，幼儿会出现不适应或者是心理上的恐惧，这就需要教师发挥主动性，为幼儿创设一个轻松愉悦的人文环境。

1. 教师的接纳

在幼儿阶段，教师具有绝对的权威性，其一言一行都在无形中影响着幼儿，幼儿大多以教师作为模仿对象。因此教师的态度影响了听障幼儿在幼儿园中是否感觉到被接纳，是否被关爱，是否开心。同时教师的态度也影响了其他普通幼儿对听障幼儿的态度。在融合环境中，教师的接纳对幼儿而言是一个良好的心理环境。教师首先要接纳并尊重个体间的差异，认真对待每一个幼儿，创建一个和谐友爱的学习生活环境。石家庄市特殊教育学校附属幼儿园有着天然的优势，学校的老师们能够接纳尊重所有类型的儿童。

2. 良好的师幼关系

良好的师幼关系是共建良好的人际关系的前提与基础，[①]是听障幼儿与普通幼儿友好交往的榜样。教师应积极主动地关心关爱幼儿。教师每天都以微笑、鼓励以及拥抱等方式向幼儿表达关爱，并"投其所好"，不断拉近与他们的距离，与他们玩在一起，打成一片。教师要适度地满足幼儿的需要，只有在幼儿的基本需要得到满足的情况下，他们才能建立起对外部环境的安全感与信任感，才会对教师产生情感上的依恋。

图 4-1　教师拥抱、安抚幼儿

---

① 刘慧敏. 融合教育中健聋儿童良好人际关系的共建［J］. 现代特殊教育，2015（9）：57-59.

二、完成融合准备

融合教育前的准备工作是影响听障幼儿与普通幼儿适应幼儿园一日生活，在同一物理环境中共同学习、生活的重要因素。特别是听障幼儿由于听觉功能的损伤，其语言能力、认知能力、社交能力与普通幼儿相比具有较明显的差异，听障幼儿在适应幼儿园生活方面表现得更为困难。因此，在进行融合教育之前，做好充分的前期准备，才能够从容、有效地帮助普通幼儿和听障幼儿进行融合。石家庄市特殊教育学校附属幼儿园从长期教育实践中总结经验，发现融合教育前的准备工作主要从召开新生家长会、开展幼儿园亲子活动、入园评估和听障幼儿的个别化教育计划的制定与安置四个方面开展。

（一）召开新生家长会

《幼儿园教育指导纲要（试行）》指出："家庭是幼儿园重要的合作伙伴。"新生家长会是家长在幼儿园参加的第一次家长会，开好新生家长会，能够让幼儿家长对幼儿园有一个初步了解，促进幼儿家长对幼儿园各项工作的理解和信任，帮助幼儿顺利度过入园焦虑期。石家庄市特殊教育学校附属幼儿园通过多年的工作实践总结出新生家长会的主要内容：①向家长介绍幼儿园的基本情况与教育理念。②告知幼儿园一日生活常规安排，让家长调整好幼儿的作息，在家练习幼儿基本的生活自理能力。③给家长提供一些缓解幼儿入园分离焦虑的方法。④向普通幼儿家长介绍听障幼儿的生理、心理特点，介绍幼儿园的反向融合教育理念。

（二）开展幼儿园亲子活动

幼儿第一次要离开家长身边，进入幼儿园环境，家长和幼儿心中都充满了焦虑。为了缓解这种现象，帮助新入园的幼儿适应在园生活，让家长对幼儿园教育活动的形式和内容有初步的认识和了解，石家庄市特殊教育学校附属幼儿园在幼儿正式入园之前会开展几次亲子活动，在活动中让家长深入了解反向融合教育的理念，让听障幼儿与普通幼儿在丰富有趣的游戏活动中熟悉幼儿园环境，并跟老师建立初步的联系。亲子活动的开展对降低幼儿入园时对陌生环境的恐惧感具有一定的作用，有助于幼儿顺利进入幼儿园，尽快适应集体生活。

图 4-2　亲子活动

（三）入园评估

1. 初步了解普通幼儿与听障幼儿的基本情况

通过让家长填写《幼儿身体状况调查表》了解幼儿的身体健康情况，掌握幼儿有没有特殊体质、食物不耐受等情况，保障幼儿在园的安全。通过让家长填写《幼儿偏好评估表》可以让教师快速了解幼儿的兴趣、喜好，有助于教师快速建立起良好的师幼关系，从而更加顺利地帮助幼儿度过入园焦虑期，尽快适应幼儿园生活。

2. 听障幼儿的能力评估

（1）教师评估

石家庄市特殊教育学校附属幼儿园采用孙喜斌等人编制的《听觉能力评估记录表》[1]与《语言能力评估记录表》[2]作为听障幼儿入园评估的主要工具。石家庄市特殊教育学校附属幼儿园以石家庄市特殊教育学校为依托，采用反向融

---

① 孙喜斌. 听力障碍儿童听觉能力评估标准及方法、语言能力评估标准及方法指导手册［M］.
北京：三辰影库音像出版社，2009：27.
② 孙喜斌. 听力障碍儿童听觉能力评估标准及方法、语言能力评估标准及方法指导手册［M］.
北京：三辰影库音像出版社，2009：49.

合的融合教育安置形式，拥有一批专业素质过硬的特教教师、语言康复师。在对听障幼儿进行入园评估的过程中，语言康复师利用专业的仪器设备，遵照规范的评估流程对听障幼儿的听觉、语言进行测查，了解听障幼儿的听力损失情况、具体助听效果、具体语言年龄，从而为个别化训练目标的制定提供信息、为康复训练模式的选择提供依据、为助听设备的调试提供参考信息。

（2）家长访谈

访谈法是指通过与研究对象的直接交谈来收集所需资料的调查方法。访谈法常用于教育调查、心理咨询等领域，适用于向被访者了解心理体验、情感以及对某一事物的意见、态度、评价等方面的信息。[①]石家庄市特殊教育学校附属幼儿园在听障幼儿正式入园之前，或利用入园参观的机会，或借助电话、微信等方式，对听障幼儿家长进行非正式访谈。在访谈过程中，教师尤其注意控制谈话环境，营造舒适、轻松的谈话氛围，引导家长从容而真实地讲述听障幼儿在家庭环境中的行为习惯、情绪状态、语言表达。在征得家长同意的情况下，教师会对访谈过程进行录音记录。在访谈结束后，教师则根据录音文件整理出相应的文本内容，并在分散而零散的文本内容中，归纳出有关听障幼儿在认知、社交、情绪等方面的表现，从而进一步加深对听障幼儿的认识与了解。

（3）观察记录

观察是了解并读懂幼儿的必经之路。适龄入园的普通幼儿在理解能力、语言表达能力方面较弱，反应方式有限，又不具备读写能力，缺乏交流复杂思想或情感的能力，听障幼儿更是如此。而"观察"能弥补幼儿能力的不足，同时也能够帮助教师直接获取幼儿在真实情景中的行为表现。[②]因此，石家庄市特殊教育学校附属幼儿园教师在开展融合教育前，为听障幼儿设立观察记录阶段。在观察期间，听障幼儿被安置于普通班级内，与普通幼儿共同学习、共同

---

① 陶保平. 学前教育科研方法 [M]. 上海：华东师范大学出版社，2006：114.
② 邱学青. 学前教育观察法 [M]. 北京：高等教育出版社，2020：24-25.

生活。为对听障幼儿进行充分观察、细致了解，教师不会在此阶段对听障幼儿开展个别化指导。在幼儿园一日生活中，教师具体采用日记描述法对听障幼儿进行观察记录。在具体形式的选择上，教师主要采用主题式日记，记录听障幼儿在语言、认知、情绪、社会性方面的新进展。在记录过程中，教师确认并记载听障幼儿的年龄、观察时间、观察地点、观察场景，对听障幼儿在普通幼儿群体中出现的新变化、新发展、新行为进行详细描述，观察记录的时间持续两周。观察结束后，教师会在集体教研活动中，对听障幼儿在普通幼儿群体中的表现进行归纳总结，为个别化教育计划的制定提供依据。

（四）听障幼儿的个别化教育计划的制定与安置

个别化教育计划（IEP）指的是根据每一位特殊幼儿的身心特点和教育需要制定的有助于个体最大限度发展的教育方案，是为了落实个别化教学而拟定的最为合适其发展、给予最恰当教育服务的文件，是该学生在一定期限内的学习内容。[①]听障幼儿的个别化教育计划在融合教育中是帮助听障幼儿克服残疾障碍、更好地接受融合教育的前提，是指导听障幼儿进行有效融合的关键措施。

根据对听障幼儿的评估内容以及家长的意愿，个别化教育计划小组召开会议，讨论制定听障幼儿的个别化教育计划，并确定听障幼儿的安置形式。

三、引导互相接纳

接纳是群体对个体积极的、接受的或不排斥的态度。同伴接纳主要反映了儿童被同伴群体的接受程度与儿童在集体中处于的社交地位。[②]同伴接纳可以满足幼儿的心理需要，使幼儿获得具有安全感的交往环境。根据马斯洛的需求

① 毛荣建，刘颂，孙颖. 特殊幼儿学前融合教育［M］. 北京：知识产权出版社，2019：49.
② 王佳颖. 融合环境下普通幼儿对特殊需求幼儿接纳态度的干预研究［D］. 上海：华东师范大学，2022.

层次理论，幼儿在同伴群体中如果认识到自己是被接受的，就会产生归属感和安全感。同伴接纳是幼儿重要的获得社会信息的来源及其所处社会地位的重要参照，[①]可以为幼儿提供重要的来自同龄人的情感支撑和帮助，对幼儿的社会健康、社会适应以及个体的长久发展有着深远的影响和意义。因此，我们分析阐述影响同伴接纳的主要因素，并在此基础上进行促进同伴接纳的策略探讨。

（一）影响同伴接纳的因素

1. 幼儿自身因素

（1）外貌特征

早在婴儿时期，幼儿就显示出对身体外部特征的偏好。[②]幼儿会对体貌特征不同的同伴有不同的预期，总是将那些看起来身体相貌好的幼儿与积极的内在品质联系起来。[③]他们会更加愿意跟那些看起来比较"漂亮"的人一起玩。因此，一般外貌漂亮好看的幼儿更受同伴群体欢迎，同伴接纳程度更高。

（2）情绪行为

幼儿情绪的调控能力与同伴接纳程度呈正相关，即更倾向于协商或忍让的幼儿同伴接纳程度更高，存在攻击、破坏等不当行为的幼儿，不易得到同伴的接纳。

（3）认知能力

较聪明的幼儿通常在同伴群体中具有较高的社会地位。研究发现，在学前阶段，受欢迎幼儿的心智年龄之认知成熟度分数比不受欢迎者高。[④]听障幼儿由于听觉的损伤影响着他们对外界信息的获得，进而影响他们认知能力的发展。

（4）社交能力

受欢迎幼儿往往会表现出更积极的互动风格，他们在社交互动中通常成为

---

① 刘淑凤. 5岁儿童社会认知与同伴接纳的相关研究［D］. 大连：辽宁师范大学，2013.

② ③孟海英，阳德华. 有关儿童同伴接纳状况的策略探讨［J］. 现代教育科学，2007（12）：7-8.

④ 范秀辉. 普通幼儿对身心障碍同伴接纳态度之干预研究［D］. 重庆：重庆师范大学，2012.

同伴之间问题的调解者、信息的传递者以及对其他幼儿的支持者。不受欢迎的幼儿则较少运用积极的社交策略，他们往往容易活动过度和过分离群，高度以自我为中心，常常对同伴表现出敌意、进行批评等。

听障幼儿由于听力的损伤，导致他们在认知、社交等方面的发展存在障碍，因此他们的同伴接纳需要更多的支持和策略。

2. 家庭因素

父母的教养方式对同伴关系具有显著的影响。父母采用民主型教养方式的幼儿被同伴接纳的程度更高。父母的过度保护会使幼儿胆小怯懦，不恰当的惩罚则会让幼儿安全感缺失，最终可能做出攻击性行为或不合群，从而影响在同伴中的形象和地位。

亲子依恋的安全性也会影响幼儿的同伴接纳程度，安全性越高的幼儿其同伴接纳程度就越高。"安全型亲子依恋"关系能够激发个体形成信赖、自我信任等积极情感，并且能够帮助个体去发展健康、和谐的同伴关系。

3. 学校因素

幼儿园的教育理念以及对融合教育的重视程度，对听障幼儿的接纳程度，直接影响了园所的融合教育氛围，影响了幼儿教师对听障幼儿的接纳态度。

幼儿在进入幼儿园之后，教师便成为幼儿的重要他人，教师的言行也将对幼儿产生重要影响。教师对一个幼儿的日常态度会影响其他幼儿对其接纳程度，教师越认可和表达出对某个幼儿的喜爱，该幼儿的同伴接纳程度也会随之上升。

（二）教师的引导与示范

幼儿在早期的发展过程中社会化程度不高，在道德观念上尚未成型，通过教师的引导更容易接纳与自己不同的幼儿，且少有偏见。如果缺乏成人有效、系统的指导，特殊幼儿与普通幼儿的同伴互动明显少于师幼互动，并出现交往难以维持、策略较为简单的特点，特殊幼儿还有可能处于不利的社会地位中。[①]普通幼儿对于发起、维持双方的交往以及在包容、接纳特殊幼儿方面，发挥着更为重要的能动作用。

教师是幼儿接触社会的第一个重要他人，其言行举止会对幼儿产生直接的影响。教师对待幼儿的方式态度会对幼儿的同伴关系产生重要的影响。那些教师喜欢的幼儿往往会受到其他同伴的一致好评，而那些教师不喜欢的幼儿往往得不到其他同伴的喜欢。教师的情绪越积极，越有利于普通幼儿接纳听障幼儿。教师积极的情绪状态既要表现在课堂中又要表现在日常生活中，不断为普通幼儿树立榜样。教师要多对幼儿微笑，时刻注意自己说话的语气和情绪，要用轻快和开心的语音，耐心地跟听障幼儿交流，为普通幼儿提供积极的示范，营造普通幼儿与听障幼儿互相接纳的氛围。

教师在对听障幼儿认知的教育上，听障幼儿与普通幼儿的差异性固然是认识的起点，但又不能仅仅停留在简单的区分上。教师要从听障幼儿与普通幼儿的差异性，延伸到每个人都是独特的、每个人都和别人不一样，进而帮助普通幼儿更好地发展自我意识。[②]教师要引导普通幼儿认识听障幼儿和普通幼儿的相同点，让他们明白普通幼儿和听障幼儿一样都是爸爸妈妈的宝贝，都是一个可爱的小朋友，引导普通幼儿从积极正向的角度去认识听障幼儿与自己的相同之处。教师还要为普通幼儿创设体验与感受听障幼儿困难的机会，让普通幼儿在实际体验中感受到听障幼儿要完成同样的事情需要付出更多的努力，从听障幼儿的需求角度以及普通幼儿的积极自我价值归因去提高普通幼儿接纳听障幼儿的自觉性。[③]

---

①②③ 刘颂，钱红，付传彩. 北京市学前融合班级中普通幼儿对残疾的认识与接纳态度 [J]. 中国特殊教育，2013（10）：3-8.

图 4-3 教师进行引导与示范

（三）绘本教学

绘本，即图画书，是一种图文结合的图书，它以图画为主，辅以少量的文字（或完全没有文字），趣味生动却又传递着丰富的主题思想。[1]绘本中形象生动的图画，丰富的色彩，对人具有视觉冲击的作用，突出的人、事、物形象能吸引幼儿的注意力，有趣的设计符合幼儿思维发展的探索模式，因此绘本是开展幼儿园教育教学活动的重要载体。绘本能够拓展幼儿的经验和丰富幼儿的精神世界，有效的绘本教学能够充分激发幼儿的学习动机并调动幼儿已有的认知图式去对绘本的图文内容进行加工，进而帮助幼儿发展良好的思维能力与学习品质，让幼儿在认知、情感、社会性等方面得到全面的发展。[2]绘本教学是指教师以绘本故事为内容设计教学活动，然后在班级中运用多种教学方式展开实施的过程。[3]

石家庄市特殊教育学校附属幼儿园的绘本教学活动旨在从认知、情感和行

① 陈舒琦. 利用社交绘本干预促进轻度智力障碍儿童同伴交往能力的个案研究［D］. 上海：华东师范大学，2022.

② 田兴江，李传英，涂玲. 在绘本教学中促进幼儿深度学习的策略［J］. 学前教育研究，2021（2）：89-92.

③ 郑雪清. 促进普通学生对身心障碍同伴接纳的行动研究［D］. 南京：南京师范大学，2020.

为三个层面促进普通幼儿与听障幼儿的互相认识与接纳。为了发挥绘本教学的最大效果，石家庄市特殊教育学校附属幼儿园的绘本教学活动主要包括绘本教学前的充分准备、绘本教学活动的基本环节和教学活动后进行深刻的反思与修正。绘本教学活动的基本环节：①绘本呈现和导入。本环节主要为了吸引、激发幼儿的学习兴趣和动机。②绘本共读。引导幼儿观察图片，结合图文让幼儿了解故事主要情节与内容。③整体感知绘本。教师声情并茂整体阅读绘本给幼儿听。④提问与讨论。主要是针对故事中的内容进行深入分析与讨论，以建构幼儿对听障幼儿和差异性的正确认知，并在此基础上思考、分享自己的想法，以诱发幼儿对听障幼儿的尊重、关怀、接纳等情感。还可针对绘本内容运用新技术手段设置闯关游戏激发幼儿的兴趣。⑤延伸活动。在延伸活动中主要采用情境假设、角色扮演、障碍体验游戏、区域活动设置以及绘画等形式进行，使普通幼儿对听障幼儿有更真切的理解和体验，并在活动中强化接纳行为。

图 4-4　绘本教学活动

表 4-1　"认识差异、接纳差异"主题绘本汇总

绘本名称	作者	适用年龄	主要内容	教育主题
《熊会滑雪吗？》	〔英〕雷蒙德·安特罗伯斯	3—6岁	小熊一直快乐而又充满活力地生活着，他从没听说、了解过听力障碍，更不知道自己有听力障碍。虽然平时听不清声音，每天都需要爸爸大声说话才听得见，但在他的认知里，他觉得大家耳朵听到的也是这样吧。熊爸爸终于注意到孩子的听力问题，带着小熊去看了听力专家，这才知道小熊是弱听患者。医生给小熊戴上了助听器，在熊爸爸的陪伴、安抚下，小熊慢慢接受了助听器。	教育幼儿学会尊重他人、友爱他人。教育幼儿接纳自己的不足与缺陷。教育普通幼儿正确认知、友善对待听障幼儿。
《同与不同》	〔英〕卡尔·纽森	3—6岁	这是一本讲述多样性的绘本，故事以轻松幽默的方式，列举了孩子和身边的小伙伴们（动物等）彼此之间的不同。尽管每个独立的个体都有自己的特点，有一些很大，有一些很高，有一些很温和，有一些很暴躁，有一些吃东西很奇怪，有一些长了很多牙齿……但不论有多少不同，最终我们都能发现，有某种相似的东西让大家彼此靠近，联系在一起，就像故事列举的"大家爱听故事"一样，我们只有在不同中发现相同，在相同中找到不同，才能更好地接受这个多元的世界以及自己。	教育幼儿在相同中找到归属感，在不同中接受多元，从小培养求同存异的格局和智慧。教育幼儿正确认识差异，接纳差异。
《独一无二的你》	〔美〕琳达·克兰兹	3—6岁	在小鱼丹尼即将出发去探索世界之前，爸爸妈妈告诉丹尼他是独一无二的，也告诉他如何在与别人和睦相处的同时，做个独立而特别的自己。	培养幼儿的自我意识，让幼儿认识到自己的特别和独一无二。
《勇敢做自己》	〔美〕琳达·克兰兹	3—6岁	小鱼丹尼带着父母分享的人生智慧出发了，它在探索的过程中不仅明白了自己是独一无二的，同时也看到了他人的特别之处，明白了这个世界多彩的美。丹尼的爸爸妈妈告诉丹尼，生命是个漫长的旅程，要勇敢做自己。	教育幼儿认识到自己的特别和独一无二，同时也能够学会欣赏别人。

（续表）

绘本名称	作者	适用年龄	主要内容	教育主题
《不一样，没关系》	〔美〕托德·帕尔	3—6岁	掉一颗牙，没关系（掉两颗，或者三颗，也没关系）；需要一些帮助，没关系；拥有一个与众不同的鼻子，没关系；拥有不同的肤色，没关系；没有头发，没关系；拥有一对大耳朵，没关系；坐轮椅，没关系……和别人不同，没关系。你是独特的、重要的，因为你是你。	教育幼儿每个人都是独一无二的，都有自己的闪光点，当发现自己和别人不一样时，没关系，正是因为你的独特，这个世界才多姿多彩。培养幼儿正确认识差异、接纳差异。
《没有耳朵的兔子》	〔德〕克劳斯·鲍姆加特 蒂尔·施威格	3—6岁	有一只没有耳朵的兔子，他能跑，能跳，爱吃胡萝卜。其他的兔子都不和他做朋友，就连狐狸都懒得捉他。可是，在他捡到了一个蛋后，一切都变了。一只遗落在他们门口的蛋让他的世界变得五彩斑斓起来，他有了期盼，得到了认同，收获了友谊。	教育幼儿建立正确地自我认知，无论你有多特别，请接受不完美的自己和朋友。
《没有耳朵的兔子和两只耳朵的小鸡》	〔德〕克劳斯·鲍姆加特 蒂尔·施威格	3—6岁	两只耳朵的小鸡和没有耳朵的兔子是一对要好的朋友。他们形影不离——一起吃饭，一起赛跑，一起跳跃，一起藏猫猫……可是，无论做什么，没有耳朵的兔子都比两只耳朵的小鸡做得更好。不过，小鸡肯定在某些方面超强！ 他的强项到底是什么呢？	教育幼儿正确地自我认知，无论你有多特别，请接受不完美的自己和朋友。
《别取笑我的好朋友》	〔德〕玛笛亚斯·约特克	3—8岁	讲述了兔子蹦蹦结交了新朋友苏奇，然后与老朋友青蛙跳跳友谊破裂又重归于好的故事。	发展幼儿的同理心，教育幼儿友好接纳他人。

（续表）

绘本名称	作者	适用年龄	主要内容	教育主题
《斗牛犬加斯顿》	〔美〕凯莉·迪普基奥	3—6岁	主要讲的是两只被对调小狗的两个家庭之间的故事。加斯顿是一只斗牛犬，可是它从小生活在贵宾犬太太家里，身边有三只贵宾犬姐妹。加斯顿无论是长相还是行为都显得与众不同，但他很努力地学习如何成为体面的狗，例如小口喝水，优雅走路，穿戴如何优美，细嚼食物，时髦地骑车等，不管他怎样，贵宾犬太太都一视同仁，非常欣赏她的孩子们，其中包括加斯顿。	带领幼儿去思考差异和包容、友谊和关爱。培养幼儿对自我的正确认知。
《森林照相馆》	〔韩〕李时远	3—8岁	森林里，猫头鹰摄影师和熊助理新开了一家照相馆，专门拍全家福，于是森林里的动物家族们都来了，有威风凛凛的狮子家族，开心的黑猩猩家族，英姿焕发的秃鹰家族，蹦蹦跳跳的袋鼠家族，等等，他们都拍出了令人惊叹的全家福。但是，熊猫宝宝没有家人，他也想拍一张全家福，怎么办？森林里的动物们一起想到了一个好办法。于是森林里的动物和熊猫宝宝一起拍了一张全家福。	锻炼幼儿的观察能力、模仿能力、认知能力和肢体动作开发能力。培养幼儿的同理心。促进幼儿间的相互接纳以及合作能力的培养。

（四）运用积极行为支持增加适宜行为

在教育教学中发现具有情绪行为问题的幼儿可能会对其他幼儿心理和身体造成一定的伤害。基于自我保护的本能，其他幼儿对存在情绪行为问题的幼儿接纳程度就低。听障幼儿由于自身的生理、心理特点，在表达自我需要和情感时存在困难，如果长时间与周边环境达不到理解融合，可能会逐渐出现情绪发展障碍表现，情绪不稳定，易发脾气，缺乏自信心，表现出冲动性的行为特征。[①]幼儿的情绪行为问题不仅影响自身的发展，也影响着整个班级管理的有

---

① 王辉. 特殊儿童教育诊断与评估：第二版［M］. 南京：南京大学出版社，2015：41.

效性。而教师管理幼儿的情绪行为问题的方式，也展示着教师对待特殊需要幼儿的态度。

积极行为支持（Positive Behavior Support，简称PBS）又称正向行为支持，产生于20世纪90年代的美国，是运用教育的手段发展个体积极行为，采用系统改变的方法重新构建个体生活环境，达到预防和减少个体问题行为、改变个体生活方式，最终提高其生活质量的系统方法。[①]它着眼于改善个体和与其有着重要关系的成员的生活质量。积极行为支持以功能性行为评估为基础，强调通过创设或改变影响行为问题发生的相关先行因素和行为结果，强调使用前摄的、教育的、强化的策略来达到长期、有效地减少或消退行为问题、增加适宜行为的目的。[②]运用积极行为支持的步骤如下：

1. 确定目标行为

教师与幼儿家长共同确定儿童的目标行为，并对目标行为进行详细描述。我们确定情绪行为问题的标准是行为发生的频率高且影响到幼儿本身或身边的同伴或阻碍教育教学。

2. 对目标行为进行功能性评估

行为主义认为所有的行为都是在尝试传达某些信息，每一个行为都有其功能。行为的功能可分为四类：寻求感官刺激、逃避、寻求关注和要求得到实物。我们只有了解行为发生的相关先行因素（包括：环境、时间、事件等）及行为的功能，才能对行为做出恰当的处理。石家庄市特殊教育学校附属幼儿园运用台湾师范大学教授洪俪瑜修订的《行为动机评估量表》和《ABC行为观察表》对幼儿的情绪行为问题进行功能评估。为了保障评估结果的准确性，量表和观察记录表由教师和幼儿家长共同填写完成。

---

① 昝飞. 积极行为支持：基于功能评估的问题行为干预［M］. 北京：中国轻工业出版社，2013：2-3.
② 陈更娟. 以家庭为中心的孤独症幼儿积极行为支持研究［D］. 大连：辽宁师范大学，2013.

3. 制定积极行为干预计划

根据功能性行为评估的结果，制定积极行为支持计划。积极行为支持策略包括：前事控制策略、教育训练策略和行为后果改变策略。前事控制策略是通过控制或改变可能引发行为问题的环境因素来弱化其对行为的影响，最终达到减少行为问题发生的目的，即通过学习、游戏环境等的创设与改变来预防行为问题发生；教育训练是在控制行为问题发生的同时，要教给幼儿能实现同样功能的适宜行为；行为后果改变是通过对行为问题产生的结果进行调控以达到减少情绪行为问题的目的。

4. 实施积极行为干预计划

在实施过程中注意积极行为支持策略的正确运用。在实施的过程中做好监控和评估，必要时要根据具体情况进行调整。

（五）积累理解性语言，发展表达性语言

3—6岁是幼儿语言习得的敏感期和关键期，学龄前听障幼儿的语言自主发展性差，主要通过聆听、模仿、校正等方式发展语言能力。[1]因此，发展听障幼儿的有声语言，必须给予听力补偿和康复教育训练，而且越早越好。对听障幼儿进行干预获得的有声语言，需要交往使用环境的支持，否则有可能得而复失。幼儿园的反向融合环境不仅对听障幼儿语言康复提供了极大的支持，还给他们提供了有声语言的自然环境，给他们提供了语言交往的机会和示范。通过集中的、密集的、系统的康复训练，以帮助听障幼儿具备更好的基本能力适应并参与普通班级的一日生活，并在生活学习中练习运用所学知识。

1. 培养聆听的能力，养成聆听习惯

听觉是学习有声语言的基础。想要发展听障幼儿的有声语言要听觉先行，给听障幼儿充足的声音刺激，听能的发展包含四个阶段：声音的察觉、分辨、

---

① 张瑶，卢瑶瑶，张玲. 学前听障儿童融合教育言语支持特征及策略［J］. 中国听力语言康复科学杂志，2022，20（4）：263-265.

辨识、理解。由于听障幼儿听力的损失，他们听觉的运用需要专门的训练。教师通过语训课训练听障幼儿的听能，并在幼儿园环境中充分的锻炼其听能。聆听是幼儿感知和理解语言的行为表现，良好的聆听习惯对幼儿知识技能的理解和掌握具有重要作用。

（1）教授聆听时的礼貌

随着时代的进步，教育水平的提高，幼儿的表达能力增强了许多，但是聆听的习惯却不好，如大人说话时常插嘴，不能认真仔细地听等。因此，教师要培养幼儿良好的聆听礼貌和习惯，这是提高幼儿听懂语言的重要保证。教师要教育幼儿在教师讲课、听别人讲话时，眼睛看着说话的人，并且不能随便插嘴，安静地听他人把话说完，这是一种聆听礼貌。

（2）训练幼儿的聆听能力

①听者指令训练。刚开始训练时，教师从听简单的指令开始，如可以要求幼儿听指令做相应动作。慢慢地教师可以给幼儿布置一些日常生活中的指令任务，以锻炼幼儿对语言的理解能力，如把笔放进笔筒里。随着幼儿能力的不断提升教师可以逐渐增加指令的难度，可以从一步指令到多步指令，如先把书放到书架上，再去喝水等。

②利用奥尔夫音乐游戏来发展幼儿的聆听能力。聆听音乐可激活大脑听觉区域，以提高听觉能力[①]。奥尔夫音乐游戏活动为幼儿们提供更多轻松、愉快的课堂氛围，有利于培养幼儿聆听的能力和专注力，有利于幼儿间的互相接纳。幼儿在游戏中感受音乐的节奏，识别声音的长短、快慢、大小和高低，通过音乐的快慢来改变自己行动的速度，音乐的有无高低来改变自己的动作，幼儿彼此的模仿互动来互相学习、彼此接纳。

---

① Howard C, Powell A, Pavidis E, et al. No effect of a musical intervention on stress response to venpuncture in a neonatal population ［J］. Acto Paediatr, 2020, 109（3）: 511-517.

图 4-5　奥尔夫音乐游戏活动

2. 创设丰富的语言环境，提供交流机会

教师先将听障幼儿的听觉加以发展，再结合视觉辅助将听觉和视觉结合起来，积累听障幼儿的理解性语言。听能语言发展是日积月累循序渐进的过程，只有量的积累，才会有质的飞跃。普通婴幼儿学习语言初期，也是在正常的生活语言环境中经过了漫长的积累期，[①]才逐渐出现表达性语言。语言能力是在运用的过程中发展起来的，在听障幼儿表达性语言还没有很好发展出来的时期，可以使用图片、手势语言或者肢体语言进行交流。这样可以增进普特幼儿间的有效沟通，提高听障幼儿的社交技能，有利于他们的相互接纳。

（六）增加互动机会

1. 分组活动

在融合环境中，普通幼儿占大多数，他们之间交流更顺畅，交流互动可选择对象的余地也更大。为了增加听障幼儿与普通幼儿互动交往的机会，教师可以在活动时有意识地进行配对或者分组，将那些热情开朗、乐于助人、性格温和的受欢迎的普通幼儿与听障幼儿安排在同一组，这样不仅增加了他们进行互动交往的机会，还为听障幼儿提供了模仿学习的对象。

———————————

① 慕蝉蝉. 听觉口语法促进学前听障儿童语言康复的个案研究［D］. 武汉：华中师范大学，2019.

图 4-6　分组艺术活动

2. 区域活动

区域活动是幼儿一种重要的自主活动形式。它是幼儿在教师有目的创设的具有多样性的学习环境中，根据自己的兴趣、能力与发展水平，通过与环境、材料的互动进行的个性化的游戏与学习。①它以快乐和满足为目的，是幼儿主动寻求解决问题的一种独特方式，其活动动机由内部动机支配而非来自外部的命令。观察发现选择相同区域的幼儿可能存在共同的兴趣爱好，于无形中为听障幼儿和普通幼儿的交往互动提供了更多机会，增进彼此的同伴关系。幼儿园应在重视区域活动对幼儿社会性发展的价值的基础上，保障幼儿区域活动的时间，注重区域环境的设置和材料的投放，其中不仅要有高结构的玩具材料，更要有低结构的玩具材料，为幼儿之间的共同游戏、互动交流提供机会。②

---

① 深圳市深投幼教运营有限公司. 幼儿园一日生活组织与实施［M］. 北京：北京师范大学出版社，2016：181.

② 任加艳，张新立. 融合教育环境中听觉障碍幼儿同伴关系现状及其改善策略［J］. 学前教育研究，2016（4）：44-55.

图 4-7　区域活动：小小超市营业啦

（七）充分发挥家长的作用

首先，普通幼儿家长应学会接纳听障幼儿。幼儿园有责任使普通幼儿家长认识到融合教育是面向全体幼儿的，全体幼儿都可获得最优化发展的教育。普通幼儿家长应深刻理解到普通幼儿在与听障幼儿交流互动的过程中，不仅能够提高自身的知识水平和社会帮助技能，还有助于培养普通幼儿的同理心和移情能力，有助于普通幼儿对人类差异性与多样性的尊重、包容与接纳，有利于普通幼儿社会性的发展和人格的完善。普通幼儿家长要从内心真正地接纳听障幼儿，为自己的孩子树立正确的榜样示范，同时还要注意教育自己的孩子多主动关心、帮助听障幼儿，学会欣赏他们的闪光点，与他们友好相处。

其次，听障幼儿家长要改变教育观念，转变教养方式。首先，作为家长要正视孩子的差异，接纳孩子的差异。其次，为孩子提供正常的生活学习环境，杜绝过度保护、包办代替，善于捕捉和发展孩子的闪光点。此外，家长要多给孩子创造与同龄人交往的机会，如离园后可以让孩子和班里小伙伴一起玩一会儿；利用节假日和亲朋好友相约带孩子们出去玩；还可以邀请孩子的同伴来家做客，让幼儿在交往中积累交往经验，学会亲社会行为，并及时指导、帮助孩子解决交往中出现的问题。最后，听障幼儿家长还应为孩子提供良好的榜样示范，勇敢做自己，与人友好相处。

一方面，在融合幼儿园与普通幼儿共同生活学习，对于听障幼儿来说他们被提供了学习模仿的对象，以及真实的语言交往的环境，有利于听障幼儿语言沟通能力和社会性的发展。另一方面，与听障幼儿的互动，可以提高普通幼儿的学业发展水平和社会帮助技能。对于听障幼儿的正确认知与接纳，意味着普通幼儿早期在人格培养上对于人类差异性与多样性的包容与接纳，有利于发展幼儿的自我意识，提高幼儿的移情能力，促进幼儿社会性的发展和人格的完善。在石家庄市特殊教育学校附属幼儿园普通幼儿与听障幼儿从一入园就互相接触，教师加以正确地引导，他们互相认识、接纳，将彼此的存在当作是理所当然的事情，实现共适。

四、多元化教育评价

多元化教育评价，是对幼儿园教育相关的各方面进行科学的价值判断的过程。它既是幼儿园全面开展工作的组成部分，也将是进一步提高反向融合幼儿园教育质量的重要途径之一。《幼儿园教育指导纲要（试行）》对幼儿园教育评价，特别是对幼儿发展评价以及对课程和教育适宜性评价提出了更高、更具体的要求和目标，体现出多元化的特征。这样的教育评价不仅有利于教师听取各方面的意见，而且能使家长和社会更好地了解被评价者的优势和不足，从而真正实现教育评价"是各方共同参与、相互支持与合作的过程"这一目标。

（一）评价主体多元化

《幼儿园教育指导纲要（试行）》指出："管理人员、教师、幼儿及其家长均是幼儿园教育评价工作的参与者。评价过程是各方共同参与、互相支持与合作的过程。"这一点可以看出，幼儿园的评价体系应该是一种多层次、多主体参与的评价体系，它不再是单一的以管理者为主的单一评价主体的现象，它将是教育过程逐步民主化、人性化发展进程的体现，将评价变成主动参与、自我反思、自我教育、自我发展的过程。幼儿园一日生活即课程，幼儿园对幼儿实施素质教育，必须渗透于幼儿的一日活动中，对幼儿进行全面发展的教育，它不单单靠幼儿园，也离不开家长、社区、主管部门的支持。实施教育的主体是多元化，对教育的评价也必然要有多元化主体的参与，在共同沟通协商中，增进了双方的了解，更易于形成积极、友好、平等和民主的评价体系，以多种渠道促使被评价者不断改进、获得发展。

（二）评价方法的多元化

评价方法的多元化是发展性评价的基本内涵。《幼儿园教育指导纲要（试行）》明确指出"评价应自然地伴随着整个教育过程进行。综合采用观察、谈话、作品分析等多种方法"，强调幼儿在实际生活中的感受和体验，并指出"平时观察所获的具有典型意义的幼儿行为表现和所积累的各种作品等，是评价的重要依据"。可见，注重过程，以形成性为重心的多元化评价体系是《幼儿园教育指导纲要（试行）》精神的实质体现。幼儿的发展本身就具有复杂性，在不同情景、不同情绪状态、不同的环境下，幼儿的行为往往有较大的不同。客观上需要运用多种评价方法，如：日常观察、谈话、测试、作品、成长记录袋等，同时不仅要了解幼儿在幼儿园中各个环节的行为表现，还要了解幼儿在家中及其他社会大环境和社会生活中的表现，在此基础上做出的价值评价判断，才可能准确、科学。幼儿园的教育评价应以定性评价为主要方式，将定量评价结果和定性评价整合应用，应用多种评价方法，将有利于更清晰，更准确地描述幼儿的发展状况。

（三）评价内容、标准的多元化

评价内容、标准的多元化意味着评价从单一走向多维、从静止走向动态性、发展性。单一的评价标准过多强调共性和一般趋势，忽略了幼儿个性差异和个性发展价值。单一的评价内容仅关注认知的结果，对幼儿的评价主要放在幼儿具体了解了多少，掌握了多少。我们知道，每个幼儿身心发展，虽然遵循一般的共同规律性，但是人如其面，各不相同，又都有自己本身独特的特点，存在着个别差异，如果我们无视幼儿的个体差异，单凭对认知结果的评价，就给幼儿贴上标签，进行优劣之分，看一个孩子的发展，显然是很不科学的。《幼儿园教育指导纲要（试行）》中强调教育内容、要求应更多地考虑到"能否兼顾群体需要和个体差异，使每个幼儿都能得到发展，都有成功感"。考虑到每个幼儿的差异，整齐划一、一刀切的单一评价标准显然不能满足这些需要，因此我们必须建立多维度的评价体系，如评价内容必须涉及所有的领域，社会的、情感的、认知的和运动的，也涉及幼儿学习的情感和倾向，并注重对个体发展独特性的认可。评价指标也应涵盖幼儿身体、认知、语言、情感、社会、艺术等发展的主要方面，要全面反映幼儿教育培养目标的要求，不能厚此薄彼，更不能有所遗漏，评价目标要体现多元化。

（四）评价功能的多元化

随着时代的发展，原有的以传授知识为主的课程功能受到极大的挑战，转而开始关注幼儿个体发展的其他方向，幼儿的学习态度、心理素质、协作能力、自主能力、环境意识能力等多方面的综合发展，为幼儿的终身发展奠定基础。于是配合课程功能的转变，评价功能也发生根本的变化，不只是检查幼儿学习知识、掌握技能的情况，更为关注幼儿学习过程与学习方法，关注幼儿的情感、兴趣、爱好、意志、学习态度等方面。评价不再是对幼儿进行优劣之分，把幼儿进行排队，而是如何发挥评价的激励、诊断、导向作用，关注幼儿的成长与进步的情况。如：教师根据幼儿发展的情况，分析班级教育目标是否恰当，了解教育内容、方法、手段是否适宜，是否调动幼儿学习的积极性，教育过程是否能为幼儿提供有益的学习经验，符合幼儿的发展需要，从中教师发现自己成功方面和需要改进的问题，通过分析指导，提出改进计划来促进幼儿的发展。换句话来说，评价是为幼儿的发展服务，而不是幼儿的发展为评价服务。《幼儿园教育指导纲要（试行）》新的评价理念，把评价功能的视野指向多元化，随着教育评价范围的扩大，评价功能也相应扩大，体现出导向、诊断、激励、教育、发展等多维性功能的整合，也使教育评价体现出以发展的眼光看待教师、看待幼儿的特点。[1]

在听障幼儿和普通幼儿的融合初期，即共适阶段初期，他们彼此之间还不熟悉，更谈不上默契，组织幼儿进行各类活动，都推进得比较慢。例如：幼儿在玩抢椅子游戏时，普通幼儿的兴致很高，希望老师的速度加快，但对于听障幼儿来说，他们还处于蒙圈状态，不理解游戏的规则。专业教师通过对听障幼儿及时的指导，让听障幼儿尝试先观察后模仿的方式，以及用配班教师亲自带领等方式，既满足了普通幼儿要达到的游戏的快速刺激性，也让听障幼儿通过观察，理解了游戏的要领及玩法。这个游戏的过程就是听障幼儿和普通幼儿学习的一个过程。听障幼儿通过此次游戏，理解了抢椅子游戏的要领，感知了声音的快慢有无等。普通幼儿通过此次游戏，学会了如何指导不会的小朋友，进行游戏，在教授的过程中，普通幼儿的语言组织能力、问题解决能力、大胆探索能力均得到了不同程度的提升。

图 4-8 玩抢椅子游戏

---

① 许耀凤. 幼儿园教育评价的多元化 ［EB/OL］.（2010-08-19）［2023-05-27］. https://www.
docin. com/p-72276554. html.

【案例1】幼儿基本情况：豆豆，男孩，3岁，听障幼儿，右耳佩戴人工耳蜗，词汇量较少，表达能力差，还处于咿呀学语阶段，有时能说出2—3字词语，不能进行正常的口语交流，只能通过用手指的方式表达。

出现问题：老师发现豆豆没有上课的意识，不能跟随老师的引领进行教学，没有规矩，自己想干啥干啥。在进行林氏六音的听觉训练初期，豆豆很不配合，老师每次将豆豆带入个别化康复训练教室都是问题。

解决问题：针对豆豆的情况，陈老师不断尝试各种办法，例如，老师给豆豆反复示范，用PPT图片引导，经过每天的坚持，无数次的矫正，最后抓住豆豆爱玩的天性，让豆豆在游戏中建立听的规则意识。但培养这种听的规则意识，也要根据孩子的个体差异性，个体差异性对听的规则意识形成的速度快慢有直接的影响。这期间还需要家园配合，老师在园所进行的训练，家长回到家一定要进行不断的强化，方可达到最佳效果，使听的规则意识早日建立稳定，为后期的评估做准备。

图 4-9 教师引导豆豆游戏教学

【案例2】共适阶段，普通幼儿（明明、红红、点点）跟听障幼儿在幼儿园的一日常规的各个方面，彼此都处在适应阶段，还不是很熟悉，普通幼儿刚开始的反应就是："老师，他们的耳朵上戴的是什么呀？他们怎么不说话呀？

老师，我不想跟他们一组。"此阶段老师一定要有适时地引导及解答。如：
"他们的耳朵上戴的是助听器、人工耳蜗，他们的耳朵生病了，带上这些，
还需要我们的帮助，就是当他们听不清、听不懂的时候，我们要给他们当'翻
译'，帮助他们弄明白。这样慢慢地，他们才能更好地跟你们一起游戏。他们耳
朵上戴的，就跟有的小朋友眼睛上戴的眼镜一样，当眼睛近视了，就得靠眼镜的
帮助来看清各种东西。至于他们为什么不说话，那是因为他们戴上助听器和人工
耳蜗后，需要一段时间的康复，就像小宝宝们刚出生也是不会说话的，需要家人
不断教他们，小宝宝才会说话，戴助听器和人工耳蜗的小朋友也需要大家的帮
助，就让我们一起帮助他们吧！"至于有的普通幼儿说不愿意跟听障幼儿一组，
老师是这样引导的，老师说："你们如果跟他们一组，你们把他们教会了，或者
你们这组获胜了，那你们就比老师还牛，你们就是小老师啦！"

图 4-10　认识助听器

1. 林氏六音教学记录

表 4-2　林氏六音教学记录

姓名	王豆豆	性别	男	助听设备佩戴方式	☑单侧 ☐双侧
生理 年龄	3岁0个月			听觉年龄	1岁0个月

（续表）

领域	内容	设备/玩具/图书/备注
常规	1. 助听设备工作状态：□正常　□异常　说明：_____ 2. 林氏（Ling's）六音：	

环境	距离	a	i	u	sh	m	s
☑察觉	30厘米	\	\	\	\	\	\
☑辨识	30厘米	\	\	\	\	\	\

2. 儿童基本信息表

表 4-3　儿童基本信息表

填表人：皓皓妈妈　　　　　　　　　　　填写日期：2021年1月17日

基本信息					
姓名	吴一一	昵称	皓皓	性别	男
出生日期		2017年9月20日			
民族	汉	户口所在地		河北省石家庄市无极县	
临床诊断		诊断时间		2019年	

儿童障碍类型（在以下选项中打√）：

□智力障碍

　　智力情况：□轻度　□中度　□重度

☑听力障碍

　　听力情况：☑一级（＞90分贝）　□二级（81—90分贝）　□三级（61—80分贝）

　　　　　　　□四级（41—60分贝）

　　助听装置：□人工耳蜗　　开机时间：2020年11月9日

　　　　　　　□助听器　　　佩戴时间：2019年

□脑性瘫痪

　　脑瘫类型：□痉挛型　□不随意运动型　□肌张力低下型　□共济失调型　□混合型

□自闭症

□发育迟缓

□言语障碍

□其他障碍类型

（续表）

家庭信息							
父亲姓名	吴某某	联系方式	150****5566	文化程度	小学	职业	自由
母亲姓名	王某某		133****6604		初中		无
主要照顾者	□父亲　☑母亲　□（外）祖父　□（外）祖母　□其他						
语言环境	□普通话　☑普通话和一种方言 □普通话和多种方言　□普通话和外语						
现居住址	河北省石家庄市无极县						

孕产史、既往病史、过敏史等情况				
孕产史	孕期情况	1.孕期母亲是否患病	☑否　□是	
		2.孕期母亲是否服用过药物	☑否　□是	
		3.孕期是否有其他异常情况	☑否　□是	
	生产情况	4.孕期：39周		
		1.分娩情况	□正常分娩　□难产　□臀位　☑剖宫产 □使用产钳　□胎吸　□其他	
		2.新生儿期状况	☑正常　□黄疸　□癫痫　□感染 □外伤　□其他	
早期发育情况	1.儿童运动发育情况（出现时间） 抬头：2月　翻身：3月　坐：6月　爬：7月　走：12月　其他： 2.儿童食物偏好 ☑硬质　☑软质　□流质　□其他			
既往病史及治疗	□没有过以下疾病　□有过以下疾病 1.疾病： □麻疹　□水痘　□结核　□脑外伤　□百日咳　□脑膜炎　□腮腺炎 □气管喘息　□铅中毒　□巨细胞病毒感染　□癫痫　□肾炎　□其他 2.重大疾病及治疗史：无			
家族史	遗传病：☑无　□有 遗传病备注：			
过敏史 （食物、药物）	过敏史：☑无　□有 过敏史备注：			
用药史	☑无　□链霉素　□庆大霉素　□卡那霉素　□奎宁　□水杨酸　□其他			

（续表）

康复史			
历史康复机构	康复时间段	康复频次	康复形式及康复内容
石家庄市特殊教育学校附属幼儿园	2020年11月	一周5次	集体、个训

关于该儿童需要特别注意的事项
无

家长对该儿童的教育期望
能正常交流

3.儿童现状描述表

表 4-4　儿童现状描述表

兴趣资料
强化物选择（按偏好程度由高到低依次填写）： 最喜欢的食物：面条、馒头、米饭 最喜欢的饮料：白开水、冰糖雪梨、牛奶 最喜欢的玩具：玩具汽车、玩具手枪 最喜欢的游戏：抢椅子、捉迷藏 最喜欢的活动：踢球 其他：无
厌恶物选择（按厌恶程度由高到低依次填写）： 最不喜欢的食物：无 最不喜欢的饮料：碳酸饮料 最不喜欢的玩具：无 最不喜欢的游戏：无 最不喜欢的活动：无 其他：无

（续表）

现状描述（专业人员填写）			
智力评估工具： 希一内		评估得分： 80	

听力情况：□正常

□补偿或重建后听阈（HL）：

左耳：500Hz 40dB　1000Hz30dB　2000 Hz40dB　3000 Hz45dB　4000 Hz45dB

右耳：500Hz 80dB　1000Hz80dB　2000 Hz80dB　3000 Hz70dB　4000 Hz80dB

视力情况：	□正常	□矫正后：左眼___ 右眼___	
视知觉能力	☑正常	□超敏	□弱敏	备注
听知觉能力	☑正常	□超敏	□弱敏	
触知觉能力	☑正常	□超敏	□弱敏	
味知觉能力	☑正常	□超敏	□弱敏	
嗅知觉能力	☑正常	□超敏	□弱敏	
温度觉	☑正常	□超敏	□弱敏	
痛觉	☑正常	□超敏	□弱敏	
前庭觉	☑正常	□超敏	□弱敏	
本体觉	☑正常	□超敏	□弱敏	

表 4-5　语言能力评估记录表[①]

姓名：毛毛　　　　　　　　　　　　性别：男

评估日期：2021年3月9日　　　　　　已训时间：0个月

评估教师：陈晓伟　　　　　　　　　　测试环境：无噪声

评估内容	测试记录	测试结果	语言年龄
语音清晰度（%）	不配合	无	0
词汇量	无	无	0
语法能力（模仿句长）	不配合	无	0
理解能力（听话识图）	不配合	无	0

---

① 孙喜斌. 听力障碍儿童听觉能力评估标准及方法、语言能力评估标准及方法指导手册［M］. 北京：三辰影库音像出版社，2009：49.

（续表）

评估内容	测试记录	测试结果	语言年龄
表达能力（看图说话）	不配合	无	0
交往能力（主题对话）	不配合	无	0
语言康复级别	无	平均语言年龄	0
康复建议	帮助孩子从单元音字母构音开始学习，先让孩子观察模仿，练习口舌操，呼吸训练，长短音训练每天坚持。		

表 4-6 听觉能力评估记录表[①]

姓名：毛毛　　　　　　　　　　　性别：男
评估日期：2021 年 3 月 16 日　　　已训时间：0个月
评估教师：陈晓伟　　　　　　　　测试环境：无噪声

评估内容		错误走向记录（正确）——（错误）	最大识别率
自然环境声响识别		猜、乱指	0%
语音识别	韵母识别	猜、乱指	0%
	声母识别	猜、乱指	0%
数字识别		猜、乱指	0%
声调识别		猜、乱指	0%
单音节词识别		猜、乱指	0%
双音节词识别		猜、乱指	0%
三音节词识别		猜、乱指	0%
短句识别		猜、乱指	0%
选择性听取		猜、乱指	0%
听觉康复级别		无法测得　　平均成绩	0
康复建议		平时起床后就要给孩子佩戴助听设备，多让孩子听各种声音，并给孩子建立听与物之间的联系。	

① 孙喜斌. 听力障碍儿童听觉能力评估标准及方法、语言能力评估标准及方法指导手册［M］. 北京：三辰影库音像出版社，2009：27.

4. 共适阶段五大领域评价表

表 4-7　共适阶段健康领域评价表

班级：苗苗班　　　　　　　　　　姓名：伊一、点点、朵朵（抽测）

评价标准和内容	教师评价（★为合格，★★为良，★★★为优）
身高和体重达标。	★★★
能在提醒下自然坐直、站直。	★★★
情绪比较稳定,很少因一点小事哭闹不止。	★★★
有比较强烈的情绪反应时，能在成人的安抚下逐渐平静下来。	★★★
能在较热或较冷的户外环境中活动。	★★★
换新环境时情绪能较快稳定，睡眠、饮食基本正常。	★★★
在帮助下能较快适应集体生活。	★★★
能沿地面直线或较窄的低矮物体上走一段距离。	★★★
能双脚灵活交替上下楼梯。	★★★
能身体平稳地双脚连续向前跳。	★★★
分散跑时能躲避他人的碰撞。	★★★
能双手向上抛球。	★★★
能双手抓杠悬空吊起10秒左右。	★★★
能单手将沙包向前投掷2米左右。	★★★
能单脚连续向前跳2米左右。	★★★
能快跑15米左右。	★★★
能行走1千米左右。	★★★
能用笔涂涂画画。	★★★
能熟练地用勺吃饭.	★★★
能用剪刀沿直线剪,边线基本吻合。	★★★
在提醒下，按时睡觉和起床，并能坚持午睡。	★★★
喜欢参加体育活动。	★★★
在引导下，不偏食、挑食。	★★★
愿意饮用白开水,不贪喝饮料。	★★★
不用脏手揉眼睛，连续看电视等不超过15分钟。	★★★
在提醒下，每天早晚刷牙，饭前便后洗手。	★★★
在帮助下能穿脱衣服和鞋袜。	★★★
能将玩具和图书放回原处。	★★★
不吃陌生人给的东西,不跟陌生人走。	★★★
在提醒下能注意安全，不做危险的事。	★★★

（续表）

评价标准和内容	教师评价（★为合格，★★为良，★★★为优）
在公共场所走失时，能向警察或有关人员说出自己和家长的名字、电话号码等简单信息。	★★★

表4-8　共适阶段语言领域评价表

班级：苗苗班　　　　　　　　　姓名：蛋蛋、妮妮、明明（抽测）

评价标准和内容	教师评价（★为合格，★★为良，★★★为优）
别人对自己说话时能注意听并做出回应。	★★★
能听懂日常会话。	★★★
愿意在熟悉的人面前说话，能大方地与人打招呼。	★★★
基本会说本民族或本地区的语言。	★★★
愿意表达自己的需要和想法，必要时能配以手势动作。	★★★
能口齿清楚地说儿歌、童谣或复述简短的故事。	★★★
与别人讲话时知道眼睛要看着对方。	★★★
说话自然、声音大小适中。	★★★
能在成人的提醒下使用恰当的礼貌用语。	★★★
主动要求成人讲故事、读图书。	★★★
喜欢跟读韵律感强的儿歌、童谣。	★★★
爱护图书、不乱撕、乱扔。	★★★
能听懂短小的儿歌或故事。	★★★
会看画面、能根据画面说出图中有什么，发生了什么事等。	★★★
能理解图书上的文字是和画面对应的，是用来表达画面意义的。	★★★
喜欢用图画的形式表达一定的意思。	★★★

表4-9　共适阶段科学领域评价表

班级：苗苗班　　　　　　　　　幼儿姓名：叶子、康康、菲菲（抽测）

评价标准和内容	教师评价
喜欢接触大自然，对周围的很多事物和现象感兴趣。	★★★
经常问各种问题，或好奇地摆弄物品。	★★★
对感兴趣的事物能仔细观察，发现其明显特征。	★★★

（续表）

评价标准和内容	教师评价
能用多种感官或动作去探索物体,关注动作所产生的结果。	★★★
认识常见的动植物，能注意并发现周围的动植物是多种多样的。	★★★
能感知和发现物体和材料的软硬、光滑和粗糙等特性。	★★★
能感知和体验天气对自己生活和活动的影响。	★★★
初步了解和体会动植物和人们生活的关系。	★★★
感知和发现周围物体的开关是多种多样的，对不同的形状感兴趣。	★★★
体验和发现生活中很多地方都用到数。	★★★
能感知和区分物体的大小、多少、高矮长短等量方面的特点，并有用相应的词表示。	★★★
能通过一一对应的方法比较两组物体的多少。	★★★
能手口一致地点数5个以内的物体，并能说出总数，能按数取物。	★★★
能用数词描述事物或动作。	★★★
能注意物体较明显的形状特征,并能和自己的语言描述。	★★★
能感知物体基本的空间位置与方位，理解上下，前后、里外等方位词。	★★★

表 4-10　共适阶段艺术领域评价表

班级：苗苗班　　　　　　　　　　　幼儿姓名:鹏鹏、卓卓、彤彤（抽测）

评价标准和内容	教师评价
喜欢观看花草树木，日月星空等大自然中美的事物。	★★★
容易被自然界中鸟鸣、风声、雨声等好听的声音所吸引。	★★★
喜欢听音乐或观看舞蹈、戏剧等表演。	★★★
乐于观看绘画、泥塑或其他艺术形式的作品。	★★★
经常模仿表情和声调如：自己觉得有趣的动作或自娱自乐地哼唱。	★★★
经常乱涂乱画、粘粘贴贴并乐在其中。	★★★

表 4-11　共适阶段社会领域评价表

班级：苗苗班　　　　　　　　　　　幼儿姓名：鹏鹏、卓卓、彤彤（抽测）

评价标准和内容	教师评价
愿意和小朋友一起游戏。	★★★
愿意与熟悉的长辈一起活动。	★★★
想加入同伴的游戏时，能友好地提出请求。	★★★

（续表）

评价标准和内容	教师评价
在成人的指导下，不争抢、不独霸玩具。	★★★
与同伴发生冲突时，能听从成人的劝解。	★★★
能根据自己的兴趣选择游戏或其他活动。	★★★
为自己的好行为或活动成果感到高兴。	★★★
自己能做的事情愿意自己做。	★★★
喜欢承担一些小任务。	★★★
长辈讲话时能认真听，并能听从长辈要求。	★★★
身边的人生病或不开心时表示同情。	★★★
在提醒下能做到不打扰别人。	★★★
对群体活动有兴趣。	★★★
对幼儿园的生活好奇，喜欢上幼儿园。	★★★
在提醒下，能遵守游戏和公共场所的规则。	★★★
知道不经允许不能拿别人的东西，借别人的东西要归还。	★★★
在成人提醒下，爱护玩具和其他物品。	★★★
知道和自己一起生活的家庭成员及自己的关系，体会到自己是家庭的一员。	★★★
能感受到家庭生活的温暖，爱父母，亲近与依赖长辈。	★★★
能说出自己家所在的街道、小区的名称。	★★★
认识国旗、知道国歌。	★★★

共适阶段：普通幼儿和听障幼儿在共适阶段虽然还没有完全适应彼此，但通过在健康、语言、社会、科学、艺术五大领域的评估结果显示，普通幼儿并没有因为听障幼儿的加入，而延误他们在各方面的发展。

第二节　共融——合作、分享

听障幼儿与普通幼儿在共同适应幼儿园生活并彼此适应之后，需要更进一步地深入交往与互动，这意味着听障幼儿与普通幼儿即将进入共融阶段。共融阶段是指听障幼儿与普通幼儿在适应幼儿园生活，并彼此接纳的基础上，在一日生活中的重要环节合作学习、互相分享。《幼儿园教育指导纲要（试行）》

中明确提出了培养幼儿"乐意与人交往，学习互助、合作和分享，有同情心"的社会目标。"合作"与"分享"是学前教育的重要内容，也是幼儿人际交往与社会适应的重要途径。"合作"具有交流、沟通、协调的属性，"分享"具有相互使用、相互拥有、共同占用的特征，这些属性与特征有助于听障幼儿与普通幼儿构建良好的同伴关系，也有助听障幼儿与普通幼儿在共同的场域中最大限度地参与活动，并接受对自身适宜的融合教育。石家庄市特殊教育学校附属幼儿园在反向融合教育实践中，通过引导普通幼儿为听障幼儿提供同伴支持、引导听障幼儿与普通幼儿合作学习，来指导幼儿的合作学习；通过渗透分享观念、鼓励分享行为、提升分享成效，来鼓励幼儿相互分享。

一、指导幼儿合作学习

合作学习是小组学习的一种形式。一般指学生在异质小组中彼此互助，共同完成学习任务，并以小组总体表现作为奖励依据的教学理论与策略体系。[1]在每个小组中，学生们通常从事各种需要合作和互助的学习活动。特殊幼儿通过与同伴的互动，可以学习从未接触过的知识、技能，交换彼此的生活经验，并以此增广知识、提升各项能力、发展人际与社会互动技巧等，因此合作学习对特殊幼儿有重要的帮助作用。[2]石家庄市特殊教育学校附属幼儿园在反向融合教育实践中，积极指导听障幼儿与普通幼儿合作学习，并依据听障幼儿的个体能力、发展需求、与普通幼儿合作的深度，将指导过程划分为以下三个阶段。

（一）引导普通幼儿为听障幼儿提供同伴支持

同伴支持策略是融合教育的重要策略，[3]具体是指在融合环境中，教师为

---

① 陈云英，华国栋. 合作学习与随班就读教学改革［J］. 特殊儿童与师资研究，1995（1）：7-11.

② 王鉴. 合作学习的形式、实质与问题反思——关于合作学习的课堂志研究［J］. 课程·教材·教法，2004（8）：30-36.

③ 雷江华，刘慧丽. 学前融合教育［M］. 北京：北京大学出版社，2015：32.

听障幼儿提供与普通幼儿交往互动的机会，引导普通幼儿为听障幼儿提供语言、学习和生活上的辅助。融合教育的一大优势在于特殊幼儿有机会和普通幼儿在一起生活、学习、游戏。[①] 普通幼儿作为融合班级中重要的辅助人选，[②] 在教师的适宜引导下，能够对听障幼儿表现出积极帮助的态度，有助于转变听障幼儿在融合过程中的被动状态，加深听障幼儿对集体活动的参与，改善听障幼儿的同伴交往状况。石家庄市特殊教育学校附属幼儿园主要从以下几个方面引导普通幼儿为听障幼儿提供同伴支持。

1. 在哪里——游戏活动

《幼儿园教育指导纲要（试行）》中提出："幼儿园应为幼儿提供健康、丰富的生活和活动环境，满足他们多方面发展的需要，使他们在快乐的童年生活中获得有益于身心发展的经验。""幼儿园的教育内容是全面的、启蒙性的。""教育活动内容的组织应充分考虑幼儿的学习特点和认知规律，各领域的内容要有机联系，相互渗透，注重综合性、趣味性、活动性，寓教育于生活、游戏之中。"游戏是幼儿的主要活动，是幼儿学习的主要情境，游戏能够促进幼儿身体各项能力的发展、情绪情感的发展、社会性发展、认知能力的发展、语言及创造力的发展。除此之外，游戏对于特殊幼儿而言，还具有独特的价值与不可或缺的作用。已有研究表明，游戏能够拓宽特殊幼儿的兴趣、丰富其体验，能够促进特殊幼儿多元智能、社会性的发展。[③] 因此，在石家庄市特殊教育学校附属幼儿园的反向融合教育实践过程中，教师首先选取游戏活动作为基本场景，引导受欢迎幼儿对听障幼儿进行同伴支持。

2. 切入点——听障幼儿的语言表达与活动参与

石家庄市特殊教育学校附属幼儿园在开展反向融合教育的过程中，发现早

① 郑晓安. 学前融合教育背景下轻度智力障碍儿童的入园适应研究［D］. 武汉：华中师范大学，2020.

② 毛荣建，刘颂，孙颖. 特殊幼儿学前融合教育［M］. 北京：知识产权出版社，2019：86.

③ 王敏，蔡蕾. 学前融合教育游戏支持策略［M］. 郑州：河南大学出版社，2021：8-10.

期综合干预虽然极大促进了听障幼儿的语言康复，然而在与同年龄段幼儿进行交往的过程中，听障幼儿在语言表达方面仍然存在诸多困难；融合情境中的听障幼儿与其他普通幼儿相比，在语言表达、认知发展、社会性发展等方面存在明显的滞后性。这意味着，即便听障幼儿身处于融合教育的情境，依然容易遭遇拒绝与孤立、经历被动与隔离。在此基础上，教师明确了围绕听障幼儿进行同伴支持的主要内容——语言表达与活动参与。针对语言表达进行同伴支持是指，普通幼儿与听障幼儿在共同活动时，教师引导普通幼儿要注意询问听障幼儿的想法、耐心聆听听障幼儿的表达，在听障幼儿的语言表达出现错误时，对听障幼儿进行纠正，在听障幼儿语言表达不完整时，对听障幼儿进行提示与补充。针对活动参与进行同伴支持是指，在听障幼儿与普通幼儿共同活动时，引导普通幼儿提示、带领听障幼儿遵照教师指令或游戏规则完成活动任务。

3. 谁参与——班级中的受欢迎的普通幼儿

在反向融合教育实践背景下，石家庄市特殊教育学校附属幼儿园在教育实践中发现，并非所有普通幼儿都具备为听障幼儿提供帮助与支持的能力。一些普通幼儿在语言发展、社会性发展方面没有达到能够去帮助同伴的水平，并不适合为听障幼儿提供帮助与支持。如果为听障幼儿提供同伴支持的普通幼儿是随机的，那么教师对普通幼儿的引导则存在很大的不确定性；如果将为听障幼儿提供同伴支持的普通幼儿确定下来，那么教师的指导活动也会变得更有针对性。因此，如何筛选合适的幼儿对听障幼儿进行同伴支持，是教师在促进幼儿合作学习的过程中面临的重要问题。

有研究表明，受欢迎幼儿乐观开朗、积极主动，具备较强的组织能力、领导能力，[1]能够更好地解决矛盾冲突，倾向于成为有效的协调者和对他人的支持者。[2]从理论上而言，受欢迎幼儿能够为个案幼儿提供更为积极有效的同

① 林娴. 运用绘本改善被忽视幼儿同伴交往状况的行动研究［D］. 淮北：淮北师范大学，2020.
② 周念丽. 学前融合教育的比较和实证研究［M］. 上海：华东师范大学出版社，2008：161.

伴支持。在此基础上，石家庄市特殊教育学校附属幼儿园教师遵照庞丽娟提出的同伴提名法在幼儿同伴交往研究中的实施步骤，对听障幼儿所在班级内的全体幼儿（包含听障幼儿）进行同伴提名。由于提名顺序对最终结果不会产生影响，[①] 因此教师使用不考虑提名顺序的非加权记分法对提名结果进行单项记分。首先分别按照被试幼儿肯定与否定的提名结果计算出正提名分和负提名分。随后，将全体幼儿的正提名分与负提名分分别转换为标准分数，然后再根据庞丽娟提出的同伴提名法记分结果分类标准确定其交往类型。由此，教师可以大致确定班级中哪些幼儿为受欢迎幼儿，从而有针对性的引导受欢迎幼儿对听障幼儿进行支持与帮助。

4. 怎么做——设计并开展游戏活动

（1）游戏设计

在游戏活动的设计方面，教师需要秉承公平性原则、通用性原则、差异性原则。公平性原则强调教师在设计游戏活动之初，需要对包含听障幼儿在内的每一位幼儿都抱有公正、平等的态度与看法，相信班级中的每一位幼儿都具备学习与发展的潜力，认同所有幼儿都有权利在同样的环境中参与高品质的游戏活动。通用性原则要求教师在设计中平衡所有幼儿的共性与个性需求，使所有幼儿都能身心愉悦、积极主动的参与游戏，同时确保游戏环境的无障碍，信息沟通及活动过程的无障碍，在促进听障幼儿有效参与游戏活动的同时，也保证游戏活动的目标与过程适合普通幼儿的发展和需求。差异性原则倡导教师充分了解特殊幼儿的游戏特征，熟悉特殊幼儿参与活动时面临的不同挑战，理解特殊幼儿的个体差异、现有能力以及发展需求。在秉承以上三个原则的基础上，教师可以着手从游戏目标、游戏选择、游戏组织、游戏实施、游戏评价等方面对游戏活动进行设计。

①设置游戏目标。对幼儿情况进行真实的总结与细致的分析是教师设置游

---

① 庞丽娟. 同伴提名法与幼儿同伴交往研究［J］. 心理发展与教育，1994（1）：18-21.

戏目标的前提与基础，因此教师需要了解班级中普通幼儿、听障幼儿自身的能力水平以及发展需求。听障幼儿受自身特质、障碍程度和出生后生活空间、范围及家庭教养方式的影响，其游戏行为与普通幼儿相比，存在一定差异，[①]具体表现在听障幼儿参与表演游戏活动、社会性游戏活动的意愿较低，经常因为无法理解游戏规则与游戏指令被排斥在游戏活动之外，或者做出与游戏规则、游戏指令相违背的游戏行为。因此，教师在设置游戏目标时，需要有针对性地分别围绕普通幼儿、听障幼儿进行目标设置，兼顾普通幼儿的游戏兴趣以及听障幼儿的能力水平，同时将同伴支持的内容贯穿于游戏目标的始终。同时，教师也需要确保普通幼儿有整合性的多个发展目标，避免其对游戏失去兴趣，同时也确保听障幼儿在感受游戏乐趣的同时，能够聚焦与自身能力水平相适应的发展目标。

②明确游戏性质。教师设计并实施游戏活动的目的在于为普通幼儿对听障幼儿进行同伴支持创设情境，并在情境中给予适宜的引导与帮助，同伴支持的内容也贯穿于游戏目标的始终。在游戏目标的指引下，教师在设计游戏时，需要根据听障幼儿游戏意愿、游戏能力的现实状况，明确游戏性质。竞争性游戏与合作性游戏各具优点，竞争性游戏会激发幼儿参与的主动性，激发幼儿的潜力；合作性游戏规则更加复杂，要求幼儿承担不同任务，相互协作，交流沟通，更有助于幼儿社会性的发展。然而，在融合情境中，竞争性游戏中不适宜的竞争规则，无形中会成为听障幼儿顺利参与游戏的阻碍；合作性游戏要求的协作与沟通对于听障幼儿而言也存在现实困难。因此，教师需要在综合考虑游戏目标、竞争性游戏与合作性游戏的特征、听障幼儿与普通幼儿的发展需求的基础上，明确游戏性质的偏向。需要注意的是，竞争性游戏可以加入合作的内容，而合作性游戏可以引入竞争的机制，教师可以依据班级幼儿的实际状况进行灵活调整。

---

① 王敏，蔡蕾. 学前融合教育游戏支持策略［M］. 郑州：河南大学出版社，2021：18.

③呈现游戏过程。游戏过程主要依靠游戏步骤与游戏规则呈现。在游戏过程中，普通幼儿能通过他们的思维想象创造出让人意想不到的游戏活动，他们随时根据自己的想法改变规则与玩法，并做出创意性的尝试，教师应将其发展完善得更加精致、多样、趣味。但对于听障幼儿而言，受其游戏特征及性格特质的限制，游戏的弹性及灵活多变会让他们手足无措、不能参与到游戏中，甚至引发情绪问题，导致社交回避或社交退缩。因此，教师在对游戏过程进行设计时，需要设置明确的游戏步骤，避免并减少游戏中过多的随机变化，以此为普通幼儿对听障幼儿提供同伴支持降低阻碍。同时，教师在设置游戏规则时，需要为游戏活动预留一定的灵活性与可变性，以此为普通幼儿支持听障幼儿创设更多的情境与契机，促进普通幼儿熟悉同伴支持的内容与方法。

（2）游戏开展

①进行基本的活动准备。在游戏正式开始前，教师需要从游戏环境、游戏材料、游戏时间等方面进行基本的活动准备。首先，教师需要确保游戏环境无障碍。石家庄市特殊教育学校附属幼儿园总结实践经验，发现即便听障幼儿在康复训练中呈现出较好的康复成效，然而在听力感知方面与普通幼儿仍存在一定差距。因此，教师需要确保游戏活动的场地开阔、平坦，最大限度地降低听障幼儿因听不到教师的安全提示而发生意外情况的概率。其次，教师要为听障幼儿提供适宜的游戏材料。由于听障幼儿存在不同程度的听力障碍、语言障碍，在教师介绍游戏规则时，听障幼儿极有可能出现听不到、听不清、不理解的现象。为此，教师可以采用视觉提示，通过图片或者简笔画的方式，具体形象地为听障幼儿呈现游戏活动的内容与规则，同时也促进普通幼儿更加理解游戏任务。最后，教师调整时间安排，保证游戏时间的充足。有了充足的时间保证，幼儿才有可能真正地投入、探索和享受游戏的快乐。如果游戏时间仓促，听障幼儿可能无法进入游戏，更不能深入了解活动的玩法或者玩具的特性，降低游戏的作用，阻碍听障幼儿对游戏的兴趣。

②与普通幼儿交流沟通。游戏活动开展的目的在于引导普通幼儿为听障

幼儿提供同伴支持。因此，在游戏活动正式开始之前，教师需要与负责协助、支持听障幼儿的普通幼儿（受欢迎幼儿），进行详细的交流以及沟通。石家庄市特殊教育学校附属幼儿园从实践出发，总结出沟通的具体步骤：对普通幼儿进行心理建设、为普通幼儿提供具体方法。首先，教师需要为普通幼儿进行心理建设。在游戏活动开展前，教师可以选择一个相对独立、安静的角落，与普通幼儿进行谈话。谈话时以引导、交流为主，避免命令与布置任务，以免引起幼儿的反感。教师可以从轻松的问题开启谈话，等待普通幼儿完全放松之后，询问其对听障幼儿的观点与看法。在询问中，教师逐步向普通幼儿说明：听障幼儿与班级中其他幼儿存在一定差异，听障幼儿与其他普通幼儿一样具有交往需求，听障幼儿由于自身障碍限制在游戏活动时需要他人的帮助。在引发普通幼儿的责任感与同理心后，教师顺势提出请普通幼儿帮助听障幼儿一同进行游戏活动，并征求普通幼儿的同意。在完成对普通幼儿的心理建设之后，教师可以进一步为普通幼儿提供同伴支持的具体方法。前文提及同伴支持的内容主要为语言表达与活动参与。教师可以根据游戏规则与游戏步骤，围绕同伴支持内容，向普通幼儿提供支持、帮助听障幼儿的具体方法。以下为石家庄市特殊教育学校附属幼儿园教师在开展游戏活动过程中，与普通幼儿进行详细沟通的具体内容：

表 4-12　教师与普通幼儿交流沟通的基本概况

游戏名称	老狼老狼几点了	
游戏步骤	第一步：教师扮演"老狼"，幼儿扮演"小羊"。	
	第二步：幼儿自行扮演"老狼"，教师退出游戏。	
游戏规则	"老狼"与"小羊"分别站在场地两端，"老狼"背对"小羊"。"小羊"对"老狼"大喊："老狼老狼几点了？""老狼"说几点，"小羊"就向"老狼"的方向迈出几步然后站定，再次问"老狼"，并等待答复。直到"老狼"大喊"开饭了！"，"小羊"逃跑，"老狼"抓捕"小羊"。	

（续表）

游戏名称	老狼老狼几点了
与普通幼儿交流沟通的基本概况	对普通幼儿进行心理建设：（教师与幼儿谈话时提出的问题） 1.你最喜欢玩的游戏是什么？你最喜欢吃的水果是什么？你最喜欢哪个老师？你最喜欢班级中的哪个区域？咱们班你最喜欢谁？最不喜欢谁？为什么？ 2.你喜欢XXX（听障幼儿）吗？你觉得你和他（她）有什么一样的地方，有什么不一样的地方？他（她）在班里有好朋友吗？没有人和你做朋友的话，你有什么感受？如果没有人和XXX（听障幼儿）做朋友，觉得他（她）会有什么感受？你愿意做他（她）的好朋友吗？ 3.因为XXX（听障幼儿）有听力障碍，他（她）可能会听不到或者听不清、不明白游戏是怎么玩的，你愿意帮助他吗？
	为普通幼儿提供具体方法： 1.语言表达：在说"老狼老狼几点了"的时候要看着XXX（听障幼儿），当XXX（听障幼儿）说出"老狼老狼几点了"的时候，可以像小老师一样肯定他（她）、表扬他（她）。如果他（她）说得不清楚，在休息的时候你可以告诉他（她），正确的应该怎么说。 2.活动参与：拉好XXX（听障幼儿）的手，不要让他越过起点。等到老师扮演的老狼回答了几点了的时候，你们再一起行动。老狼说四点，就要迈出四步。你在迈步之前要用手对着XXX（听障幼儿）比"四"，一边比，一边告诉他（她）迈四步。等老狼说"开饭了"的时候，你要对着XXX（听障幼儿）做一个跑的手势，并大声地告诉他："跑！"

③提示并强化支持行为。在游戏活动开展过程中，教师需要时刻关注普通幼儿与听障幼儿的互动情况。石家庄市特殊教育学校附属幼儿园教师通过对游戏活动的观察发现，负责对听障幼儿进行同伴支持的普通幼儿在游戏活动中容易被游戏的趣味性所吸引，从而忘记对听障幼儿进行支持。因此，教师在观察过程中，如若发现普通幼儿无暇顾及听障幼儿，则需要对普通幼儿进行提示。同时，教师在发现普通幼儿的正确的支持行为时，应当及时采取鼓励、表扬等方式对其支持行为进行强化，使普通幼儿感受到同伴支持的成就感与自豪感。

图 4-11　小朋友们在一起玩"老狼老狼几点了"游戏

（3）游戏评价

开展游戏活动的目的在于引导普通幼儿对听障幼儿进行有效的同伴支持。石家庄市特殊教育学校教师在教研活动中总结出：教师需要通过有规则的监督和评价来提高游戏活动的质量，也需要通过一些问题来提醒自己进行批判性反思并予以改进，形成良性循环。以下为石家庄市特殊教育学校附属幼儿园教师围绕游戏活动制定的评价方案：

表 4-13　游戏活动评价方案

评价维度	具体问题
游戏目标	1.游戏目标是否兼顾同伴支持的内容与趣味性？
	2.游戏目标的设定是否符合不同能力水平的幼儿？ 是否能够满足不同发展需求的幼儿？
	3.游戏目标如果不适宜，应该如何调整？
活动准备	1.活动场地是否对于全体幼儿都是安全的？ 是否还存在安全隐患？
	2.所准备的游戏材料对听障幼儿来说是否适合？ 可以做哪些改进？

（续表）

评价维度	具体问题
游戏过程	1.游戏步骤是否设置明确，教师在表述游戏步骤时，普通幼儿与听障幼儿是否理解？教师在表达与表述时还可以进行哪些改进？
	2.游戏规则是否对普通幼儿存在变化空间？此种变化空间是否在听障幼儿自身能力接受的范围内？
	3.游戏偏重竞争性还是合作性？偏重竞争性的游戏活动是否打击听障幼儿的积极性？合作性游戏是否要求听障幼儿交流协作，听障幼儿在此方面是否存在困难？
游戏开展	1.在与普通幼儿交流沟通中是否引导普通幼儿真实地表达了想法与意愿？普通幼儿是否自发自愿地想要为听障幼儿提供帮助？
	2.普通幼儿是否能够采用教师为其提供的方法，对听障幼儿进行同伴支持？普通幼儿在采用相关方法时是否面临着困难？教师在此方面可以如何改进？
	3.普通幼儿在游戏活动开展过程中是否有意识地为听障幼儿主动提供支持与帮助？教师是否对普通幼儿进行了提示？教师是否在普通幼儿对听障幼儿进行了有效的支持后，及时对其支持行为进行了强化？在帮助听障幼儿完成游戏活动之后，普通幼儿是否表现出成就感与自豪感？

（二）引导听障幼儿为普通幼儿提供支持帮助

引导听障幼儿为普通幼儿提供支持帮助的融合策略源于"同伴互助"的理念。同伴互助学习要求班级中所有学生被两两配对，完成制定的学习任务，在任务中两个学生轮流充当教师和学生。这种模式被证明对于全体学生都有效，并被广泛采用。[1]在此基础上，园所将此概念延伸到学前领域，并进一步发展了"互助"的内涵。在对象上，不再局限于"两两配对"，而是将互助的对象扩展到整个普通幼儿群体；在形式上，不再局限于"轮流充当教师与学生"的双向互动形式，而是将听障幼儿置于整个普通幼儿群体，采用"你帮助我、我帮助他"的线性互动的形式。在反复的教育实践中，教师通过努力发掘听障幼儿的优势与潜能，引导听障幼儿为普通幼儿提供支持帮助。在引导普通幼儿为听障幼儿提供同伴支持的同时，实现听障幼儿对普通幼儿的帮助是良好同伴关

① 刘洋. 随班就读课堂教学中合作学习策略的研究［D］. 武汉：华中师范大学，2010.

系、平等同伴地位的重要体现，也是幼儿合作学习的重要过渡阶段，听障幼儿为普通幼儿提供帮助与支持能够帮助普通幼儿与听障幼儿双方转变认知，从而进一步尊重差异、深化融合。

1. 在哪里——区域活动

在引导听障幼儿与普通幼儿开展同伴互助的过程中，教师首先确定具体情境，即班级区域活动。区域活动以幼儿进行自主游戏和学习探索为主，是一日生活的重要环节。自幼儿园教育改革实施以来，区域活动广为幼儿园以及幼儿教师所关注。区域活动是根据教育的目标、计划以及幼儿的发展水平，有目的地创设活动环境，投放活动材料，让幼儿根据自己的意愿和能力水平，以真实体验为主的方式进行个别化或小团体性的自主学习活动。石家庄市特殊教育学校附属幼儿园的班级内常规设置阅读区、植物角、美工区、建构区、益智区、娃娃家。各类区角依据教室格局构建，具有不同特征，具备不同属性，对促进幼儿的学习与发展有不同的侧重。一日常规中，幼儿在区域活动中选择材料与玩教具，自主自发地开展各类游戏活动，在宽松而愉悦的氛围中，幼儿自主参与、自发学习、积极探索、相互交流。因此，区域活动是窥见幼儿各项能力的天然场景，也是教师观察、记录、筛选有受助需求的普通幼儿的重要情境。

2. 切入点——听障幼儿的潜能、优势与强项

在同伴支持阶段，部分普通幼儿已经能够对听障幼儿进行帮助与支持，然而单方面的普通幼儿对听障幼儿的同伴支持，意味着只强调听障幼儿的障碍与缺点。学龄前期的听障幼儿暂时还没有或者开始出现障碍、残疾的意识，仅关注听障幼儿的缺陷并不利于听障幼儿形成积极的自我认知。听障幼儿的障碍与缺陷现实存在，然而障碍与潜能并存。在"用进废退"法则的影响下，听障幼儿的视觉潜能会早期显露，一般来说，听障幼儿的观察能力、模仿能力、动手能力较强，写字、画画的能力会优于普通幼儿。[①]石家庄市特殊教育学校教

---

① 雷江华，刘慧丽. 学前融合教育［M］. 北京：北京大学出版社，2015：26.

师在反复的教育实践中，不断反思、不断探索、不断总结，发现轶事记录法更能够有效地帮助教师。轶事记录法是描述观察法的一种，是教师常用的一种非正式的观察法，不受观察时间、观察地点的限制，不要求对观察对象进行连续跟踪，只需将观察者认为值得记录的行为、轶事随时记录下来即可。轶事记录法既可用于记录儿童显著的新行为，突然发生的典型行为或异常行为，也可以用于记录观察者认为有价值、有意义的任何可表现儿童个性或某方面发展的行为。[①]因此教师通过教研活动自行编制《幼儿区域活动观察记录表》，并借助此表详细记录听障幼儿在与普通幼儿互动过程中表现出的优点。在此基础上，教师综合轶事记录的事件资料，进一步分析听障幼儿的潜能，总结出听障幼儿相对于普通幼儿显现出的优势，从而明确同伴互助的内容，确定听障幼儿可以从哪些方面为普通幼儿提供支持与帮助。以下为具体示例：

表 4-14　幼儿区域活动观察记录表

观察日期	2023年4月24日	观察情境	美工区	观察者	XXX（教师）
观察对象	听障幼儿嘟嘟	涉及对象	普通幼儿东东	观察目标	嘟嘟的优势强项
观察记录	听障幼儿嘟嘟和普通幼儿东东在区域活动环节共同选择了美工区，两位幼儿同时选择了彩泥作为自己的手工材料，两人在交往过程中并没有互动交流，两个人自己玩自己的。普通幼儿东东想做一个棒棒糖，他将彩泥从袋子里抠出来，然后在桌子上搓成条。在搓条的过程中，普通幼儿东东用力不均匀，而且搓得很快，一根泥条有的地方粗有的地方细，有几次甚至还将细的地方搓断了。一旁的听障幼儿正在做一棵树，也在忙着搓泥条，听障幼儿嘟嘟很认真、很慢地在搓泥条，搓出的泥条很均匀，粗细相同。				
观察分析	通过观察可以发现，听障幼儿嘟嘟相比较于普通幼儿东东有"搓泥条"的优势，即将泥条搓得粗细均匀，普通幼儿东东在这一方面的能力稍显不足。因此可以确定将"搓泥条"作为听障幼儿嘟嘟帮助普通幼儿东东的主要内容。				

[①] 邱学青. 学前教育观察法［M］. 北京：高等教育出版社，2020：27.

3. 谁参与——具有受助需求的普通幼儿

在发掘听障幼儿的强项与优势的同时，教师也着手对普通幼儿进行观察，在普通幼儿群体中筛选有受助需求的普通幼儿。对有受助需求幼儿的筛选与发掘听障幼儿的优势同时进行，同样采用轶事记录法，借助《幼儿区域活动观察记录表》。听障幼儿的强项与优势是在与普通幼儿的交往与互动中展现的，是相较于某些普通幼儿而言的，因此其中的"某些普通幼儿"即为有受助需求的幼儿。以下是教师使用《幼儿区域活动观察记录表》发掘听障幼儿的优势与强项，同时筛选有受助需求的普通幼儿的具体示例。

4. 怎么做——开展并指导区域活动

班级中的区角是每个幼儿自愿选择活动内容、自主探索游戏材料、自由开展游戏活动的重要场域，区域活动是幼儿自我学习、自我探索、自我发现的重要途径。区域活动具有自由自主的特征，然而在引导听障幼儿与普通幼儿进行同伴互助的过程中，教师有目的、有针对性的指导必不可少。在区域活动开展过程中，教师在活动前对于环境的创设、材料的投放，在活动中进行指导的时机、指导的频率、指导的方式，以及在活动结束后对幼儿游戏行为的评价与分析同等重要。[1]石家庄市特殊教育学校附属幼儿园教师根据幼儿区域活动发生、发展的时间顺序，分别从活动前、活动中、活动后，对幼儿进行引导。

（1）活动前的准备

①目标设置。在区域活动开展的过程中，目标的设置尤为重要，适宜的目标能够有效驱动教师开展指导，能够在反向融合环境中，对幼儿区域活动的积极性、主动性、持久性、专注性产生重要影响。教师在设置目标时不仅要明确听障幼儿的优势与强项、锁定有受助需求的普通幼儿，还需要把握听障幼儿与有受助需求的普通幼儿之间的同伴关系。良好的同伴关系更有助于实现听障幼

---

[1] 管琦. 小空间班级区域活动中的教师指导现状及对策研究［D］. 扬州：扬州大学，2022.

儿对普通幼儿的支持。在综合考虑各种因素的基础上，教师可以就五个基本问题对活动的目标进行设置：是否需要创设适宜的情境将听障幼儿与普通幼儿吸引进入预设的活动区角？普通幼儿是否能够发现听障幼儿的优势与强项？是否需要引导普通幼儿自主自愿地向听障幼儿学习？在哪一方面具体实现听障幼儿对普通幼儿的支持？如何在活动中发展听障幼儿与普通幼儿的同伴关系？以下为具体示例：

表 4-15　区域活动的设置过程

听障幼儿	嘟嘟	普通幼儿	东东
区域选择	美工区		
听障幼儿的优势与强项	掌握了将彩泥揉捏成光滑的圆球、将彩泥球放在桌子上前后搓、将彩泥搓成粗细均匀的长条的技能。		
普通幼儿的受助需求	不能将彩泥揉捏光滑，只会将彩泥球放在手里竖起前后搓成粗细不均匀的长条，长条有时会断裂。有学习、提升搓泥条技能的需求。		
同伴关系	普通幼儿东东与听障幼儿嘟嘟平时并不在一起玩，两人并不是朋友。		
指导目标	1.创设情景，引导普通幼儿东东与听障幼儿嘟嘟进入美工区进行搓泥条的活动。 2.启发普通幼儿东东发现听障幼儿嘟嘟的能将泥条搓得均匀的能力。 3.鼓励普通幼儿东东向听障幼儿嘟嘟学习搓泥条的技能。 4.实现听障幼儿嘟嘟对普通幼儿东东在"搓泥条"方面的帮助与支持。 5.促进听障幼儿嘟嘟与普通幼儿东东在活动中的交往与互动。		

②环境创设。环境创设在区域活动的开展中至关重要，环境的创设包括心理环境的创设与物质环境的创设。心理环境的创设即在日常观察中捕捉听障幼儿与普通幼儿共同的爱好以及感兴趣的事物，以此为切入点确定区域活动的具体任务，并营造积极的氛围，最大限度地激发听障幼儿与普通幼儿参与活动任务的兴趣。物质环境的创设即区域的环境创设以及材料投放，是围绕活动任务所进行的区角的环境布置，以及所需材料的充足准备。以下为园所教师所进行的环境创设的具体示例：

表 4-16　区域活动环境创设

区域选择	美工区
心理环境创设	日常观察：在一次比较粗细的数学互动中，教师请幼儿们从家里带来各种各样的瓶子互相比较。听障幼儿嘟嘟、普通幼儿东东带来的都是家里放干花的小花瓶。两名幼儿都向教师展示了自己带来的好看的小花瓶。结合日常观察，教师发现听障幼儿嘟嘟与普通幼儿东东具有共同的感兴趣的事物——花瓶。因此将活动任务确定为在美工区用彩泥制作花瓶。
	氛围营造：户外活动场地上有很多的小黄花，小朋友们对这些小花很感兴趣，以此为契机，教师进行了一次集体教学活动。在活动中，教师引导幼儿观察小黄花的形态，总结小黄花的特征，鼓励幼儿使用彩泥将小黄花制作出来。在活动结束之后，教师对听障幼儿嘟嘟与普通幼儿东东给予了肯定与表扬，并向他们提议："这些小黄花这么漂亮，一会儿区域活动的时候，你们帮这些小花做一个漂亮的花瓶，把他们插在瓶子里好吗？"听障幼儿嘟嘟与普通幼儿东东对此都有很大的兴趣。
物质环境创设	区角环创：为了使听障幼儿嘟嘟在"搓泥条"方面帮助普通幼儿东东，教师借鉴陶艺技法，用"泥条盘铸"法制作花瓶，并将具体过程利用卡纸、彩泥等材料做成流程图张贴在美工区。
	材料投放：用"泥条盘铸"法制作花瓶的主要材料为彩泥。教师首先检查美工区已有彩泥的使用情况，将变干的、失去延展性的彩泥淘汰，将听障幼儿嘟嘟与普通幼儿东东喜欢的颜色的彩泥较多地投放入美工区。

（2）活动中的指导

在吸引听障幼儿与普通幼儿共同进入同一区域并完成同一活动任务之后，教师认真观察其在区域活动中的行为表现，为听障幼儿与普通幼儿的互动交流预留充分空间的同时，有针对性地提供有效指导。教师的指导具体包含三个方面：指导时机、指导频率、指导方式。教师指导的具体示例见表4—17。

①指导时机。教师的指导目标与最终目的在于实现听障幼儿对普通幼儿在某项能力或技能上的帮助与支持，但这并不意味着教师对于双方的指导是全程跟随、密集介入的，教师于适当的时机予以指导在听障幼儿与普通幼儿的共同的区域活动中尤为重要。教师在指导前需要在物理空间上，与幼儿保持一定的距离，但同时紧密关注听障幼儿与普通幼儿的行为表现，在此基础上确定介入

的时机。适宜的介入时机包含以下几种情况：活动开始十分钟之后听障幼儿与普通幼儿没有互动，听障幼儿与普通幼儿无法顺利交流，普通幼儿拒绝听障幼儿的帮助，普通幼儿与听障幼儿发生矛盾与冲突。

②指导频率。指导频率一方面显现出教师对区域活动的控制程度，一方面影响着活动过程中听障幼儿与普通幼儿的主导地位，教师在指导过程中需要额外注意指导的频率。过于频繁的指导不利于幼儿操作活动、游戏活动的连贯性，也会破坏幼儿在活动中的体验感、积极性、主动性。更重要的是，过于频繁的指导增加了教师对活动的控制，影响了听障幼儿与普通幼儿发挥主导作用去自主探索、自主交流。因此，教师一定要十分重视指导频率，避免频繁介入。

③指导方式。教师的指导方式关系到听障幼儿对普通幼儿的帮助能否真正实现，这是教师指导过程中的关键。教师的指导方式依据听障幼儿的情况不同，可以有不同的侧重。对于听力障碍程度较轻的幼儿，可以采用语言交流的方式；对于听力障碍程度较重的幼儿，可以使用一些手势并结合表演；还可以使用视觉支持策略，利用图片引导听障幼儿帮助普通幼儿。

表 4-17　区域活动中教师指导的具体情况

区域选择	美工区
指导时机	在听障幼儿嘟嘟与普通幼儿东东进入美术区，选择彩泥作为材料，并开始按照流程图用"泥条盘铸"的方法制作花瓶后，教师一面关注两名幼儿的互动情况，一面开始计算时间。教师发现，在活动开始后的十分钟时间里，两名幼儿没有任何交流，于是教师准备着手介入。教师首先引导普通幼儿东东发现、欣赏听障幼儿嘟嘟的优点，接着鼓励普通幼儿东东向听障幼儿嘟嘟学习，最后促使听障幼儿嘟嘟对普通幼儿东东提供帮助。
指导频率	在四十分钟的区域活动时间中，教师共介入了三次，每次控制在三分钟以内。尽管在最后的十五分钟内听障幼儿嘟嘟与普通幼儿东东没有再进行交流，教师也决定不再介入，保护幼儿在区域活动中的积极性与自主性。
指导方式	听障幼儿嘟嘟听力障碍程度很重，教师首先采用视觉提示的策略，借助"泥条盘铸"法制作花瓶的流程图（美术区环境创设材料），使听障幼儿嘟嘟知道花瓶制作的具体方法。在此基础上，教师借助手势与表演，引导听障幼儿嘟嘟注意到普通幼儿东东不能够将泥条搓得很均匀，并且容易搓断。

（3）活动后的评价

开展区域活动的目的在于引导听障幼儿对普通幼儿提供帮助与支持。评价是活动开展的指挥棒，在石家庄市特殊教育学校附属幼儿园教师的反复研讨中，教师们通过构建一系列评价问题来提高区域活动的质量，通过反思、反问、反省、自察，教师不断调整改革方向，寻找促进保育教育工作的内驱动力。以下为教师围绕区域活动制定的评价方案：

表 4-18　区域活动评价方案

评价维度	具体问题
参与对象	听障幼儿：幼儿嘟嘟
	普通幼儿：幼儿东东
活动目标	1.是否创设了适宜的情境将参与对象吸引进了预设的活动区角？
	2.普通幼儿是否发现了听障幼儿的优势与强项？
	3.普通幼儿是否自主自愿地向听障幼儿学习？
	4.是否实现了听障幼儿对普通幼儿的帮助与支持？
	5.活动有无促进听障幼儿与普通幼儿良好同伴关系的发展？
环境创设	心理环境创设：是否结合日常观察，找到了普通幼儿与特殊幼儿双方共同感兴趣的事物？是否以适宜的方式将"感兴趣"的事物与听障幼儿的优势与强项结合在一起？是否以适宜的方式激发听障幼儿与普通幼儿进入同一区角、选择同一活动任务的兴趣？
	物质环境创设：是否根据区角与具体活动任务进行了区角环境创设？是否在区角内投放了丰富、充足的活动材料？
教师指导	指导时机：教师的指导时机是否把握准确？是否有需要改进的问题？教师是否对幼儿的区域活动保持合适的距离？是否对活动造成了阻碍与干扰？
	指导频率：教师的指导是否影响幼儿主导地位的体现？教师的指导是否过于频繁，反而破坏了幼儿的主动性、自主性？
	指导方式：教师是否根据具体情况运用了适宜的指导方式？在运用指导方式的过程中是否遇到了新的问题？有哪些需要改进的地方？

（三）引导听障幼儿与普通幼儿合作学习

在实现普通幼儿为听障幼儿进行同伴支持，听障幼儿对普通幼儿进行帮助的基础上，教师进一步引导听障幼儿与普通幼儿开展合作学习。合作学习多以小组为单位开展，以往研究者们对"小组合作学习"的研究由来已久。一般来说，小组合作学习具有以下特征：组内异质、组间同质、任务分割、结果整合、个人计算成绩、小组合作计分、公平竞赛、合理比较、分配角色、分享领导。①石家庄市特殊教育学校附属幼儿园延伸了在反向融合教育实践中发展了其内涵，在"小组合作学习"的基础上发展出"合作学习"的融合策略，并将其界定为：以小组为单位，旨在促进听障幼儿与普通幼儿在小组中分工、互动、协作、交流，完成同一活动任务，并以小组总体成绩作为评价依据的集体教学策略。合作学习是反向融合教育实践的重要策略，是发展全体幼儿批判性思维和创新思维、提升全体幼儿交流沟通能力、培养全体幼儿信息素养的重要方法，也是促进全体幼儿核心素养发展的现实途径。②以下是石家庄市特殊教育学校附属幼儿园教师引导听障幼儿与普通幼儿合作学习的具体步骤：

1. 在哪里——集体教学活动

教师将引导听障幼儿与普通幼儿开展合作学习的具体情境确定为一日生活的集体教学活动环节。幼儿园集体教学活动是由教师根据一定的教学目标，而实施的面对班级所有幼儿的教学过程的活动。一对多以及同一时间进行是集体教学活动的主要性质；有明确的教学目标，充分的活动准备，明确的教育重难点，以及清晰而有计划的教学活动环节，是集体教学活动的主要特征。这意味着，教师可以有针对性地为促进听障幼儿与普通幼儿合作学习创设情境、设计活动、布置任务。因此，集体教学活动是教师引导听障幼儿与普通幼儿开展合作学习的天然场域。

---

① 韩立福. 小组合作学习概念重构及其有效策略［J］. 教学与管理，2009（10）：3-6.

② 李深意. 小组合作学习中的教师指导策略研究［D］. 济南：山东师范大学，2022.

2. 切入点——教学活动环节

教学活动环节为教师具体实施集体教学活动提供明确的步骤，关系到集体教学活动的质量，是教师将教育理念、活动目标付诸实践的基本路径，也是教师引导听障幼儿与普通幼儿开展合作学习的主要途径。在教学活动环节，教师可以依据活动目标、听障幼儿与普通幼儿现阶段的学习与发展水平、设计顺畅适宜的活动环节，并在活动环节中填充能够吸引听障幼儿与普通幼儿兴趣、与活动目标相切合、具备合作性质的活动任务，以此最大限度地促进听障幼儿与普通幼儿在活动中实现充分参与，增进听障幼儿与普通幼儿之间的互动、交流、协作。

3. 谁参与——受欢迎幼儿与受助幼儿

在引导普通幼儿对听障幼儿进行同伴支持，引导听障幼儿对普通幼儿进行支持与帮助的阶段，普通幼儿群体中的受欢迎幼儿、受助幼儿与听障幼儿产生了较多的互动，他们逐渐熟悉起来，同伴关系也有所发展。在此基础上，为便于集体教学活动环节的顺利开展，教师在筛选普通幼儿与听障幼儿开展小组合作学习时，可以优先考虑与听障幼儿互动较多的受欢迎幼儿与接受过听障幼儿帮助的受助幼儿。

4. 怎么做——设计并开展集体教学活动

在引导听障幼儿与普通幼儿进行小组合作学习的过程中，教师在明确具体场域（集体教育活动）、切入点（教学活动环节）、参与对象（受欢迎幼儿与受助幼儿）后，以《3—6岁儿童学习与发展指南》《幼儿园教育指导纲要（试行）》为指导，结合五大领域的具体发展要求，依托幼儿园课程，着手撰写教学活动设计，并具体开展集体教学活动。

（1）活动设计

为提高集体教学活动的教学质量，教师通过教研活动对撰写完成的活动设计进行研讨。在研讨过程中，其他教师给出修改意见与建议，撰写活动设计的教师以此为基础进行修改，直至所撰写的活动设计被教研小组教师一致通过。

教研活动研讨的重点包含两方面：活动目标与活动过程。

①对活动目标的研讨与修改。在对活动目标的研讨过程中，研究小组教师普遍关注以下几点：活动目标是否符合幼儿的能力水平并具有一定挑战性？活动目标是否完整？活动目标是否具有可操作性？目标中有关幼儿合作的内容是否作为重点而被突出表现？为提高集体教学活动的针对性，尊重普通幼儿与听障幼儿的个体差异，教师在设置活动目标时，可以将目标分为两部分，一是围绕普通幼儿撰写的活动目标，二是围绕听障幼儿撰写的活动目标。

②对活动过程的研讨与修改。为增进听障幼儿与普通幼儿的交往与互动，促使普通幼儿与听障幼儿实现合作学习，教师可以在活动过程中设置小组讨论、小组游戏、小组任务等活动环节。在对活动过程的研讨中，教师可以将关注的重点放在以下几个方面：活动环节是否适切活动目标，且能够吸引听障幼儿与普通幼儿？活动环节的设置是否流畅、连贯、紧凑、有层次，并且包含促进听障幼儿与普通幼儿合作学习的内容？活动过程中教学方法的运用是否得当？以上几个问题有助于教育活动的开展，也有助于教师自身在反思、反问中发现问题、解决问题、改进教学。

图 4-12　教师们开展集体教研活动

（2）活动实施

听障儿童本身存在滞后性，其认知发展、语言发展相对于同年段普通幼儿来说较为落后。因此听障幼儿在参与集体教学活动、与普通幼儿开展合作学习之前的准备工作就尤为重要。在反向融合教育实践的探索中，石家庄市特殊教育学校附属幼儿园逐渐形成"一般化个别支持＋普通班级"的融合思路，即有特殊教育专业教师为听障幼儿提供一般化个别支持，同时将听障幼儿纳入普通班级进行融合。因此，集体教学活动的实施主要包含两个部分：个别化指导活动、集体教学活动。

①开展个别化指导活动。个别化指导活动是集体教学活动的重要、必要准备，是补偿听障幼儿滞后性的必然要求。个别化指导活动的开展依托于普通教师与特殊教育专业教师的合作与配合，其主要包含两个方面：目标准备、语言准备。目标准备是指普通教师与特殊教育专业教师沟通集体教学活动目标，使特殊专业教师通过个别化指导，帮助听障幼儿熟悉集体教学活动的内容。语言准备是指普通教师与特殊教育专业教师进一步沟通交流，使特殊教育专业教师熟悉教学活动的具体活动环节，并为听障幼儿参与活动环节，提前准备相关的语言。

图 4-13　教师开展个别化指导

②开展集体教学活动。集体教学活动是引导并实现听障幼儿与普通幼儿合作学习的关键环节与重要途径。教师在集体教学活动的实施中扮演重要角色，影响着听障幼儿与普通幼儿在合作活动中的表现。教师可以采取以下策略促进集体教学活动的实施，并基于集体教学活动促进听障幼儿与普通幼儿实现合作学习。

一是在教学活动中提高听障幼儿的参与程度。

为提高听障幼儿对集体教学活动的参与程度，进而提高其与普通幼儿互动交往的积极性，教师可以在教学活动开展的过程中，侧重于给予听障幼儿更多的回答问题的机会。同时，为了增进听障幼儿参与课堂、与普通幼儿互动的信心，教师可以在听障幼儿每次回答问题之后，及时带动普通幼儿通过鼓掌、喝彩、点赞等方式对听障幼儿表示鼓励。通过这种形式帮助听障幼儿树立自信心，激发听障幼儿参与集体教学活动的兴趣，保持听障幼儿对于当前教学内容的专注力。

二是关注听障幼儿小组活动中的语言表达。

教师为增进听障幼儿与普通幼儿的互动，在活动过程中设置了小组游戏、小组任务、小组讨论等环节。在以上环节中，听障幼儿与普通幼儿进行交往互动，其语言表达的主动性、准确性、逻辑性也关乎交往互动的质量与效率。关注听障幼儿语言表达的主动性，即在小组活动中，教师需要关注听障幼儿在小组内部的发言情况，如果发现有听障幼儿游离于讨论活动之外，或者有表达意愿但是被其他普通幼儿忽略的情况发生，教师可以通过提示普通幼儿，请普通幼儿询问听障幼儿的观点的方式，提高听障幼儿参与讨论、进行语言表达的主动性。关注听障幼儿语言表达的准确性，即教师需要在小组活动中，关注听障幼儿的语言表达是否准确，如果存在吐字不清、语音模糊、用词错误等问题，教师可以给予听障幼儿提示、纠正。关注听障幼儿语言表达的逻辑性，即在小组活动中教师需要关注听障幼儿的语言表达的思路是否清晰，是否具有逻辑，是否能够在当前情境下，表达出与情境相一致的语言。

三是为组内幼儿自主解决矛盾提供有效指导。

在以小组为单位的活动中，听障幼儿与普通幼儿合作的次数逐渐增多，合作的时间增长，合作的质量也有所提高。在频繁的互动中，听障幼儿与普通幼儿经常因为合作任务中的分工，或主导者的选择而产生矛盾。合作学习过程中产生的矛盾存在两面性，一方面矛盾可能会阻碍合作的进程，降低学习的质量，一方面矛盾也可能成为幼儿之间进一步深化合作的契机。因此教师需要为听障幼儿与普通幼儿在合作学习中产生的矛盾提供有效的指导。具体做法为：总结协商策略，为幼儿使用协商策略提供语言示范。

（3）活动评价

开展集体教学活动的目的在于引导听障幼儿与普通幼儿合作学习。在活动结束后的评价环节，教师借助集体教研活动制定一系列的评价问题，对集体教学活动进行反思与总结，从而提高教育活动质量，进一步促进听障幼儿与普通幼儿合作学习。以下为教师围绕集体教学活动制定的评价方案：

表 4-19　集体教学活动评价方案

评价维度	具体问题
活动目标	1.促进普通幼儿与听障幼儿合作学习的目标有没有实现？还可以进行哪些调整？
	2.其他目标有没有切合听障幼儿与普通幼儿的发展水平？是否处于其最近发展区内？
	3.活动目标的设置是否具有趣味性，是否贴近幼儿生活？
活动过程	1.活动环节在实践中是否顺畅？
	2.普通幼儿与听障幼儿是否在其中获得最大参与？
	3.在小组活动环节，听障幼儿与普通幼儿有无分工、协商、合作？
评价环节	1.对小组活动的评价是否具体？
	2.是否在评价中对小组活动、幼儿之间的合作学习提出建议？
	3.是否以积极的语言肯定了幼儿在合作学习中的良好表现？

二、鼓励幼儿相互分享

《韦氏新大学词典》中对于"分享"的定义是："一个人愿意把自己拥有的东西让给另一个人部分使用、享受或送给他，即把自己拥有的东西与别人相互使用、相互享受或者相互拥有。"分享是人际交往的基础，是人类的一种亲社会行为，也是一种与他人共享的过程。《幼儿园教育指导纲要（试行）》中明确提出了培养幼儿"乐意与人交往，学习互助、合作和分享，有同情心"的社会目标。《3—6岁儿童学习与发展指南》中强调"结合具体情境，引导幼儿换位思考，学习理解别人"。"分享"是学前教育的重要内容，也是融合教育的必经阶段。分享的"相互使用""相互拥有"的特征与属性有助于听障幼儿与普通幼儿构建良好的同伴关系，并在此基础上进一步深化融合程度，提高融合质量。石家庄市特殊教育学校附属幼儿园在反向融合教育实践中，积极指导听障幼儿与普通幼儿相互分享，并将指导过程划分为以下三个阶段。

（一）渗透分享观念

分享观念为幼儿自身内在的对于分享的设想、态度和情感等一系列的心理活动，它支配着幼儿分享行为的发生。[1]分享观念影响着幼儿的分享行为，帮助普通幼儿与听障幼儿建立分享观念是鼓励融合班级内全体幼儿相互分享的前提与基础。石家庄市特殊教育学校附属幼儿园在反向融合教育实践中，总结出依靠环境与氛围帮助普通幼儿与听障幼儿建立分享观念的方法。《幼儿园教育指导纲要（试行）》指出："幼儿园应为幼儿提供健康，丰富的生活和活动环境，满足他们多方面发展的需要。"[2]环境是儿童发展的资源，幼儿通过与环境的相互作用生成并开展活动。良好的环境、积极的氛围有利于普通幼儿与听障幼儿分享行为与分享品质的形成，是有效的教育资源。教师具体可以从两方

---

① 汪涛. 3—6岁幼儿分享行为和分享观念的跨文化研究［D］. 武汉：华中师范大学，2012.
② 中华人民共和国教育部. 幼儿园教育指导纲要（试行）［EB/OL］.（2020-08-24）［2023-05-21］.
https://www.eol.cn/zhengce/guizhang/202008/t20200824_1769076.shtml.

面开展工作：物质环境、园所氛围。

1. 注重物质环境的影响

注重物质环境的影响是指将"分享"观念的渗透与传播，与班级的环境创设相联系。班级的环境创设作为幼儿园的隐性课程，能促进幼儿身心健康的发展，利于幼儿良好习惯与心理素质的形成。[①]石家庄市特殊教育学校附属幼儿园教师以"分享"为主题，进行环境创设，确定了"分享玩具""分享图书""分享食物"的环创内容，并在图画中突出听障幼儿在班级中的参与与存在，将图画中部分幼儿形象变成了佩戴助听器或者人工耳蜗的人物，借此向普通幼儿与听障幼儿传达分享的观念，即双方可以分享许多事物，在当前所在的教室鼓励双方实现分享。

2. 营造良好的园所氛围

营造良好的园所氛围是指将"分享"观念的渗透与传播，与班级或幼儿园的特色活动相联系，在为普通幼儿与听障幼儿提供分享机会的同时，以教师、幼儿园对活动的重视程度，向全体幼儿传达"学习分享"的重要性。教师可以定期举办"玩具分享日""图书分享日""蛋糕分享日"等一系列活动。在"玩具分享日""图书分享日"中，教师要求每个幼儿从家里带来自己喜欢的玩具或图书，引导普通幼儿与听障幼儿之间相互分享。在"蛋糕分享日"中，教师可以选择听障幼儿的生日作为活动日期，引导普通幼儿与听障幼儿在分享蛋糕的过程中，加深互动，建立良好的同伴关系。

（二）鼓励分享行为

环境的创设与氛围的营造为幼儿建立分享观念奠定了基础，然而全体幼儿分享行为的形成与发展，尤其是普通幼儿与听障幼儿之间的分享还需要教师有针对性的引导与培养。石家庄市特殊教育学校附属幼儿园教师在反向融合教育实践中总结出以下具体策略。

---

① 杨晓峰. 幼儿园中华文化启蒙教育环境创设探究［D］. 济南：山东师范大学，2013.

1.主题教育

石家庄市特殊教育学校附属幼儿园在反向融合的教育实践中，发现主题教学活动对于树立幼儿的分享意识有天然优势。根据学者齐放对"主题教学活动"的界定，主题教学活动是以贴近幼儿生活的某一中心内容（主题）作为课程内容的主线来组织的教育活动，它打破了学科、领域的界限，根据主题的核心内容确定主题开展的基本线索，在顺着这些线索确定活动的具体内容，并创设相应的教育环境，组织开展的一系列活动。主题教学活动具有明确的核心、清晰的主线、具体的活动内容，具有显著的指向性，便于教师以"分享"为目标，有针对性地开展一系列教育活动，鼓励听障幼儿与普通幼儿的分享行为。

（1）确立主题目标

在反向融合教育实践中，石家庄市特殊教育学校附属幼儿园首先围绕"分享"确定活动主题。活动主题的确立依据园所的办园理念与办园宗旨，综合了普通幼儿与听障幼儿的兴趣需要。石家庄市特殊教育学校附属幼儿园是一所实践反向融合教育的幼儿园，其办园理念为"弘扬传统文化，回归自然本真"，其办园宗旨为"用爱传递快乐，用心成就未来"。依据此办园理念与办园宗旨，教师在教育过程中十分注重传统文化在教学过程中的渗透，也十分重视普通幼儿与听障幼儿之间的互动与交往。在围绕"分享"确立主题的过程中，园所教师通过教研活动将这两条主线连接起来，将主题名称确定为"爱·分享"，并制定主题活动总目标。以下为具体示例：

表4-20 "爱·分享"主题活动总目标

总目标设定依据	办园理念：弘扬传统文化，回归自然本真。
	办园宗旨：用爱传递快乐，用心成就未来。
	幼儿的兴趣与发展需要。

（续表）

总目标具体内容	1.知道"分享"是一种优秀的中华民族传统美德。 2.普通幼儿愿意主动与听障幼儿分享自己的玩具、图书、食物等，并为此感到高兴。 3.听障幼儿愿意主动与普通幼儿分享自己的所有物，并为此感到自豪与满足。 4普通幼儿与听障幼儿通过一系列活动感受到分享带来的愉悦与快乐，并建立起良好的同伴关系。

（2）构建网络体系

在目标的引导下，教师着手构建主题活动网络体系。主题网络的构建实际上是以一条主线贯穿一系列活动，并使得不同活动内容之间具有内在联系，也就是说构建主题活动网络就是明确主题活动是以什么样的脉络展开的，涉及了哪些内容。[1]石家庄市特殊教育学校附属幼儿园采用问题分析方式构建主题网络，即从有关"爱·分享"的一系列重大问题出发梳理出主要问题之后，围绕问题进行活动设计。以下为石家庄市特殊教育学校附属幼儿园采用问题分析分析方式，构建"爱·分享"主题活动网络体系的具体示例：

表 4-21　"爱·分享"主题活动网络体系构建

一级主题	二级主题	三级主题
爱·分享	我们为什么要分享？	分享是美德。 能分享，有礼貌。
	我们可以分享什么？	分享玩具。 分享图书。 分享食物。
	我们能和谁一起分享？	我愿意和他（她）分享。

（3）实施教育教学

在完成对"爱·分享"主题教学活动网络体系的搭建后，教师可以根据网

---

[1] 蔡荣蓉. 幼儿园园本课程建设背景下主题活动开展的个案研究［D］. 福州：福建师范大学，2020.

络中的第三级主题，立足于集体教学活动，延伸到区域游戏活动，扩展到日常生活活动，多方面、多角度实施教育教学活动。

①立足于集体教学活动。主题活动可以借助集体教学活动的形式主要实现。在集体教学活动中教师依据主题网络中的第三级主题，撰写教学活动设计，并依据设计中的目标、环节，具体开展教学活动，在教学互动中重点强调"分享"的公平性、相互性、自愿性，不仅鼓励普通幼儿间的分享，也鼓励听障幼儿与普通幼儿间的分享。

②延伸到区域游戏活动。在实施集体教学活动之外，教师还可以考虑将集体教学活动内容延伸到班级的区域游戏活动中，即在集体教学活动结束之后，调整班级区角材料的投放，为幼儿提供分享的机会，创设分享的情境。在此过程中教师需要密切关注听障幼儿在普通幼儿群体中的分享、被分享的现实状况，如果遇到听障幼儿与普通幼儿因为不愿分享、分享不当而发生冲突的情况，教师应当及时介入与调解。

图 4-14　教师开展"爱·分享"主题活动

③扩展到日常生活活动。除此之外，教师还可以将集体教学活动中，有关"分享"的理念与行为扩展到日常生活活动，在入园、离园、进餐、睡眠、如

厕、盥洗等与幼儿生活密切相关的环节中，发现幼儿可以践行分享理念、发展分享行为的契机，促进听障幼儿与普通幼儿在互动中实现分享，促使双方感受到分享的意义与乐趣。

2. 正向强化

行为主义心理学家斯金纳认为，如果在幼儿的学习过程中失去强化，就难以保证幼儿的学习效果。[①]强化是对一种行为的肯定或否定的后果，会在一定程度上鼓励或者防止这种行为的重复发生。正向强化也被称为积极的反馈，是指个体反应或作用以增强反映或行为后环境中出现刺激物的概率。[②]教师可以在幼儿的一日活动的各个环节中，采用正向强化的方法，帮助幼儿学习并发展分享行为，掌握分享的真正意义与内涵。在此过程中，教师需要尤其关注听障幼儿与普通幼儿相互的分享行为。当普通幼儿与听障幼儿之间，或者普通幼儿与普通幼儿之间出现良好的分享行为时，教师需要立即给予适当的鼓励，使普通幼儿内心产生一种与听障幼儿或其他普通幼儿分享后受到奖励的喜悦。当听障幼儿与普通幼儿之间发生分享行为时，教师也需要给予及时的肯定与表扬，听障幼儿收获与他人分享的满足感、成就感、自豪感。同时，教师在使用强化时也需要遵循适度原则，即适度强化幼儿的分享行为，避免"为了分享而分享"的形式主义。同时根据不同的情况选择不同的强化方式、强化手段以及强化物，使得普通幼儿与听障幼儿真正明白强化的内涵，懂得分享，学会分享。若没有强化，听障幼儿与普通幼儿的分享行为可能仅仅是停留在外部动机的表面行为。因此教师要选择合理适当的强化方式，使全体幼儿的分享行为由外部要求转化为内部动机，也使全体幼儿真正理解分享的意义与价值。

---

① 易超. 5—6岁幼儿分享行为的发展现状研究［D］. 沈阳：沈阳师范大学，2013.
② 徐风娜. 任务重复和正强化对农村小学五年级学生英语学习焦虑及英语成绩影响的实验研究［D］. 赣州：赣南师范大学，2019.

3. 树立榜样

在幼儿的学习与生活中建立起积极的分享榜样，培养幼儿分享的良好习惯。在幼儿的学习与生活中，榜样的作用不容忽视，教师、家长、同伴的榜样作用无不影响着幼儿的行为与意识。建立积极的榜样，能使幼儿潜移默化地学习与模仿。[1]石家庄市特殊教育学校附属幼儿园在反向融合教育实践中总结出，可以从以下几方面来树立"分享"的榜样。

（1）教师榜样

与教师的相处与互动是幼儿学习与生活的重要组成部分，"近朱者赤，近墨者黑"，在与教师朝夕相处的过程中，教师的言谈举止也在深刻地影响着幼儿的认知与行为。因此教师首先要以身作则，以身为范。将分享行为与自身的学习、工作、生活紧密结合起来，乐于与身边的幼儿，尤其是听障幼儿，还有同事分享工具、分享图书。

（2）同伴榜样

同伴的榜样作用也对幼儿的分享观念与分享行为产生很大影响。在学龄前阶段，幼儿正处于好奇、好模仿的时期，在意同伴对自身评价的同时，也喜欢模仿同伴的行为与语言。因此，教师可以将乐于分享幼儿树立成班级中的典型与榜样，倡导其他幼儿向其学习。对于听障幼儿与普通幼儿之间的分享，教师要重点对其肯定与表扬，鼓励其他幼儿亲近爱分享的普通幼儿与听障幼儿。

（3）家长榜样

家长是孩子的第一任老师，家庭的影响对幼儿来说深厚且久远。3—6岁的学龄前幼儿有大部分时间是在家庭中度过的，家长的一言一行深刻影响着幼儿的思想与行为。教师可以与家长沟通，引导听障幼儿家长与普通幼儿家长之间也建立起良好的人际关系，并建议双方互相分享，为听障幼儿与普通幼儿的分享行为树立良好的学习榜样。

---

[1] 李超慧. 幼儿分享观念研究 [D]. 郑州：河南大学，2018.

（三）提升分享成效

在向幼儿渗透分享观念、鼓励幼儿分享行为的基础上，教师可以进一步提升幼儿学习并发展分享行为的成效，其主要方法为"移情训练"。移情训练是一种旨在提高儿童善于体察他人情绪、理解他人情感，从而与之产生共鸣的训练方法。移情训练强调幼儿能设身处地地为他人着想，站在他人的角度考虑问题，感受他人的情绪和情感变化，从而获得亲身的情绪情感体验。通过移情的方法，幼儿能产生同情心，从而促进分享行为的发生，分享意识的发展，从整体上提高幼儿主动分享的意识及慷慨分享的行为。[①]移情训练主要包括情景讨论法、角色扮演法。石家庄市特殊教育学校附属幼儿园将情景讨论、角色扮演与绘本教学活动结合起来，引导幼儿在生动的具体情境中讨论、表演，促进幼儿分享观念与分享行为的进一步发展。

1. 情景讨论

石家庄市特殊教育学校附属幼儿园将促进全体幼儿分享行为发展与绘本阅读活动结合起来，主要采用情景讨论法。情景讨论法主要是先让幼儿观看设计的故事情景然后讨论和思考故事中人物的情绪情感，并结合自身的情感体验产生移情的方法。[②]石家庄市特殊教育学校附属幼儿园的教师将情景讨论法应用于绘本教学活动中，筛选"分享"主题的绘本，围绕绘本进行教学活动。在活动中，教师请全体幼儿了解故事内容，并以小组讨论的形式，请幼儿对以下问题进行交流、分享：

你遇到过类似的事情吗？发生了什么？

你觉得这样的做法对吗？为什么？

你愿意这样对待别人吗？

你愿意这样被人对待吗？

---

① 李超慧. 幼儿分享观念研究［D］. 郑州：河南大学，2018.

② 赵培. 4—6 岁幼儿分享意识与分享行为的现状对策研究［D］. 新乡：河南师范大学，2016.

如果是你，你有什么样的感受？

你会选择怎做？为什么？

图 4-15　组织幼儿开展小组讨论

　　在讨论中，教师需要密切关注听障幼儿与普通幼儿的互动、交流情况，并为听障幼儿与普通幼儿所在的小组提供必要的支持与帮助（具体方法见前文"引导幼儿合作学习"的内容）。除此之外，教师还需要借助情景讨论法引导听障幼儿与普通幼儿从对方的角度出发，体验故事中的角色形象或身边小朋友的感受，共情他人的没有被分享到的伤心与难过，以及被分享到的兴奋与喜悦。在此过程中，听障幼儿与普通幼儿双方都能真切地感受到具体情境下、真实情境下他人的情绪起伏与情感变化，并进一步学会站在对方的角度看问题。感受到没有被分享的难过，以及分享给他人的满足感，受此情绪的激发，听障幼儿与普通幼儿在分享情景中也会变得更加积极主动。

　　2. 角色扮演

　　角色扮演法是一种使人暂时置身于他人的社会地位，并按这一位置所要求的方式和态度行事，以增进对他人社会角色及自身原有角色的理解，从而更有效地履行自己角色的心理学技术。①相关研究表明，角色扮演法有助于幼儿分享行为与分享观念的发展。②石家庄市特殊教育学校附属幼儿园教师将角色扮演与绘本教学活动相结合，截取"分享"主题类绘本的部分情节，将听障幼儿与普通幼儿组成小组，分配角色并进行表演活动。在角色扮演活动中，听障幼儿与普通幼儿感受自身角色的言行对别人产生的影响，理解他人在具体情境中的处境，体验到他人的真实的情绪情感。分享、不分享、被分享、不被分享的感受被真实的带入现实世界中，被带入自己的身上，由此听障幼儿与普通幼儿也能够更加主动的与对方分享，与他人分享。

三、多元化教育评价

《幼儿园教育指导纲要（试行）》中指出，教育评价是幼儿园教育工作的重要组成部分，教师通过反复观察、精准记录、客观的分析判断，得出评价的结果，制定出有针对性的、适合幼儿发展的培养目标，从而促进幼儿的全面发展。

结合石家庄市特殊教育学校附属幼儿园的实际，我园尝试着进行幼儿多元化评价。经过近几年的实践，我们初步探索出一条适合我园多元化评价的办法。具体做了以下几方面的工作：

（一）打破传统家长用陈旧观念对孩子进行评价

当今社会的很多家长担心，孩子会输在起跑线上，错误地把开发幼儿智力与学习知识等同起来。他们大多数对幼儿教育知识知之甚少，根本不懂得幼儿教育的发展规律。大多数家长把自己孩子能认多少汉字，会背多少首唐诗，会做多少道数学题作为孩子聪明的表现及家长炫耀的资本。当孩子们从

---

① 李幼穗，赵莹. 4—6岁儿童分享行为的特点及培养策略［J］. 学前教育研究，2008（2）：39-41.

② 魏玉桂，李幼穗. 不同移情训练法对儿童分享行为影响的实验研究［J］. 心理科学，2001（5）：557-562.

幼儿园回到家后，多数家长经常问的就是：今天在幼儿园认识了什么字？背了几首诗？算了几道题？这也无形当中成为家长为孩子选择幼儿园最关心的问题。

针对以上问题，我们对全园家长进行了一次问卷调查。内容是："您认为幼儿在幼儿园应该学会什么？"调查显示：①多学习拼音、算术、识字、古诗的占70%；②多参加幼儿园组织活动，在活动游戏中学到知识技能的占20%；③学会生活自理、学会简单的人际交往能力、养成良好习惯的占10%。这样就造成了在不同的家庭环境中的孩子存在很大的差异。造成了幼儿园小学化倾向严重，幼儿得不到全面发展。

根据问卷调查中的情况，我们认识到问题的严重性并迅速展开了应对。首先开展了家长培训讲座并发放了《致全园家长的一封信》。讲座中真实再现了幼儿园幼儿上课模仿小学生上课的场景，让幼儿上课时小手背后，像学生一样，把幼儿园上课的场景变换成封闭的教室，很多家长顿时体会了自己的无知给幼儿带来的痛苦。教师重点讲解了重知识灌输、技能训练的小学化做法对幼儿成长的不利之处。一是会造成幼儿厌学。二是严重影响幼儿的身心健康发展，使幼儿缺乏户外游戏以及肌肉和骨骼的运动，心肺功能严重缺少了应有的锻炼，身体发育在一定程度上受到伤害，幼儿如果长时间地集中注意力、大脑容易疲劳，会造成神经系统的伤害。过早、过多的规范性学习还能导致幼儿近视、驼背等身体不良症状的产生，将会严重影响幼儿身体的正常发育和健康成长。三是过早学习小学知识，当升入小学后，学习上的优势只能影响小学一年级上学期，三分之二的时间在以后的学习中就没有明显的优势了。四是由于幼儿园学了小学低年级的部分知识，幼儿到了小学系统学习这些课程的时候容易因为"我已懂"而不专心听课，不认真学习，产生不认真完成作业等不良的学习态度。五是由于幼儿园缺乏专业教师，所教授的知识不一定正确，到小学再更改比不会还难教。总之，学前教育的小学化倾向对幼儿的发展有百害而无一利。因此，从家长的观念中打破对幼儿的评价只定位在掌握小学化知识的陈旧观念是当前的首要任务。于是我们开展了幼儿多元化评价系列活动。

（二）对幼儿参与主题活动的结果的评价

主题探究活动中，幼儿参与主题活动的结果，也成为环境的主要组成部分。将其布置在幼儿所能接触到的位置，他们可以随时分享、交流，在与同伴简单交流互动中学习。教师可以获得幼儿学习、发展情况的信息，从中分析评价幼儿的发展水平、兴趣取向。

1. 对幼儿收集的主题资料的评价

主题可收集资料包括：图片、图书、文字资料、网络信息。以中班主题探究活动"飞禽"为例，教师对孩子们收集的资料的评价主要是：①鼓励，并给予及时肯定——对幼儿收集的资料与主题关系的评价在主题开展过程中，资料的收集是非常重要的。在材料收集过程中，有很大一部分的幼儿是从自己喜欢或熟悉的角度出发，进行主题资料的收集的。例如，陈晨小朋友特别喜欢鸟，他把各种各样的鸟的种种图片都收集成册，请家长帮他在每张图片的旁边剪贴上文字说明。不难看出他对鸟类已经有了一定程度上的认知。在与他进行交流时，教师发现，他能够用较为准确的语言描述出几种鸟的外形特征及生活习性。②有的幼儿收集的资料颇具特色，对幼儿收集的特色资料，教师更不能吝惜自己的夸奖与赞扬。除了夸奖与赞扬，教师还可以让幼儿有展示与表现特色资料的机会。这样的评价方式，不但对被赞扬的幼儿有激励的作用，还对其他幼儿收集材料颇具启迪作用。涵涵在班级一直都是个安静、乖巧、按部就班做事的孩子。从小班至中班，她对班级开展的每个主题活动都表现出认真参与的姿态，从不愿很张扬地表达自己的感受、想法。在这次的主题资料收集中，她先请爸爸帮忙从网络上下载了各种自己所认识的小鸟图片，接着把图片剪下，按照各种小鸟的生活习性进行了分类。教师拿到涵涵的资料后，先是给予了很高的评价："你真棒！"接着请她在全班幼儿面前介绍自己的资料。也许是受了表扬的缘故，她一改往常的轻声细语，大声并骄傲地介绍了起来。评价对她产生了激励的效果。

2. 对幼儿主题活动绘画作品的评价

教师不但把幼儿绘画作品看成是美术作品，还把它看成是幼儿心理状况的外显；而对幼儿绘画作品的评价不但是美术方面的评价，更是心理状况的评价，在其中蕴涵着心理健康教育的功能。主题探究活动"寒冷的冬天"结束后，教师鼓励幼儿将自己在活动中与同伴一起交流的经验画出来，并从中选取了较有代表性的幼儿作品进行分析、评价。明明小朋友画的雪球看起来不怎么美观，可他展开了丰富的想象，这足以说明他能将自己记忆最深刻的事件以绘画形式进行再现。在与教师的交流中，他对自己的画很满意。评价对他起到了促进的效果。

（三）以多样性观察记录为基础的幼儿发展评价

幼儿是主题探究活动中的主体，具有动态性发展的特点。及时对幼儿在活动过程中的种种表现、表达进行观察并记录，从而获得第一手的资料，是客观评价幼儿发展并指导幼儿更好地发展的重要基础。

（四）家园共同参与的评价方式

《幼儿园教育指导纲要（试行）》中明确指出："管理人员、教师、幼儿及其家长均是幼儿园教育评价工作的参与者。评价过程是各方共同参与、相互支持与合作的过程。"主题探究活动中由家园共同参与的评价方式充分体现了《幼儿园教育指导纲要（试行）》的这一精神。

首先，给予家长"每个孩子都是一个自己能认识、思考、发现、发明、幻想和表达世界的栩栩如生的孩子，是一个自我成长中主角的孩子，一个富有巨大潜能的孩子"的观点。"每个孩子都是能干的，都能进行自我创建。"从而肯定和认识每个幼儿的个别差异。

其次，给予家长一些反映了现代社会现代人应有的基本素养的要求，如"别人说话时我会等一等；与别人交谈时，眼睛会看着对方；遵守公共场所规则；做事有序不争先，能有始有终"等评价指标，很多家长对这些细小的方面一般不会在意，在他们的观念中这些远没有学习知识技能重要。然而恰恰是这些方面终将会在幼儿的主题探究活动中的人际关系智能中——得以体现，并从幼儿的言行举止中体现其基本素养。因此，当这些评价指标呈现在家长面前时，一定会引导家长重视对幼儿各方面素质的培养。

【案例1】幼儿基本情况：豆豆，男孩，4岁，听障幼儿，右耳佩戴人工耳蜗，左耳未佩戴助听设备，能说简单句，表达能力差，不善于表达。

出现问题：豆豆平时在班级，跟熟悉的老师和同学在一起，各方面表现还不错，但是只要有不熟悉的人来到幼儿园，老师这时无论让孩子说什么，干什么，豆豆都是不愿意的，表现出胆怯、不敢跟人对视，有下意识躲闪的动作，不与人交流。当豆豆去到陌生的场所，也会不自在，胆怯，变得不安。

图 4-16　尝试模仿教师拍照

解决问题：针对豆豆的情况，陈老师下班后，先跟豆豆妈妈进行了详细的了解，问了豆豆平时在家的表现，遇到陌生人时的表现，然后讲解了应该如何进行家园共育，现在应该用什么方法帮助豆豆缓解及克服这种现象。陈老师告知妈妈，平时在家带孩子时，无论在路上、电梯里、超市中还是公园中，在任何场合遇到平时熟悉的人，都要主动打招呼，让豆豆在一旁亲自感受，倾听。了解到豆豆妈妈平时在超市工作，建议妈妈在周六日，条件允许的时间段，带领豆豆一起卖货,每逢有陌生人到店后,妈妈都要主动跟人打招呼,此时一定让豆豆能亲自观看到,长此以往,耳濡墨染。在幼儿园期间,陈老师也会创造机会让豆豆跟陌生的老师、学生打招呼。如:陈老师每次带豆豆去上个别化康复课的途中,只要遇到打扫卫生的阿姨,陈老师都主动地跟阿姨先打招呼,也尝试让豆豆打招呼,在刚开始的前几天豆豆依然是不开口的,经过数天的坚持,当再次遇到阿姨打扫地面时,豆豆能在老师的带领下跟阿姨打招呼啦!有一天在陈老师带豆豆上课的途中,看到小学部楼道的装饰展板上有豆豆喜欢的长颈鹿,陈老师刚要指着长颈鹿给豆豆讲,此时发现豆豆的表情有些紧张,眼睛不断地到处观望,这时,陈老师抱抱豆豆,告诉他这是小哥哥小姐姐们上课的楼道,这个是展板,上面有豆豆喜欢的长颈鹿、大象、小狗、小猴子、星星、月亮、太阳、热气球。此时豆豆表现得不那么害怕了,陈老师想让豆豆在这个展板旁照张相,后期可以让他在手机上观看,帮助他彻底解决对这个展板陌生害怕的问题。可是豆豆此时不愿意,这时迎面走来了学校的齐老师,陈老师说明他们在这儿的缘由后,齐老师当即摆了个姿势,陈老师给齐老师拍了下来。豆豆看到陈老师为齐老师拍照后,他也模仿着齐老师的动作,摆了一个姿势。当今后再来到展板旁时豆豆不再害怕,嘴巴里还跟老师叨叨着上面的动物,长颈鹿、大象……

图4-17　教师引导幼儿适应环境

【案例2】共融阶段，普通幼儿和听障幼儿彼此已经很熟悉，他们彼此之间有了很好的默契，无论是在课上还是在区角活动、游戏环节都能很默契地完成。如：在进行区域活动拼插环节时，听障幼儿和普通幼儿一个负责传递插片，一个负责拼插，二者配合得很是默契；在进行数字认知环节，当听障幼儿不理解时，普通幼儿会不耐其烦地帮助听障幼儿，通过实物摆放，进行理解；在游戏环节中，听障幼儿受环境噪声影响听不太清时，普通幼儿会通过眼神、动作与听障幼儿交流，双方就能很快地理解对方的意思。

图 4-18　普特幼儿一起玩拼插游戏　　　图 4-19　普通幼儿教听障幼儿练习数数

1. 林氏六音教学记录

表 4-22　林氏六音教学记录

姓名	王豆豆	性别	男	助听设备佩戴方式	☑单侧 □双侧
生理年龄	4岁0个月			听觉年龄	2岁0个月
领域	内容				设备/玩具/图书/备注
常规	1.助听设备工作状态：□正常　□异常　说明：_____ 2.林氏（Ling's）六音：				

环境	距离	α	i	u	sh	m	s
☑察知	30厘米	√	√	√	√	√	√
☑辨识	30厘米	√	√	√	√	√	√

2. 言语能力评估

表 4-23 语言能力评估记录表①

姓名：毛毛　　　　　　　　　　　性别：男

评估日期：2022 年 3 月 9 日　　　　已训时间：12 个月

评估教师：陈晓伟　　　　　　　　　测试环境：无噪声

评估内容	测试记录	测试结果	语言年龄
语音清晰度（%）	———	75%	3
词汇量	200 个词	二级	2
语法能力（模仿句长）	三级	三级	3
理解能力（听话识图）	三级	三级	3
表达能力（看图说话）	三级	三级	3
交往能力（主题对话）	三级	三级	3
语言康复级别	三级	平均语言年龄	3
康复建议	增加幼儿的词汇量，平时多帮助幼儿学习理解记忆一些词语。在事物的描述方面多加强，让幼儿多练习描述一些事物、事件，多进行提问，使幼儿多回答，设置语言情景等。		

---

① 孙喜斌. 听力障碍儿童听觉能力评估标准及方法、语言能力评估标准及方法指导手册［M］. 北京：三辰影库音像出版社，2009：49.

3. 听觉能力评估

表 4-24　听觉能力评估记录表[①]

姓名：毛毛　　　　　　　　　　　　　　　性别：男
评估日期：2022年3月16日　　　　　　　　已训时间：12个月
评估教师：陈晓伟　　　　　　　　　　　　测试环境：无噪声

评估内容		错误走向记录 （正确）——（错误）	最大识别率
自然环境声响识别		6-8　1-2　3-4　13-0　15-11　17-18	70%
语音 识别	韵母识别	70-69　73-72　79-80	88%
	声母识别	167-166　158-157　152-150　146-144　140-138	80%
数字识别		8-5　7-3　1-2　3-6　10-8	90%
声调识别		196-197　197-198　198-197　199-197	80%
单音节词识别		269-266　281-282　310-311	91.4%
双音节词识别		340-344　327-325　321-0　325-326　324-326 328-327　339-338　322-0	73%
三音节词识别		397-395　381-384　395-399　385-388 397-396　389-0　394-0	72%
短句识别		405-0　413-412　411-0　419- 415 406-405　410-0	70%
选择性听取		3455-346　347-344　333-330　338-339 325-327　320-321　322-324　341-340	70%
听觉康复级别		三级　　　　　　　　平均成绩	78.44%
康复 建议		平时多带孩子倾听大自然的各种声音，并结合事物帮孩子记忆，在双音节词、三音节词、短句方面、选择性听取方面，多加练习。	

[①] 孙喜斌. 听力障碍儿童听觉能力评估标准及方法、语言能力评估标准及方法指导手册［M］.
北京：三辰影库音像出版社，2009：27.

4.共融阶段幼儿五大领域发展评估表

表4-25　共融阶段幼儿科学领域发展评估表

幼儿姓名：莉莉、小华　　班级：芽芽班　　测评教师：朱老师、闫老师

项目		观察评估指标	发展评价		
			优	良	一般
科学探究	亲近自然，喜欢探究	1.喜欢接触新事物，经常问一些与新事物有关的问题。	优		
		2.常常动手动脑探索物体和材料，并乐在其中。	优		
	具有初步的探究能力	1.对事物或现象进行观察比较，发现其相同与不同。	优		
		2.能根据观察结果提出问题，并大胆猜测答案。	优		
		3.能通过简单的调查收集信息。	优		
		4.能用图画或其他符号进行记录。	优		
	在探究中认识周围事物和现象	1.能感知和发现动植物的生长变化及其基本条件。	优		
		2.能感知和发现常见物品的溶解、导热等性质或用途。	优		
		3.能感知和发现简单物理现象，如物体形态或位置变化等。	优		
		4.能感知和发现不同季节的特点，体验季节对动植物和人的影响。	优		
		5.初步感知经常用到的科技产品与自己生活的关系，知道了科技产品有利也有弊。	优		
数学认知	初步感知生活中数学的有趣和作用	1.在指导下感知和体会有些事物可以用形状来描述。	优		
		2.在指导下，感知和体会有些事物可以用数来描述，对环境中各种数字的含义有进一步探究的兴趣。	优		
	感知理解数、量及数量的关系	1.能感知和区分物体的粗细、厚薄、轻重等量方面的特点，并能用相应的词语描述。	优		
		2.能通过数数比较两组物体的多少。	优		
		3.通过实际操作理解数与数之间的关系，如5比4多1，2与3和在一起是5。	优		
		4.会用数词描述事物的排列顺序和位置。	优		
	感知形状和空间关系	1.能感知物体的形状结构特征，画出或拼搭出该物体的造型。	优		
		2.能感知和发现常见几何图形的基本特征，并能进行分类。	优		
		3.能用上下、里外、前后、中间、旁边等方位词描述物体的所在位置和运动方位。	优		

表 4-26　共融阶段幼儿健康领域发展评估表

幼儿姓名：园园、小平　　　班级：芽芽班　　　测评教师：朱老师、闫老师

项目		观察评估指标	评定等级		
			优	良	一般
身心状况	具有健康的体态	1.身高和体重适宜。参考标准：男孩身高为100.7—119.2厘米，体重为14.1—24.2千克；女孩身高为99.9—118.9厘米，体重为13.7—24.9千克。	优		
		2.在提醒下能保持正确的站、坐和行走姿势。	优		
	情绪安定愉快	1.经常保持愉快的情绪，不高兴时能较快缓解。	优		
		2.有比较强烈的情绪反应时，能在成人的提醒下逐渐平静下来。	优		
		3.愿意把自己的情绪告诉亲近的人，一起分享快乐或求得安慰。	优		
	具有一定的适应能力	1.能在较热或较冷的户外环境中连续活动半小时左右。	优		
		2.换新环境时较少出现身体不适。	优		
		3.能比较快地适应人际环境中发生的变化，如班里换了新老师能很快适应。	优		
动作发展	具有一定的动作平衡及协调的能力	1.能在较窄的低矮物体上平稳地走一段距离。	优		
		2.能以匍匐、膝盖悬空等多种方式钻爬。	优		
		3.能助跑跨跳过一段距离，或者助跑跨跳过一定高度的物体。	优		
		4.能与他人玩追逐、躲闪跑的游戏。	优		
		5.能连续自抛自接球。	优		
	具有一定的力量和耐力	1.能双手抓杠悬空吊起15秒左右。	优		
		2.能单手将沙包向前投掷4米左右。	优		
		3.能单脚连续向前跳5米左右。	优		
		4.能快跑20米左右，能连续行走1.5千米左右（可适当停歇）。	优		
	手的动作灵活协调	1.能沿边线较直地画出简单图形，或能保持边线基本对齐来折纸。	优		
		2.会用筷子吃饭。	优		
		3.能沿轮廓线剪出由直线构成的简单图形，边线吻合。	优		

（续表）

项目	观察评估指标		评定等级		
			优	良	一般
生活习惯能力	具有良好的生活与卫生习惯	1.每天按时睡觉和起床，并能坚持午睡；喜欢参加体育活动。	优		
		2.不偏食、挑食，不暴饮暴食。喜欢吃瓜果、蔬菜等新鲜食品。	优		
		3.常喝白开水，每天早晚刷牙，饭前便后洗手，方法正确。	优		
		4.知道保护眼睛，不在光线过强或过暗的地方看书，连续看电视等不超过20分钟。	优		
	具有基本的生活自理能力	1.能自己穿脱衣服、鞋袜，扣纽扣。	优		
		2.能整理自己的物品。	优		
	具备幼儿基本的安全常识和自我保护能力	1.知道在公共场合不远离成人的视线单独活动。	优		
		2.认识常见的安全标志，能遵守安全规则。	优		
		3.运动时能躲避危险、知道简单的求助方式。	优		

表 4-27　共融阶段幼儿艺术领域发展评估表

幼儿姓名：燕燕、冉冉　　　班级：芽芽班　　　测评教师：朱老师、闫老师

项目	观察评估指标		发展评价		
			优	良	一般
感受与欣赏	喜欢自然界和生活中美的事物	1.在欣赏自然界和生活环境中美的事物时，关注其色彩、形态等特征。	优		
		2.喜欢倾听各种好听的声音，感知声音的高低、长短、强弱等变化。	优		
	喜欢欣赏各式各样的艺术形式和作品	1.能够专心地观看自己喜欢的文艺演出或艺术品，有模仿和参与的愿望。	优		
		2.欣赏艺术作品时会产生相应的联想和情绪反应。	优		
表现与创造	喜欢并参与艺术活动并大胆表现	1.经常唱唱跳跳，愿意参见歌唱、律动、舞蹈、表演等活动。	优		
		2.经常用绘画、捏泥、手工制作等多种形式表现自己的所见所想。	优		

（续表）

项目	观察评估指标		发展评价		
			优	良	一般
表现与创造	具有初步表现艺术与创造的能力	1.能用自然的、音量适中的声音基本准确地唱歌。	优		
		2.能通过即兴哼唱、即兴表演或给熟悉的歌曲编词来表达自己的心情。	优		
		3.能用拍手、踏脚等身体动作或可敲击的物品敲打节拍和基本动作。	优		
		4.能运用绘画、手工制作等表现自己观察到或想象的事物。	优		

表 4-28　共融阶段幼儿社会领域发展评估表

幼儿姓名：圆圆、萱萱　　　班级：芽芽班　　　测评教师：朱老师、闫老师

项目	观察评估指标		发展评价		
			优	良	一般
人际交往	愿意与人交往	1.愿意和小朋友一起游戏，有经常一起玩的小伙伴。	优		
		2.喜欢和长辈交流，有事愿意告诉长辈。	优		
	能与同伴和谐友好的相处，懂得尊重他人	1.会运用介绍自己、交换玩具等简单技巧加入同伴游戏。	优		
		2.对大家都喜欢的东西能轮流分享。	优		
		3.与同伴发生冲突时，能在他人的帮助下和平解决。	优		
		4.活动时愿意接受同伴的意见和建议。	优		
		5.不欺负弱小。	优		
	具有自尊、自信、自主的表现	1.能按照自己的想法进行游戏或其他活动。	优		
		2.知道自己的一些优点和长处，并对此感到满意。	优		
		3.自己的事情尽量自己做，不愿意依赖别人。	优		
		4.敢于尝试有一定难度的活动和任务。	优		
	关心尊重他人	1.会用礼貌的方式向长辈表达自己的要求和想法。	优		
		2.能注意别人的情绪，并有关心、体贴的表现。	优		
		3.知道父母的职业，能体会到父母为养育自己所付出的辛苦。	优		

（续表）

项目	观察评估指标		发展评价		
			优	良	一般
社会适应	喜欢并适应集体生活	1.愿意主动参加群体活动。	优		
		2.愿意与家长一起参加社区的一些群体活动。	优		
	遵守基本的行为规范	1.感受规则的意义，并能基本遵守规则。	优		
		2.不私自拿不属于自己的东西。	优		
		3.知道说谎是不对的。	优		
		4.知道接受了的任务要努力完成。	优		
		5.在提醒下，能节约粮食、水电等。	优		
	具有初步的归属感	1.喜欢自己所在的幼儿园和班级，积极参加集体活动。	优		
		2.能说出自己家所在地的省、市、县（区）名称，指出当地有代表性的物产或景观。	优		
		3.知道自己是中国人，奏国歌、升国旗时能自动站好。	优		

表 4-29　共融阶段幼儿语言领域发展评估表

幼儿姓名：浩浩、康康　　　班级：芽芽班　　　测评教师：朱老师、闫老师

子领域	学习与发展目标	该年龄段典型表现	发展评价
倾听与表达	认真听并能听懂常用语言	1.在群体中能有意识地听与自己有关的信息。	★
		2.能结合情境感受到不同语语调所表达的不同意思。	★
		3.方言地区和少数民族幼儿能基本听懂普通话。	★
	愿意讲话并能清楚地表达	1.愿意与他人交谈，喜欢谈论自己感兴趣的话题。	★
		2.会说本民族或地区的语言，基本会说普通话。少数民族聚居地区幼儿会用普通话进行日常会话。	★
		3.能基本完整地讲述自己的所见所闻和经历的事情。	★
		4.讲述比较连贯。	★
	具有文明的语言习惯	1.别人对自己讲话时能回应。	★
		2.能根据场合调节自己说话声音的大小。	★
		3.能主动使用礼貌用语，不说脏话、粗话。	★

（续表）

子领域	学习与发展目标	该年龄段典型表现	发展评价
阅读与书写准备	喜欢听故事，看图书	1.反复看自己喜欢的图书。	★
		2.喜欢把听过的故事或看过的图书讲给别人听。	★
		3.对生活中常见的标志、符号感兴趣，知道它们表示一定的意义。	★
	具有初步的阅读理解能力	1.能大体讲出所听故事的主要内容。	★
		2.能根据连续画面提供的信息，大致说出故事的情节。	★
		3.能随着作品的展开产生喜悦、担忧等相应的情绪反应，体会作品所表达的情绪、情感。	★
	具有书面表达的愿望和初步技能	1.愿意用图画和符号表达自己的愿望和想法。	★
		2.在成人提醒下，写写画画时姿势正确。	★
		3.运动时能注意安全，不给他人造成危险。	★
		4.知道一些基本的防灾知识。	★
评语			
（注：等级一栏 ★为表现优秀，▲为表现一般。）			

表4-30　共融阶段幼儿发展评估表

幼儿姓名：小雪、安安　　　班级：芽芽班　　　本班教师：张老师、陈老师、赵老师

	健康	
项目	观察评估指标	等级
生长发育	身高（厘米）　男孩100.7—119.2厘米，女孩99.9—118.9厘米。	★
	体重（千克）　男孩14.1—24.2千克，女孩13.7—24.9千克。	★
基本动作	上体正直，上下肢协调地走，轻松地跑。	★
	能与他人玩追逐、躲闪跑的游戏。	★
	能在攀登架上手脚协调地上下。	★
生活处理能力	会使用筷子，愉快、文明地进餐。	★
	按一定顺序洗干净自己的手和脸。	★
	能自己穿脱衣服、鞋袜，扣纽扣。	★
	能独立、有序地穿脱鞋袜。	★
	每天早晚刷牙、饭前便后洗手，方法基本正确。	★
	安静入睡，不蒙头，睡觉时不玩玩具，睡姿正确。	★
	知道保护眼睛的小方法，不要在光线过强或过暗的地方看书，连续看电视时间一定不能超过20分钟。	★

（续表）

认知		
项目	观察评估指标	等级
认识	能做到安静听别人讲话并能用完整语句讲述自己的所见所闻及图片内容。	★
	知道四季名称及其明显特征。	★
	知道家用电器的名称、用途。	★

社会		
项目	观察评估指标	等级
自我意识	知道自己家所有的主要环境特征。	★
	知道父母的工作单位和工作内容。	★
	能按自己的想法进行游戏或其他活动。	★
	会选择自己喜欢的活动，对自己有信心。	★
行为习惯	关心，体贴长辈，有爱长辈的言行。	★
	关心集体，争取为集体和同伴服务。	★
	爱护幼儿园的花草树木及各种物品。	★
	能与同伴愉快地合作，玩耍，分享物品。	★
	主动与老师及周围的人交往，心情愉快。	★
	会使用礼貌用语，不干扰他人活动。	★
	初步能控制自己的行为，服从集体规则。	★
	能在提醒下收拾，整理生活用品和玩具。	★
	不随意拿别人的东西，做错事主动承认并改正，坚持自我服务劳动。	★
	知道接受了的任务要努力完成。	★
	在提醒下，能节约粮食、水电等。	★

（续表）

语言		
项目	**观察评估指标**	**等级**
听说 阅读 能力	集中注意力，耐心听别人讲话，不打断别人的话。	★
	能大胆地用较完整的话表达自己的意愿。	★
	愿意与他人交谈，能主动使用礼貌用语，不说脏话、粗话。	★
	能用较完整的词句，较连贯地讲述图片内容，有认读汉字的兴趣。	★
	乐意参加阅读活动，养成爱护图书的好习惯。	★
	能根据作品的展开产生相应的情绪反应如喜悦、担忧等，真正体会到作品所表达的情绪情感。	★

艺术		
项目	**观察评估指标**	**等级**
感受 表现 美	喜爱美好事物，能体验到美的愉悦。	★
	会用各种方法表现自己熟悉的物体的主要特征，进行审美联想、想象。	★
	能简单评价自己和别人的作品。	★
	喜欢倾听各种好听的声音，感知声音的高低、长短、强弱等变化。	★
	能为熟悉的歌曲改编部分歌词，能随音乐舞蹈。	★
	能初步注意自己的行为美和仪表美。	★
	能运用绘画、手工制作等表现自己观察到或想象的事物。	★

（注：等级一栏 ★为表现优秀，▲为表现一般。）

第三节　共生——自立、生长

　　全人教育理念认为教育应该关注人的内在情感体验与人格的全面培养，呼吁教育从"智育中心"转向促进幼儿富有个性的全面发展。无论特殊幼儿还是普通幼儿，首先他们都是幼儿，我们不只是要发展他们的"智能"或是"语言"，更应该关注他们作为人本身的全面发展。每个幼儿都是独特的个体，无论残疾与否，都有着不同的特点和需求，他们之间仅仅是个体和个体之间的差异。共生阶段是反向融合模式教学实践的第三阶段，通常发生在听障幼儿与普通幼儿进入幼儿园的第三年，在此阶段教师积极创设多种情景，组织开展丰富多彩的活动，积极引导与支持听障幼儿和普通幼儿的自由表达、充分表现，对幼儿开展个性化的支持与评价，尊重满足幼儿的个性化发展需要，本阶段的主要任务是为两类幼儿顺利进入小学打基础。

一、支持幼儿的自由表达、充分表现

在反向融合环境中，幼儿能够彼此接纳，并且愿意进行合作和分享。在此基础上，幼儿的自我意识进一步发展，更倾向于去展现自己的个性。石家庄市特殊教育学校附属幼儿园以幼儿为主体，以丰富多彩的活动为载体，为幼儿的自由表达、充分表现提供极大地支持。

（一）支持幼儿在绘画活动中自由表达、充分表现

早在19世纪末，人们就开始关注儿童在绘画中所体现的内心世界。相对于语言，孩子们更倾向于用绘画的形式表达自己的情感和思想，这似乎是一种本能。因为绘画是人类最古老、最形象的一种表达和记录。幼儿绘画活动能够促进内部语言和外部语言活动，绘画图形与命名的结合促进了幼儿概念的形成，根据听到的故事图画，进行绘画创作，促进了幼儿语言符号和图形的相互转化。[1]

心理儿童的绘画和美术家的绘画不同，它不是狭义的美术，而是一种游戏。儿童并无意要所画的东西美观，也不大在意要准确，只是自由地发展他的意念而已[2]。绘画作为一种视觉艺术，更有利于听觉障碍幼儿表达他们内心世界和生活体验。通过绘画可以给听障幼儿带来快乐和自信，让听障幼儿和普通幼儿通过绘画进行沟通和交流，不仅富有趣味性，还加深了他们彼此之间的友谊。

1. 观察和体验生活

体验生活是幼儿进行绘画的基础，他们会将生活情境中的情感体验通过绘画的形式表现出来。教师要注重引导幼儿去仔细地观察生活、体验生活、感受

---

① 顾颖颖. 5—6岁听力残疾儿童与健听儿童绘画的比较研究［D］. 南京：南京师范大学，2007.

② 谢婷. 主体性的寻获［D］. 长沙：湖南师范大学，2018.

生活中的美。体验一般而言可分为两种，一种是直接的亲身体验，另一种是间接的想象体验。幼儿在进行绘画创作时，他想要表现的事物形象都会有原始形象的参照，这些原始形象就源于幼儿的经验及积累。①

2. 绘画创作

（1）指定绘画主题

在教师组织幼儿绘画时可以指定绘画的主题，一般绘画主题服务于本月的主题教学。但是教师不会为幼儿提供范画，而是在幼儿需要帮助时给他们提供个别化的指导。

（2）自主绘画

自主绘画一般发生在区域活动时间，在幼儿自主表达创作过程中，教师不做过多干预或把自己的意愿强加给幼儿，在幼儿需要时再给予具体的帮助。教师要给幼儿提供充足的时间和空间，鼓励他们通过绘画来自由表达自己的感受，宣泄自己的情绪。

图 4-20　自主绘画活动

（3）幼儿的绘画过程是模仿学习和同伴协助的过程

幼儿的绘画作品并不是一蹴而就的。在整个绘画过程中，幼儿在不断地遭遇问题，并需要不断地解决问题。同伴之间的模仿是幼儿绘画过程中非常普遍

---

① 谢婷. 主体性的寻获［D］. 长沙：湖南师范大学，2018.

的现象，它给幼儿提供了解决问题的线索。幼儿间的彼此模仿，使画面变得更加丰富。在绘画过程中，有些经验较丰富或能力较强的幼儿会主动为同伴提供帮助使其顺利解决绘画过程中遭遇的难题，这种行为被称为"同伴协助"。这与模仿学习不同，模仿学习的主体是遇到困难的幼儿，而同伴协助的主体是在某方面经验较丰富或能力较强的幼儿。[①]绘画活动中的同伴协助通常包括：代替、示范、语言指导和实物提示。

3. 介绍、展示幼儿作品

对于自己的绘画作品，每个幼儿都倾注了自己的创意和想法。教师要鼓励他们去向大家介绍展示自己的作品，自由、充分地表达自己的想法，可以从作品的名称、作品的内容和色彩的搭配等进行介绍。在介绍自己作品的过程中充分地锻炼了幼儿的语言组织、语言表达能力。而听障幼儿借助于自己的作品（视觉信息），在大家的鼓励和支持下也非常乐意把自己的作品介绍给大家（语言符号）。

我们要为幼儿创设展示自己作品的条件，可以用幼儿的作品布置环境，引导幼儿相互交流、相互欣赏、共同提高，比如：六一儿童节前期，让幼儿用自己的作品布置装饰教室，绘制黑板。这不仅增加了幼儿的成就感、自豪感，更加提高了他们的归属感、集体荣誉感，这将有利于未来他们更好地适应小学生活。

4. 作品评价

对于作品的评价以幼儿自评为主，教师评价为辅。幼儿对自己的绘画作品最为了解，让幼儿进行自我评价，让他们学会自我欣赏、自我激励，在提升自信心的同时，通过与同学之间作品的比较发现自己的不足。幼儿自我评价主要围绕"你觉得哪个地方画得最好？哪个地方还可以画得更好呢？"展开。因为幼儿已经进行了自我评价，因此教师评价要肯定幼儿作品的优点，用表达自己感受的方式引导其提高，如："你的兔子耳朵画得很漂亮。你的色彩搭配非常好。"

---

① 顾颖颖. 5—6岁听力残疾儿童与健听儿童绘画的比较研究［D］. 南京：南京师范大学，2007.

5. 绘画活动和游戏相结合

图画是最早的汉字形式，人类最初就是通过图画来记录信息、传递信息的。通过绘画活动和游戏的结合，在增加幼儿绘画兴趣的同时，让幼儿明白图画可以表达很多的内容，有很多的作用，比如：开始寻宝游戏之前，让幼儿自己设置宝藏位置，自己画寻宝图，请其他幼儿根据寻宝图寻宝；幼儿自己绘制迷宫图；进行你画我猜游戏等。绘画活动和游戏相结合的形式，可以极大地提高幼儿的绘画兴趣，促进了幼儿运用绘画进行自我表达和表现。

6. 绘画活动和书写相结合

幼儿的书写能力和小肌肉运动能力的发展直接相关。一般来说，在幼儿5岁的时候，日常活动要逐渐增加和书写相关的内容，如涂色、描线、绘画等。在幼儿日常活动中加入书写知识的教学，把绘画和书写自然结合起来，比如：给自己的绘画作品署上自己的名字，在绘画作品中书写一些简单的字。绘画和书写相结合，增加了书写的趣味性，锻炼了幼儿手部肌肉能力和手眼协调的能力，并为幼儿的前书写做好准备。

（二）支持幼儿在表演活动中自由表达、充分表现

表演指演奏乐曲、上演剧本、舞蹈、朗诵诗词等直接或者借助技术设备以声音、表情、动作公开再现作品。幼儿在表演时需要运用多种感官，调动多种经验。表演作为一种综合性的表达方式，具有丰富的教育价值。表演活动可以促进幼儿语言能力、动作表现能力、交往能力、审美和创造能力以及情感等多方面发展。石家庄市特殊教育学校附属幼儿园的表演活动主要体现在节日联欢活动中的表演和幼儿的故事表演。

1. 节日联欢活动

节日联欢活动是一个比较热闹的活动，活动内容也比较丰富，可以满足所有幼儿表达、表现的需求。班级联欢活动的环境装饰与布置由幼儿们共同协商、共同参与。节日联欢要求每个幼儿都必须表演一个节目，节目内容形式不限。教师对节目的质量不提要求，重在幼儿们的参与以及幼儿对这个过程的享

受。其实幼儿心里对自己有期望和要求，因此不需要教师刻意提出要求。幼儿只有在活动中感到快乐，感觉到被支持，才愿意去充分的表达、表现自己，比如：豆豆是一个特别害羞的听障小男孩，但他愿意在联欢时表演一首小儿歌。

图4-21　节日联欢活动：《三字经》表演

2.故事表演活动

故事表演的内容一般选择幼儿们熟悉的绘本故事，或者和本月主题教学相关的其他故事。表演采用小组合作、异质分组的形式展开，以便幼儿能够优势互补，更好地展现每名幼儿的个性特点。表演的具体准备都以小组合作的形式展开，所有的工作都是小组合作完成，只有在幼儿需要时教师给予适当协助。在这个过程中幼儿需要协商好每个人的角色，练习台词，学习模仿相应的动作，动手制作一些道具（也可以没有）等。在这个过程中不仅加深了对故事内容的理解，幼儿的各方面能力都得到了锻炼。

（三）创造条件和机会，支持幼儿的自由表达和充分表现

幼儿的"自由表达"除了心理的、情感的表达，更重要的是语言的表达，而幼儿的"充分表现"主要体现在语言表达和肢体表达上。由于每个幼儿的个性特点不一样，有的活泼外向，善于表达表现；有的性格内向，怯于表达表现。听力障碍的幼儿由于自身的障碍原因难免会回避语言表达。但是不能否认每个幼

儿的内心都是希望得到认可与赞赏，都是希望表现自己的。因此教师要创造条件和机会，并给予充分支持，使他们能够无所顾忌的自由表达和充分表现。

1. 点心时间：主题谈话

一日生活皆课程，幼儿园餐点是促进幼儿发展的重要环节，是重要的教育内容。午睡之后，开始下午的加点，孩子们还都比较安静，这个时间开个"茶话会"，孩子们边吃边喝边聊天。教师会指定一个谈话主题，幼儿可以针对主题发表自己的看法，比如："我有一个好习惯""我的周末生活""一件有趣的事"等。这种谈话比较随意，没有过多的要求，幼儿可以畅所欲言，每个幼儿都有发言的机会。

2. 主题播报员

石家庄市特殊教育学校附属幼儿园采用主题教学，每个月一个教学主题，每日活动围绕主题展开。为了充分锻炼幼儿语言表达能力以及对主题的深入了解，每天都会安排1—2名幼儿当主题播报员，进行主题播报。在进行播报之前，需要幼儿及其家长做好充分的准备，家长协助幼儿做一个简单的课件，幼儿掌握好播报的内容。听障幼儿借助图片和在家的练习，也能进行很好的播报。主题播报活动既增长了幼儿的知识，也锻炼了幼儿的语言表达能力。

3. 故事会

儿童故事主题单纯、鲜明，情节生动、有趣，引人入胜，语言浅显、简洁、口语化，适合口头讲述。孩子们都爱听故事，但让他们自己把故事复述下来，讲给别人听是有一定难度的。美国哈佛教育心理学家凯瑟琳·斯诺经过研究发现，6岁前会讲故事的幼儿，小学时学习和社交能力会比较好。这是因为当幼儿在讲故事时，需要用到语言组织能力、想象力、记忆力，以及加上幼儿内有的道德判断力和生活经验，这些都是一个幼儿认知能力的关键。石家庄市特殊教育学校附属幼儿园每周组织一次故事会，让幼儿自己来讲故事，可以借助绘本、故事书等，也可以是之前讲过的故事。在这个过程中幼儿的语言组织能力、语言表达能力等都能够得到很好的锻炼提升。

4. 亲子活动：我来读绘本

阅读有助于增长幼儿的见识，启迪幼儿的智慧。石家庄市特殊教育学校附属幼儿园一直都很注重对幼儿阅读兴趣和阅读能力的培养。绘本是非常适合幼儿自主阅读的图书形式。为了锻炼幼儿的自主阅读能力、社交表达能力，以及促进家校合作，石家庄市特殊教育学校附属幼儿园在每月一次的家长开放日活动中设有一个环节"我来读绘本"。幼儿给家长（非自己家长）读一本绘本故事，幼儿要选择其他小朋友的家长。这样做不但可以锻炼幼儿的社交能力，还因为别人的家长一般对别人的孩子干预少，鼓励多，孩子们会更有成就感。

在各种丰富有趣的活动中，锻炼了幼儿的前书写和前阅读能力、语言表达能力、自我表现能力等，为以后他们顺利步入小学打下了坚实的基础。

二、满足幼儿的个性化发展需要

我国古代孔子的"因材施教"观点认为：教学要根据学习对象的差异性和特性采取不同的方式，使每个人都能够根据自身需要而发展，即教学要因人而异。[①]《3—6岁儿童学习与发展指南》倡导"尊重幼儿发展的个体差异"，准确把握幼儿发展的阶段特征，又要充分尊重幼儿发展连续性进程上的个别差异，"支持和引导他们从原有水平向更高水平发展"。学前融合教育强调每一位幼儿都有平等接受教育的权利，每一位幼儿都应在场、充分参与并受到适宜的教育。由此可见，无论是我国自古流传的教学观，还是当代对幼儿教育的现实要求，还是融合教育的特征，都要求教师尊重幼儿的个体差异，在教育教学中促进幼儿的个性化发展。个性化发展是指以幼儿为主体，保育教育活动根据幼儿个体的发展需求不同而有所调整，从而促进每一位幼儿得到适宜的教育，并实现独特个性的形成与发展。石家庄市特殊教育学校附属幼儿园从实际出发，遵循每一位幼儿现阶段的发展水平，尊重幼儿的个体差异，从以下方面为

---

① 罗昕. 支持个性化学习的数学校本微课设计与应用研究［D］. 福州：福建师范大学，2019.

促进、并实现听障幼儿与普通幼儿的个性化发展做出努力。

（一）支持幼儿依据个性需要参与教育评价

尊重幼儿发展的个体差异，是指肯定幼儿个体发展方向、发展内容、发展方式的多元化。这需要教师更新教育评价理念，变革传统的教育评价方式。《幼儿园教育指导纲要（试行）》指出："教育评价是幼儿园教育工作的重要组成部分，是了解教育的适宜性、有效性，调整和改进工作，促进每一个幼儿发展，提高教育质量的必要手段。"这意味着，调整教育评价方式是尊重幼儿发展的个体差异的重要切入点。石家庄市特殊教育学校附属幼儿园选择"幼儿成长档案"作为幼儿的具体评价方式，以多元化的评价反映幼儿发展的真实情况、个体差异，并支持幼儿从以下几个方面自主参与教育评价活动。

1. 建构幼儿自主参与评价的理念

石家庄市特殊教育学校附属幼儿园教师在支持幼儿自主参与教育评价活动的过程中，首先从明确当代教育发展的要求、熟悉教育心理学相关理念、贯彻园所自身的办园理念与办园宗旨三个方面，建构支持幼儿自主参与评价活动的理念。

（1）明确当代教育发展的要求

当代教育的发展要求"以人为本，以幼儿为本"，强调"教育的功能在于促进人的发展"。[①]石家庄市特殊教育学校附属幼儿园教师在对融合班级内的每一位幼儿进行"幼儿成长档案评价"之前，都会以幼儿为中心，以幼儿的发展为根本目标。对于普通幼儿，教师关注幼儿的意愿、兴趣、个性与特点；对于听障幼儿，教师不单关注其与普通幼儿的共性特征，也着重关照听障幼儿受障碍程度、障碍类型影响、所显露出来的个性。

（2）熟悉教育心理学相关理念

加德纳多元智能理论倡导"每一位幼儿的智力是多元的，至少可以包括语

---

① 袁振国. 当代教育的五大使命［J］. 上海教育，2015（13）：70-72.

言智能、数学逻辑智能、空间智能、身体运动智能、音乐智能、人际智能、自我认知智能和自然认知智能这八种能力"。普通幼儿的个性特点千差万别，听障幼儿虽然在某一方面的功能受限，然而他们也具有独特的智能与优势，发现特点、发掘优势也是在遵循幼儿的个体差异。维果茨基的最近发展区理论强调"幼儿的发展水平包括已有的发展水平和可能的发展水平两种。已有的发展水平是指幼儿独立活动时所能达到的解决问题的水平，可能的发展水平是通过教学所获得的潜力。两者之间的差异就是最近发展区"。尊重幼儿的个体差异既要了解每个幼儿的最近发展区，也要为幼儿发挥潜力提供适宜的支持。

（3）贯彻园所理念与园所宗旨

石家庄市特殊教育学校附属幼儿园2021年获评城市一类园，多年来一直实践反向融合教育，其办园理念为"弘扬传统文化，回归自然本真"，其办园宗旨为"用爱传递快乐，用心成就未来"。在采用"幼儿成长档案评价"的过程中，石家庄市特殊教育学校附属幼儿园教师也遵从以上宗旨与理念，将"真实""生态""爱"融入评价理念。成长档案袋犹如动画片，可生动形象展现特殊幼儿的语言、动作、情感、交往、认知等方面的发展轨迹。教师通过全方位、多角度的观察与记录，将听障幼儿与普通幼儿成长、发展的过程，细致、真实、全面、生态的记录和保存下来。成长档案袋是幼儿成长与发展的一个缩影，是在教师充满爱意与鼓励的心意中剪辑出来的成长集。

2.明确幼儿在评价中的主体地位

石家庄市特殊教育学校附属幼儿园采用"幼儿成长档案"进行评价的过程中，将评价的主体确定为教师、幼儿、家长，每一位评价主体都非常重要，每一位评价主体都不可或缺。教师通过对融合班级内听障幼儿与普通幼儿的日常表现进行观察与记录，以此参与到评价中；普通幼儿与听障幼儿通过教师描述自己在接纳、分享、合作等方面的表现，并对自身形成动态的认识，以此来实现对自身的评价，教师也帮助幼儿将对自身的评价完整的展现在档案中；家长则通过教师的记述，与幼儿对自身的认识，进一步在档案中记录自己的观点和想法。多方参与下的评价，有助于生动地展现出融合班级内听障幼儿与普通幼儿发展的真实现状，也突显了每一位幼儿之间的差异与独特。

3. 展现幼儿自主参与评价的内容

石家庄市特殊教育学校附属幼儿园教师在幼儿成长档案中收录的材料涉及五大领域，致力于最大限度地展现幼儿成长与发展优势、潜能、兴趣、意愿。在健康领域，教师收集了听障幼儿与普通幼儿在良好卫生习惯，以及体能发展方面的小故事；在艺术领域，教师收集了听障幼儿与普通幼儿的绘画作品，以及其参加律动表演时的精彩瞬间；在社会领域，教师记录了普通幼儿与听障幼儿在互动交往中所展现出来的接纳、合作、分享的精彩实例；在科学领域，教师收集了普通幼儿与听障幼儿合作学习、共同探究、小组讨论的剪影；在语言领域，教师捕捉了普通幼儿与听障幼儿用图画或符号互动、交流沟通的日常片段。

4. 聚焦幼儿个性化发展的需要

通过幼儿成长档案，家长、幼儿、教师可以清晰地看到听障幼儿与普通幼儿在融合班级中的成长与发展，可以明确地了解到每一位幼儿的独特性，以及每一位幼儿在各类活动中展现出来的潜力与优势。借助幼儿成长档案，教师、幼儿、家长三方可以开展积极沟通，共同针对听障幼儿与普通幼儿的个性需求与个体差异商讨教育对策，有目的地进行引导和培养，对幼儿发展制定明确可行的目标，抓住教育的时机实施同步教育。特教学校附属幼儿园，借助网络向家长发送听障幼儿与普通幼儿在园或在家的活动照片、相关情况，并通过发送语音、视频、图片及文字等信息，讨论听障幼儿与普通幼儿行为表现，在此基础上就幼儿的个性化发展、个性化教育达成共识，促使每一个孩子都得到适宜的教育。

5. 为幼儿个性化发展提供支持

石家庄市特殊教育学校附属幼儿园拥有一支业务能力强、专业囊括学前教育与特殊教育的师资队伍。在反向融合教育实践中，园所教师总结出为幼儿个性化发展提供支持的具体方法。

（1）提高家长对幼儿教育的参与

除去在幼儿园，幼儿的大部分时间都在家庭中度过，家长对于幼儿成长与发展的作用不容小觑。石家庄市特殊教育学校附属幼儿园教师一方面通过传统的家长学校、专家讲座、家访、接送时段沟通等方式与家长频繁交流、积极沟通，一方面通过各种多元的互联网途径，传播正确的教育理念，引领家长提升其家庭教育的能力。

（2）肯定幼儿的自由表达与表现

经常得到成人肯定、鼓励的幼儿能从成人对他的肯定与鼓励中获得信任感，也更加愿意投入日常活动当中，激发起表达与表现的兴趣。因此，石家庄市特殊教育学校附属幼儿园教师关注听障幼儿与普通幼儿成长过程中显露出的闪光点，并及时给予其充分的鼓励与表扬，使听障幼儿与普通幼儿体验到成就感，发自内心的认同自己的能力，敢于表达与表现。

（3）发掘幼儿优势、发展幼儿潜能

石家庄市特殊教育学校附属幼儿园教师通过建立"幼儿成长档案"，帮助听障幼儿与普通幼儿进行自我认识。听障幼儿与普通幼儿通过翻阅档案袋的心路历程，发现自己的现在和过去最明显的不同或进步，发现自己在与对方的相处过程中获得的成长与发展，从而对自身、对融合班级有一个较为直观的印象。纵向的比较使得幼儿、教师、家长更加清楚听障幼儿与普通幼儿在哪方面获得了长足的进步，在哪方面还需提高。在之后的保育教育工作中，教师与家长可以共同引导听障幼儿与普通幼儿在探索物体时，发现自己的优势智能领域，在游戏中不断创作、在生活中大胆尝试。

（二）支持幼儿依据个性需要参加户外游戏

所有的幼儿都是"自主的建构者"，成人要充分尊重和保护幼儿的好奇心和探究兴趣，相信每一个幼儿——无论是普通幼儿，还是听障幼儿，都是积极主动、有能力的学习者。户外游戏活动环节是一日生活的重要环节，也是幼儿发挥积极性与主动性的重要场域。户外自主游戏中离不开教师适宜的支持，教师应充分发挥幼儿的自主性，努力为幼儿营造自由、愉悦的游戏氛围。步入共生阶段的幼儿为大班幼儿，这一年龄阶段的普通幼儿与听障幼儿的游戏水平较高且有丰富的户外游戏经验，其社交能力、创造能力、合作能力等方面也都比小、中班幼儿有很大的提高。教师在对幼儿予以支持的过程中不可盲目介入，而应耐心观察普通幼儿与听障幼儿的行为，充分了解双方的游戏经验，并在此基础上进行有效的支持，促进全体幼儿身心全面发展，并进一步满足其个性化发展的需要。

1. 为幼儿提供情感支持

幼儿在进行户外自主游戏时，其内心深处是愉悦的，因为幼儿对于游戏总是充满着兴趣。普通幼儿与听障幼儿在游戏过程中，非常希望自己的表现能得到教师关注，甚至能得到教师的赞扬。因为只有安全、自由、愉悦的游戏氛围才能让普通幼儿与听障幼儿全身心享受游戏，体验游戏的乐趣。在长期的反向融合教育实践中，石家庄市特殊教育学校附属幼儿园教师总结经验得出：听障幼儿与普通幼儿更需要的是舒适、安全又自由的游戏氛围，这就要求教师读懂其内心，关注听障幼儿与普通幼儿的情绪情感，用多种方式进行回应。对于普通幼儿，教师可以用具体的语言对其进行肯定、赞美、鼓励；而对于听障幼儿，教师可以伴以动作对幼儿进行具体的赞扬，也可以用画图的方式与幼儿沟通，还可以蹲下身来微笑地倾听、关注听障幼儿用肢体语言、表情等回应。

2. 为幼儿提供材料支持

在进行户外自主游戏时，选择的材料种类对于听障幼儿与普通幼儿的游戏会产生很大的影响。游戏材料是听障幼儿与普通幼儿进行自主游戏的基础，应该及时对游戏材料进行更新，对听障幼儿与普通幼儿很少去选择的游戏材料应该及时将其剔除。听障幼儿与普通幼儿会根据自身喜好选择相应的游戏材料，进而开展游戏。游戏材料可以分为高结构材料与低结构材料，其中选择后者作为游戏材料时，听障幼儿与普通幼儿往往能够展现出很强的创造性，然而当听障幼儿与普通幼儿选择高结构材料时，其会被游戏材料限制，难以发挥出自身的创造能力。因此，教师想要通过自主户外游戏来激发听障幼儿与普通幼儿的创造能力时，应该根据双方不同的特点，为其提供相应的游戏材料。当然在开展自主户外游戏时，教师应该注重幼儿安全问题，在此基础上，可以尽可能地创设能够激发听障幼儿与普通幼儿创造能力的环境。

3. 为幼儿提供时空支持

一般情况下，教师经常考虑到户外自主游戏的危险性，往往会对幼儿自选的游戏场地进行限制。以此，大多数教师会限制幼儿在游戏中变换游戏场地。事实上，幼儿的感统处于快速发展时期，因此处于大班阶段的幼儿大多喜欢进行冒险游戏，适度的冒险行为让听障幼儿与普通幼儿体验到刺激，挑战成功后获得极大的满足感与成就感，同时在此过程中能够促进听障幼儿与普通幼儿的创造能力的发展。因此适当联通户外游戏场地中的各个区域，为各个区域中的幼儿提供互动、交往的机会，也为游戏之间不同的玩法提供相互碰撞、相互融合的情境，更有助于增加游戏的趣味性，也更加能够支持幼儿自主探索游戏活动，据自身兴趣选择游戏、发展游戏、创造游戏的能力。

三、多元化教育评价

（一）多元化教育评价，促进幼儿个性发展

多元智能理论强调每个人的智力各有特点，每个学生都是独特的个体。通过多元化评价，教师可依据评价结果有针对性地根据学生的年龄和个体差异，设计不同层次的教学环节和问题。这种设计即考虑了能力较差学生如何掌握基础知识和基本技能，也让能力较强的学生产生浓厚的兴趣，发展思维。结果可使不同层次的学生在心理上都能得到满足，都能体会到成功的喜悦。

（二）多元化教育评价，促进幼儿全面发展

通过研究学习和不断实践改变了过去评价内容过分依靠学科知识的现象，更加注重对孩子实践能力、创新精神、心理素质以及情绪、态度和习惯等综合素质的评价。能力的培养与知识的构建一同培养，注重学生边学习边实践能力的掌握，将能力评价环节纳入日常评价的标准中，是评价内容多元化的具体表现，以此来促进学生全面发展。

（三）多元化教育评价，促进幼儿健康发展

在评价中，教师一定要结合幼儿的特点将动口、动手与动脑结合起来，科学地全面的评价学生的综合能力和综合素质，促使幼儿健康发展。这就要看教师怎样在"利"与"弊"之间找到恰当的"平衡点"，需要教师的教育艺术和教育慧智有机结合。让幼儿在不同的时间内，以不同的方式接受评价，最后通过评价，改善差距，促进幼儿的健康发展。

【案例1】幼儿基本情况：豆豆，男孩，5岁，听障幼儿，右耳佩戴人工耳蜗，左耳未佩戴助听设备，不再害怕与人打招呼，能与人进行沟通交流，乐于表现自己。

主要表现：豆豆通过在融合班级的学习，各方面都有了显著的变化，之前遇见不熟悉的人会表现出胆怯、不敢跟人对视，有下意识躲闪的动作，不与人交流。现在这些问题在他身上消失得无影无踪。记得前几天局里突然有人来园检查，豆豆看到检查人员后，不但没有害怕，还大方地主动跟检查人员打招呼。豆豆现在跟融合班级的孩子相处得十分和谐，无论是在日常教学，还是在户外游戏中，豆豆都能很好地融入，如：今年爱耳日活动中，有一个《三字经》节目是听障幼儿和普通幼儿一起表演，刚开始老师们都替豆豆和其他听障孩子们担忧，怕孩子们会当场出岔子，因为孩子们从没有在这么多人的场合表演过，这是第一次。这次表演，听障幼儿和普通幼儿都经受住了考验，表演效果相当好，得到了领导及观众的一致好评。一次演出，一次历练，一次成长，虽然，这只是一场舞台表演，但却给了孩子们极大的鼓励，给了孩子们一个自己当主角的机会！从孩子们的笑声中感受到了快乐的喜悦。通过此次表演，培养了融合班孩子的自信心。每一个融合班的孩子们都能在参与中找到属于自己的精彩，他们勇敢、自信、大方地秀出了自我。

图 4-22　豆豆主动跟参观的领导打招呼

图 4-23　《三字经》表演

【案例2】花花，女孩，胆子很小，不爱与人交流，平时在幼儿园上课时，老师提问，花花从来不主动回答问题，即使自己很有把握的问题，也从不举手。在幼儿园一日生活中，只是跟固定的、个别小朋友一起玩耍。

分析：通过对花花的观察和了解，发现花花在家中平时都是有固定的爷爷奶奶带，由于爷爷奶奶身体不是很好，所以平时也很少带花花下楼玩耍。爸爸妈妈平时上班都很忙，每天回到家花花已经睡着了。长此以往，花花养成了不愿下楼玩耍的习惯，也不喜欢跟陌生人交流。

　　改变：针对花花身上出现的问题，老师们就从幼儿园一日生活的各个环节出发，让生命影响生命，如：老师们亲自示范，不管在户外遇到什么人都主动打招呼，还在每天的上课前，让孩子们主动跟老师打招呼，说一说，自己的新鲜事。老师还特意将听障的小朋友安排在花花前面一个说，目的是让听障的小朋友给花花示范，经过一段时间之后，花花改变十分明显。不管哪个老师上课，只要提出问题，花花都会主动举手回答问题。每次园里有参观的陌生人来访，花花也能主动打招呼，甚至跟他们进行互动。花花在班级日常评比中，花花的表现也十分出色，不但能完成自己的任务，还主动地去帮助其他的小朋友。长此以往，花花的好朋友越来越多，每天在幼儿园跟好朋友相处的十分融洽，回家还滔滔不绝地将幼儿园的事情讲给爷爷奶奶、爸爸妈妈听。家长见到老师后，十分欣慰地向我们老师进行夸赞，说："花花最近跟变了一个人似的，在家中说的话也比以前多了，还总想下楼去找好朋友们玩。"当老师跟家长提到，花花的进步不光是老师的功劳，还有融合班听障幼儿的功劳时，家长更是吃惊地竖起了大拇指。此刻家长更加坚信，在融合教育幼儿园中，听障幼儿不但不会影响其他幼儿的学习，反之，听障的孩子，还会在某些方面，启发帮助普通幼儿。

图 4-24　幼儿主动举手回答问题

1.林氏六音教学记录

表 4-31　林氏六音教学记录

姓名	王豆豆	性别	男	助听设备佩戴方式	☑单侧 □双侧
生理年龄	5岁0个月			听觉年龄	3岁0个月
领域	内容				设备/玩具/图书/备注
常规	1.助听设备工作状态：□正常　□异常　说明：_____ 2.林氏（Ling's）六音： {{TABLE}}				

{{TABLE}}:

环境	距离	a	i	u	sh	m	s
☑察觉	30厘米	√	√	√	√	√	√
☑辨识	30厘米	√	√	√	√	√	√

对于此阶段的林氏六音，幼儿已经掌握得很好，教师会在此评价表的基础上，增加难度，即听觉多项，如：对于a、m、sh音以及i、u、s、a、m、sh音，要求孩子按顺序说出并指出。这样不但可以知道孩子听的如何，还可以知道孩子的记忆力如何。

2.言语能力评估

表 4-32　语言能力评估记录表[①]

姓名：毛毛　　　　　　　　　　　　　　　性别：男
评估日期：2023年3月9日　　　　　　　　已训时间：24个月
评估教师：陈晓伟　　　　　　　　　　　　测试环境：无噪声

评估内容	测试记录	测试结果	语言年龄
语音清晰度（％）	——	97%	4
词汇量	1600	四级	4
语法能力（模仿句长）	四级	四级	4

[①] 孙喜斌. 听力障碍儿童听觉能力评估标准及方法、语言能力评估标准及方法指导手册［M］.
北京：三辰影库音像出版社，2009：49.

（续表）

评估内容	测试记录	测试结果	语言年龄
理解能力（听话识图）	四级	四级	4
表达能力（看图说话）	四级	四级	4
交往能力（主题对话）	四级	四级	4
语言康复级别	四级	平均语言年龄	4
康复建议	教师平时应注意该幼儿的语言清晰度，跟该幼儿沟通交流时不用刻意放慢速度，正常交流即可。		

3. 听觉能力评估

表 4-33 听觉能力评估记录表[①]

姓名：毛毛　　　　　　　　　　　　　　性别：男

评估日期：2023年3月16日　　　　　　已训时间：24个月

评估教师：陈晓伟　　　　　　　　　　测试环境：无噪声

评估内容		错误走向记录（正确）——（错误）	最大识别率
自然环境声响识别			100%
语音识别	韵母识别		100%
	声母识别		100%
数字识别			100%
声调识别			100%
单音节词识别			100%
双音节词识别			100%
三音节词识别			100%
短句识别			100%
选择性听取			100%
听觉康复级别	一级	平均成绩	100%
康复建议	平时让该幼儿多听不同的音乐艺术作品，提高该幼儿的听觉分辨能力的敏感度。		

① 孙喜斌. 听力障碍儿童听觉能力评估标准及方法、语言能力评估标准及方法指导手册［M］. 北京：三辰影库音像出版社，2009：27.

4. 共生阶段幼儿发展评估表

表 4-34　共生阶段幼儿发展评估表

班级：花花班　　　　　　　　　　　幼儿姓名：甜甜、糯米（抽测）

（1）健康

项目	观察评估指标	等级
基本动作	立定跳远，跳距不少于40厘米。	△
	在高20厘米—30厘米，宽15厘米—20厘米的平衡木上走。	△
	手脚协调、灵敏地钻爬、攀登，速度快。	△
	听信号、有节奏、协调有力地做操。	△
生活自理能力	能独立、安静、文明地进餐，能做值日生工作。	△
	独立、正确、迅速地洗干净手和脸。	△
	自理大小便，便后整理好自己的衣裤。	△
	能独立、迅速、有序地穿脱衣裤鞋袜，分清左右，会系鞋带。	△
	养成饭前便后和手脏时主动洗手的习惯。	△
	能自觉安静入睡，睡姿正确。	△
自我保健	不把不安全的东西装入口袋，不到危险的地方玩。	△
	保护视力，坐、立、行、看书、绘画姿势正确。	△
	不接受陌生人的礼物，不跟陌生人走。	△
	知道自己家的地址和电话号码。	△

（2）认知

项目	观察评估指标	等级
感知思维	对周围事物、爱提问，求知欲强，学习积极性高，喜欢动手动脑。	△
	能主动运用感官细致观察，活动中注意力集中。	△
	能用语言或绘画、符号等方式表达感知过程和结果。	△
	能按物体两种以上特征分类、推理、排序并表述分类结果。	△
想象力	能掌握10以内数的组成和加减运算。	△
	能大胆进行联想、再造和创造想象。	△
	能清楚、连贯讲述自己的经历、感受、见闻及图片内容。	△
认识环境	会制作简单植物，在成人指导下会简单的播种。	△
	知道四季的特征和顺序以及与人们的关系。	△
	知道日用品、交通工具的本质特征及常用劳动工作名称、用途。	△
交往能力	对人热情大方，会使用礼貌用语，有礼貌待人的文明行为。	△
	能团结同伴，独立解决与同伴的纠纷，合作完成任务。	△

（3）社会

项目	观察评估指标	等级
情感	愿意为集体争光，为集体荣誉感到自豪。	△
	知道自己是中国人，有爱祖国的情感，知道国庆节是哪一天。	△
	关心周围环境和重要的社会生活事件，知道主要的传统节日并喜欢参加庆典活动。	△
	富有同情心，关心并热情帮助有困难的人。	△
	尝试解决困难，遇到挫折不气馁。	△
行为习惯	能坚持按时入园。	△
	能较快适应各种活动规则，主动遵守公共场所规则。	△
	养成独立收拾、整理生活、学习用品及玩具材料的良好习惯。	△
	有较强的为集体服务和自我服务的能力。	△
	能积极、主动、认真倾听别人说话。	△

（4）语言

项目	观察评估指标	等级
听说阅读	喜欢看书和讲述，欣赏诗歌、散文，感知语言的丰富美。	△
	能理解作品主题，用语言表情、动作、美术等形式表现作品内容。	△
	会有表情地朗诵诗歌，较完整地复述故事情节。	△
	会创造性地进行表述，能大胆改编，创编儿歌或故事。	△
	会正确评价自己和别人对伤口的理解和表现。	△
阅读能力	能清楚、完整地运用语言表达自己的认识、情感、见闻。	△
	积极主动与人交往，养成文明交往的习惯。	△
	能积极参加阅读活动，围绕话题谈话，会用轮流的方式交谈。	△
	喜欢阅读图书中的简短文字，认识常见的汉字。	△

（5）艺术

项目	观察评估指标	等级
美术	能感受和注意发现周围生活、大自然、人们的行为举止及艺术作品的美。	△
	能评价自己和别人作品的内容与特点。	△
	能进行审美想象，想象角度多样、内容较丰富。	△
	会用几种线条、形状、色彩表现事物的基本特征。	△
音乐	能随伴奏轻声、自然地唱歌，能跳简单的集体舞、表演舞。	△
	能注意自己的行为美和仪表美。	△

（注：等级一栏中，"△"为表现优秀，"□"为表现良好，"○"为表现一般。）

5.特殊幼儿幼升小适应能力的评价

（1）特殊幼儿幼升小适应能力检核表

对于特殊的幼儿是否具备在小学进行学习的基本能力，需要进行测评。

表 4-35　特殊幼儿幼升小适应能力检核表

领域	项目内容	总是独立	多数时间独立	一半时间独立	偶尔独立	从未独立	不适用
生活自理	能独自进餐，餐后能清理餐具并放回原处。	√					
	用水杯去饮水机、热水器处接饮用水喝。	√					
	能知道根据冷热增减衣服。	√					
	辨识自己的衣物、座位、学具、用品(餐具)。	√					
	自己物品丢失，能及时寻找座位周围和询问同学。	√					
	下课后主动去厕所，大便后会使用纸巾擦拭干净。	√					
	会自己系鞋带。	√					
	依照老师要求，取出上课要用的书和学习用具。	√					
	参照同学行为做值日生任务、参照成人行为做家庭任务。	√					
	能使用手机打电话、发微信语音。	√					
	会自己拿小额整数的钱币购物。	√					
	能看懂钟表（如：看钟表的整点、整分）。	√					
	能在指引下看懂日历（如：看日历、年月、日周等）。	√					
	能识别、运用常见意思的数字（如：清点数目、坐车找座位）。	√					

（续表）

领域	项目内容	总是独立	多数时间独立	一半时间独立	偶尔独立	从未独立	不适用
人为习惯	能通守班级纪纪律，能保持课堂安静，不影响他人学习。	√					
	课堂有事先举手示意并等待教师的允许。	√					
	当课程发生改变时，能礼貌询问和安静接受。	√					
	用自己的餐具盛餐点，只吃自己的食品。	√					
	物品用完能归位，借物用完能归还。	√					
	每天自己整理书包里准备生活必需品。	√					
	认识并遵从常用的文字或符号(例如：男厕、女厕)。	√					
	当身体不舒服时，能及时告诉老师及监护人。	√					
	可以调控自己身体，没有干扰他人的行为。	√					
	看到喜欢的东西却不属于自己时，能克制自己的行为。	√					
语表达	能用疑问语气获得信息。	√					
	能用陈述语气传达信息。	√					
	能用祈使语气传达指令。	√					
	会用感叹语气抒发情感。	√					
	不同场合会调节自己说话音量、速度和音调。	√					
	会用常用的非口语方式交往(握手、点头、拥抱、鞠躬等)。	√					
	会用语言表达情绪情感，如喜悦、伤心、生气害怕等。	√					
	听不懂、不理解时，会说"听不懂""不知道"等。	√					
	会进行简单的自我介绍，如姓名、喜好、好朋友。	√					
	能说出自己班级、教室名称及自己家的住址。	√					
情绪适应	情绪稳定，不会有经常发脾气、焦虑或抑郁。	√					
	能够向老师、家长表达自己的情绪、感受。	√					
	能恰当面对胜负输赢，输了可以调控好自己情绪。	√					
	会同理身边人的情绪变化(如对方哭了，递过去纸巾，给予安慰等)。	√					
	当情境改变或活动突然受干扰时，能调控自己情绪。	√					
	当情绪失控时，接受教师或家长教导的方式来发泄。	√					

（续表）

领域	项目内容	总是独立	多数时间独立	一半时间独立	偶尔独立	从未独立	不适用
解决问题	能面对和处理自己的过失，例如当弄脏、损坏他人物件时。	√					
	遇到问题困难，能恰当的求助老师或同学。	√					
	同学取笑、欺凌时，用恰当的、正确的方式及时处理(尽快告诉老师和家人)。	√					
	与同伴有冲突会逃离并及时告诉老师和家人。	√					
	懂得道歉，如对不起、不好意思、抱歉等。	√					
社交技能	简单正确回应别的人招呼、问候。	√					
	用合适的方式打招呼、问好。	√					
	倾听他人说话时，有关注对方面部或有适当的眼神接触。	√					
	识别及回应别人非语言信息(如别人摇头，皱眉)。	√					
	被要求合作做事时，能点头、口语回应。	√					
	能恰当地表示提要求、反驳、拒绝。	√					
	能恰当地提出建议、批评、意见。	√					
	会考虑或接纳别人的意见，听取同学的劝告。	√					
	活动中有等待、轮流、分享的良好行为。	√					
	能和多个伙伴一起游戏、谈笑，讲伙伴之间的事情。	√					
	保持与对方恰当的距离(至少一臂以上或两步间隔)。	√					
	对话、聊天时，能够轮流发言。	√					
	恰当地加入他人的聊天、对话，不打断对方说话。	√					
	使用常见的结束语完结对话、互动或聊天。	√					
	当他人说"不"、反驳、不理睬时，能做出恰当的反应。	√					
	能与同伴进行自由的嬉戏、说笑、追逐。	√					
	懂得怎样加入同学的游戏、聊天。	√					
	允许他人加入自己的游戏、聊天。	√					
	当别人有不同的兴趣时，能恰当协商或接受。	√					

（续表）

领域	项目内容	总是独立	多数时间独立	一半时间独立	偶尔独立	从未独立	不适用
特殊行为	对感官刺激反应过敏或迟钝。						√
	过度活跃或过度安静。						√
	自伤、大声尖叫、攻击或破坏的行为。						√
	过分固执的行为(声音、动作、表情等)。						√
	对某些事物或话题过度狭隘、敏感。						√
	进行一些没有明确意义的古怪行为或动作。						√

　　该检核表旨在特殊幼儿计划升入小学随班就读或陪读情况下，帮助教师及相关辅导、陪读人员和家长客观地观察特殊儿童各个方面的适应能力情况，更有效地支持特殊儿童成长与发展。通过该检核表可以协助获得如下信息。

　　第一，全面具体的了解特殊幼儿基本能力情况；

　　第二，掌握特殊幼儿的优势项目以及弱势项目；

　　第三，制定相关学习目标及支持策略；

　　第四，进行式的检核、记录学习者的目标进展情况。

　　该检核表包括7个维度，共70个条目。

　　（2）检核表的评分方法

　　①计分标准。

　　未独立表现=1分。

　　偶尔独立表现=2分。

　　有一半情况独立表现=3分。

　　多数情况独立表现=4分。

　　总是独立表现=5分。

　　不适用于该个案=N。

②注意事项。

第一，此检核表可用于访谈和现场观察相结合。如特殊行为领域有低于3分时，那么该个案需要针对此方面特别关注。

第二，填表人不确定某一项目的表现如何时，可访谈熟悉儿童的相关，也可先预留，加以观察后再确定填写代号。

第三，儿童自发或者未经他人任何提示做出来的目标行为，才能记入"有此表现"。

第四，检核某一领域项目的结果时，除了看得分高低，还应综合本领域总条。

第五，后果的严重性对比，有的低分项目对其生活不会有太大影响，因此要酌情考虑极需关注的低分项目。

第六，若儿童有独立表现这一项目，但伴随着其他额外的或不当的行为时，有必要加以关注。

第七，至少2人各自填写此检核表，以多角度呈现各自意见，确定其结果的一致性，便于发现儿童真实能力水平。

第八，若多人参与评估，其结果差异较大时，有必要就填表人员一同讨论，以达成共识。

第九，此检核表只作用于帮助教育工作者和家长全面了解儿童，明确儿童的优势与弱势，为幼小衔接做好充分准备。

第十，若要进一步掌握某一弱势项目的背后原因及发展支持策略方案时，应进行更专业详细的功能行为分析（或咨询专业人士）。

（三）关注建议

在对应项目内容的检核结果分数为1分，特殊行为项目内容得分低于3分时，可列入极需关注栏目。

在对应项目内容的检核结果分数为2分，特殊行为项目内容得分为3分时，可列入高度关注项目。

在对应项目内容的检核结果分数为3分，特殊行为项目内容得分为4分时，可列入一般程度关注栏目。

在对应项目内容的检核结果分数为4分，特殊行为项目内容得分为5分时，可适当关注，暂时不用考虑列入关注栏目里。

在对应项目内容的检核结果为5分或N时，可随机关注，暂时不用考虑列入关注栏目里。

目数对比以及其他领域的对比，考虑曾某一条目得低分时，要了解低分背后的因素，确定是本质方面还是受环境影响。

6. 共生阶段儿童素质发展水平评价总结

转眼一学期的工作即将结束，教师们利用期末对本班幼儿进行了五大领域的发展评估。这次评价是以《幼儿素质发展水平评价体系》为依据，在评价时我们根据不同的评价项目分别采用了情景测验、观察、谈话、活动评价等方法。

现对评价总结如下：

（1）健康领域

本班幼儿在饭前便后能够主动洗手，而且方法准确；能自己穿脱衣服、穿脱鞋袜、扣纽扣；理解常见的安全标志，知道简单的求助方式；能情绪准确的表达事物的变化。能较愉快地在较冷或较热的户外环境中连续活动半小时以上。绝大部分幼儿的身高体重在此阶段均能达标，能助跑跨跳、以匍匐前进等多种方式钻爬。能在老师的指导下使用简单的劳动工具或用具。能够独自在斜坡、荡桥和有一定间隔的物体上较平稳地行走。能在游戏时躲避他人滚过来的球或扔过来的沙包。

分析与反思：

本学期注重幼儿自我保健水平的培养。例如每次户外活动前提醒幼儿脱衣在前，穿衣在后。久而久之随着天气渐热户外活动前都能自觉脱衣服。

本学期经常利用户外活动展开玩跳房子、踢毽子、蒙眼走路、跨栏、拍球、匍匐前进等活动，从评估中可以看出幼儿这方面水平都有很大的提升。个别幼儿不是掌握不好，而是性格比较胆小、身体也不太舒服，今后需要教师别注重。

（2）科学领域

幼儿能够通过观察、比较与分析，发现并描述不同种类物体的特征或某些事物之间存在前后的变化。幼儿能配合教师通过谈话、动手操作的方法实行测评，从总体上看幼儿知识经验、感知分类和观察水平掌握情况，能够感知和发现生活中存在的科学现象。能用数字、图画、图表或其它简单符号进行记录。在探索中能和伙伴们一起合作交流。能探索并发现生活中常见的物理现象所产生的条件或影响因素，如影子、沉浮等。

分析与反思：

在日常活动中教师一定要支持幼儿自发地进行观察活动，对他们的发现及时表示赞赏。没有条件，创造条件也要支持和鼓励幼儿在探索的过程中积极动手动脑，鼓励他们大胆寻找答案或解决问题。从评估结果看一些硬性评价内容较好。幼儿想象力缺失的现象，也反映出我们平时的教学太注重纯知识的教学，对幼儿思维逻辑的训练、智力游戏不够重视。平时教学中应多鼓励和引导幼儿学习做简单的计划和记录，并与他人进行交流分享。如：鼓励幼儿用做标记、绘画、照相、做标本等方法记录观察和探究的过程与结果，注意要让记录有意义，通过记录帮助幼儿丰富观察经验，建立事物之间的联系。

（3）语言领域

幼儿在语言领域的提升是最明显的，幼儿的表现是愿意与他人交谈，喜欢谈论自己感兴趣的话题。能根据连续画面提供的信息，大致说出故事的情节。能根据所处情境使用恰当的语言进行表达。如在别人难过时会用恰当的语言表示安慰。对图书和生活情境中的文字符号产生了兴趣，知道文字是存在一定的意义的。对看过的图书、听过的故事能恰当地说出自己的看法。书写画画时姿势正确。能想办法吸引同伴和自己一起游戏。与同伴发生冲突时能自己协商解决。在群体活动中能积极、快乐地与大家分享。对小学生活产生了好奇和向往。做错了事敢于承认，不说谎。

分析与反思：

本学期坚持开展绘本阅读，及每周一次的故事分享会活动，阅读活动很有成效地提升了幼儿的阅读水平。在平时游戏环节中，当幼儿不知怎样与同伴一起游戏，或提出请求不被接受时，建议他拿出玩具邀请大家一起玩，或者扮成某个角色加入同伴的游戏。幼儿在平时有争抢玩具等不友好的行为时，向他们提出问题："假如你是那个小朋友，你有什么感受？"让幼儿学习理解别人的想法和感受。教师及家长对幼儿好的行为表现一定抓好时机多给予具体、有针对性的肯定和表扬，让他对自己的优点和长处有所认识并感到满足和自豪。平时多鼓励幼儿自主决定，独立做事，增强其自尊心和自信心。如：与幼儿有关的事情要征求他的意见，即使他的意见与成人不同，也要认真倾听，接受他的合理要求。在保证安全的情况下，支持幼儿按自己的想法做事；或提供必要条件，帮助他实现自己的想法。利用生活机会和角色游戏，帮助幼儿了解与自己关系密切的社会服务机构及其工作，如商场、邮局、医院等，体会这些机构给大家提供的便利和服务，懂得尊重工作人员的劳动，珍惜劳动成果。有机会带领大班幼儿参观小学，讲讲小学有趣的活动，唤起他们对小学生活的好奇和向往，为入学做好心理准备。运用幼儿喜闻乐见和能够理解的方式激发幼儿爱家乡、爱祖国的情感。向幼儿介绍反映中国人聪明才智的发明和创造，激发幼儿的民族自豪感。

（4）社会领域

幼儿都能准确地评价自己，了解自己的优缺点。有较强的表现欲和好胜心。能关注到别人的情绪和需要，在必要时并能给予力所能及的帮助。能接纳、尊重与自己的生活方式或习惯不同的人。平时要灌输理解规则的意义，能与同伴协商制度游戏和活动规则。愿意为集体做事，为集体的成绩感到高兴。通过日常观察，喜欢和小朋友一起游戏，有经常一起玩的小伙伴。在面对与同伴发生冲突时，绝大部分幼儿能够在他人的协助下和平解决，只有个别几个男孩不愿接受同伴的意见和建议，选择打架、争吵的偏激行为。

分析与反思：

教师在日常教学中应多鼓励幼儿参加集体活动，萌发集体责任意识，遵守社会行为规则，为幼儿树立良好的榜样。如：答应幼儿的事一定要做到，尊老爱幼，爱护公共环境，节约水电等。经常给幼儿分配一些力所能及的任务，要求他完成并及时给予表扬，培养他的责任感和认真负责的态度。班级部分男孩自身性格较顽皮，本来与同伴发生矛盾就易争吵。往往交往水平与情绪情感差的孩子往往文明习惯就差。自我控制较强的孩子在交往方面水平强，这要求我们在以后的教育中注意引导，把握不同尺度，促使幼儿在不同水平上都得以发展。

（5）艺术领域

幼儿喜欢倾听各种好听的声音，能够感知声音的高低、长短、强弱等变化。能用多种工具、材料或不同的表现手法表达自己的感受和想象。通过"玩奏乐器"的教学，幼儿打击乐水平增强，能够看指挥听音乐、合作性的实行乐器的敲奏。能用自己制作的美术作品布置环境、美化生活。在画画、手工方面提升明显。

分析与反思：

兴趣是幼儿最好的老师，幼儿对学习艺术感兴趣。每个幼儿心里都有一颗美的种子。幼儿艺术领域学习的关键在于充分创造条件和机会，在大自然和社会文化生活中萌发幼儿对美的感受和体验，丰富幼儿的想象力和创造力，逐步引导幼儿学会用心灵去感受和发现美，用自己的方式去表现和创造美。幼儿对事物的感受和理解不同于成人，他们表达自己认识和情感的方式也不同于成人。幼儿独特的笔触、动作和语言往往蕴含着丰富的想象和情感，成人应对幼儿的艺术表现给予充分的理解和尊重，不能用自己的审美标准去评判幼儿，更不能为追求结果的"完美"而对幼儿进行千篇一律的训练，以免扼杀其想象与创造的萌芽。

　　总而言之，通过对孩子五大领域发展的评估后，让我们看到了融合班孩子的进步及需改进的地方。在以后的教学中，我们将尊重幼儿发展的个体差异。幼儿的发展是一个持续、渐进的过程，同时也表现出一定的阶段性特征。每个幼儿在沿着相似进程发展的过程中，各自的发展速度和到达某一水平的时间不完全相同。这就需要教师及家长充分理解和尊重幼儿发展进程中的支持和引导他们从原有水平向更高水平发展，按照自身的速度和方式到达《3—6岁儿童学习与发展指南》所呈现的发展"阶梯"，切忌用一把"尺子"衡量所有幼儿。在教育教学中应尊重幼儿学习方式和特点。幼儿的学习是以直接经验为基础，在游戏和日常生活中进行的。教育者要珍视游戏和生活的独特价值，创设丰富的教育环境，合理安排一日生活，最大限度地支持和满足幼儿通过直接感知、实际操作和亲身体验获取经验的需要，一定严禁"拔苗助长"式的超前教育和强化训练。教育者在平时的教学中一定要重视幼儿的学习品质。幼儿在活动过程中表现出积极态度和良好行为倾向是终身学习与发展所必需的宝贵品质，教师要充分尊重和保护幼儿的好奇心和学习兴趣，帮助幼儿逐步养成做事积极主动、不怕困难、认真专注、敢于探究和尝试、乐于想象和创造等良好学习品质。经验告诉我们，忽视幼儿学习品质培养，一味单纯追求知识技能学习的做法是短视而有害的。我们要增强幼儿一些薄弱方面的学习，在教育过程中既面向全体，又针对个别，灵活对待，使每个幼儿在德、智、体、美、劳方面都得到全面的发展。

第五章　反向融合教育优秀案例

近年来石家庄市特殊教育学校附属幼儿园积极探索融合教育背景下反向融合的发展之路，以"拓荒牛"姿态行走在全国反向融合教育发展前列。自2020年始，学校附属幼儿园设立普通班招收普通幼儿并安置具备条件的听障幼儿就读，开展反向融合教育。

虽然听障幼儿由于听力障碍，在日常学习与生活中与普通幼儿存在言语沟通障碍，反向融合之路艰辛坎坷。但所有编者积极探索实践，创造条件和参与反向融合的普通幼儿和听障幼儿有浅层关注或深度接触，进行凝练总结实践经验。

文中案例仅仅是反向融合作为融合教育本土化的一个个缩影，在实践过程中学校每一位领导协调、统筹、引领，为反向融合教育的实践亮起一盏明灯；每一位教师发挥其教育康复专业素养、教育能力优势让每一位儿童获得适合的教育，守护孩子们一路前行；最终实现每一位家长所盼——使每一位受教育儿童共享美好明天，幸福每一个家庭。

本书收录反向融合优秀教育案例30篇，分为教师篇15篇（共适5篇、共融5篇、共生5篇）及家长篇15篇。所收录案例内容包括反向融合家校共育、教学支持、融合成长及转衔辅导等促进听障幼儿和普通幼儿融合发展的内容。

这是一场期许已久的特殊的时空对话，期冀收入案例能够为普通学校教师提供借鉴和案例参考，使其在教学中更加有效地对有特殊教育需求学生实施个别化教育，转变儿童观、教育观、课程观，营造一种尊重、接纳、支持的人文环境，推动普通学校融合教育发展；为特殊教育学校深入开展反向融合教育，推动全省融合教育创新发展、内涵发展助力，为特殊需要儿童家庭交上一份靓丽的反向融合答卷。

教师篇 共适——认识、接纳

共适：浇灌幼儿信任之花——改善幼儿社交回避

◇ 张倩

幼儿初入幼儿园时和朝夕相处的亲人分离，从熟悉的家庭环境进入陌生的幼儿园环境，面对陌生的老师和小伙伴，加之集体生活规则的约束，无论从心理还是生理上，或多或少都会产生入园焦虑以及适应不良等现象，普通幼儿和听障幼儿都是如此。

班级里有一位普通幼儿在入学之初就表现出很明显的内向倾向，情绪敏感，容易感到紧张、焦虑与不安，在同伴交往中往往表现为害羞胆怯及回避沉默，缺乏社交技能，他们希望与同伴进行互动，但又担心遭到拒绝，因此显得社交主动性和积极性较差。而他们的外显问题行为较少，又常被视作教师眼中的"乖孩子"，因此在幼儿日常活动中容易被忽视。本案例从学校环境因素着手，经过一段时间的个别化训练，该幼儿的社交回避有了明显的改善。

一、基本情况

妮妮，女，3岁3个月。入园时各项体检正常，身高、体重高于平均值，外貌无异常，语言、动作、智力发展正常，总体与同龄幼儿的发展水平无明显差异。但初入园时分离焦虑明显，且持续时间超过其他幼儿，需要长时间抱着自己心爱的小鸭子毛绒玩具。在园时与老师和其他幼儿几乎没有主动交流，当老师与她交流时会表现出明显的精神紧张，反复揉搓衣角，回避眼神接触，甚至距离近时妮妮还会眼圈发红，噙着泪水。集体活动时，习惯远离其他幼儿，自己坐在角落安静地玩游戏，如果被其他幼儿抢走玩具也不会有抗拒反应，只是看一下，再去寻找其他玩具。虽然语言能力没有问题，但集体上课时，几乎不会主动回答问题，也很少参与和老师、小朋友的互动。

二、家庭访谈

通过与妮妮父母的访谈了解到，妮妮平时在家里爱画画，喜欢边画边讲故事。家庭成员较少，最常见的亲人是爸爸妈妈，对妈妈的依赖性很强。妮妮从出生后不久就表现出明显的高敏感和高需求倾向，较难养育。入睡困难，容易惊醒，3个多月时被不熟悉的人抱会大声哭，稍大一点被陌生人看一眼也会哭。在熟悉的环境里跟亲近的人交流很活泼很健谈，但是如果去到一个陌生的环境需要很长时间才能适应，即使在熟悉的环境里，也会被突然的声音吓到，或者家里陈设布局的轻微变化也会很敏感地感知到。即使跟父母也不太好意思直接表达自己的需求或者情绪状态，更想让妈妈猜，如果猜不出来就会很沮丧甚至伤心哭闹。

三、案例描述

（一）初识阶段

1. 个案观察

入园时，老师跟妮妮打招呼问好，妮妮羞涩地低着头，不敢看老师。到了小朋友们的早操时间，妮妮不想跟其他小朋友拉手，区角活动时，也躲在远离小朋友的地方，玩自己带来的小鸭子玩具。

班里的听障幼儿乐乐，被妮妮带来的玩具吸引，主动找妮妮一起玩，即使妮妮没有互动两人也会安静地坐在一起玩玩具。过了一会儿，乐乐拿起妮妮的小鸭子玩，妮妮没有表现出明显的焦虑不安。

2. 场景分析

初入园时，妮妮跟老师和小朋友并不熟悉，进入一个全新的环境需要给她时间慢慢适应，这个阶段需要教师的支持，如有意识地和幼儿保持一定距离，目的是消除幼儿对新环境的焦虑，减少与教师面对面接触的紧张，保持心理安全感。我们也发现，妮妮对同龄小伙伴的主动靠近没有像面对成人时那么紧张抗拒，幼儿之间可能更容易营造出平等、轻松的氛围，减轻面对成人时的紧张压迫感，所以同伴支持也是非常有必要的。

3. 支持策略

表 5-1　个别化训练表之一

训练时间	第1—4周
训练目标	和幼儿彼此熟悉，建立良好的信任关系。
训练方法	距离疗法

早晨来园时，老师会主动跟妮妮问好，但并不要求她有回应。在自由选择区角活动时，老师告诉妮妮可以玩区角中的玩具，也可以玩自己的玩具。集体活动前，老师会先提前告诉妮妮他们会做什么，不强制妮妮参加，集体活动时可以抱着自己心爱的小鸭子，尽量把妮妮和乐乐的位置安排在一起，增加妮妮的心理安全边际。在活动中老师会注意观察她，以便在她有需要的时候能及时提供帮助，以免妮妮不知所措时又不敢求助老师。

通过营造宽松的氛围，经过一个月的相处，妮妮跟老师初步建立了信任，加之班级班容量较小，听障幼儿一般不会过于喧闹，妮妮初接触全新环境的紧张心情得到了一定的缓解。集体活动时，妮妮逐渐能跟在小朋友们后面甚至偶尔愿意在乐乐的带领下参与一下活动，而不是像一开始躲在角落里自己玩自己的，完全不参与集体活动。

（二）认知阶段

1. 个案观察

经过一个月的时间，妮妮逐渐对幼儿园环境熟悉了一些，但是在小朋友们集体玩手指游戏或者唱儿歌时，妮妮一般不会做动作或发出声音参与进来，跟家长了解后发现，妮妮回到家会在晚上关灯后躺在床上小声练习，而且记得很清楚、正确。

听障幼儿乐乐每次玩手指游戏时都很积极，妮妮会侧脸看着他，小手会放在下面小幅度跟着做动作。

2. 场景分析

妮妮其实记忆力很好，学东西很快，只不过不好意思大声说或唱出来，这个阶段需要教师关注到她，创造机会帮助她展示自己，并及时鼓励，帮助妮妮形成良好的自我认知，增强自信心。幼儿有模仿的天性，在这个过程中，妮妮比较熟悉，愿意接触的幼儿乐乐也可以起到一个很好的示范引领作用。

3. 支持策略

表 5-2　个别化训练表之二

训练时间	第5—8周
训练目标	帮助幼儿挖掘自身的特点和长处，提升自信心，形成良好的自我认知，增强自信。
训练方法	故事法绘画法

在这一阶段主要借助绘本阅读、绘画等形式，帮助幼儿正确认识自己，增强自信的同时逐渐扩大幼儿同伴互动交往的范围并初步了解社交策略。针对妮妮的敏感内向和回避行为，老师选择的多是自我认知类的绘本，如《我喜欢我自己》和《我觉得自己很棒》。在集体活动中，为所有幼儿讲述绘本《我觉得自己很棒》，老师先问问大家小天竺鼠哪里很棒，接着鼓励幼儿们说说自己哪里很棒，并不强求妮妮发言。老师又讲了《我喜欢我自己》的故事，然后让大家说一说自己都会做什么事情，乐乐首先举手说了自己的优点，妮妮听得很认真，还和小朋友一起为乐乐鼓掌。在乐乐的带动和老师的引导下，妮妮第一次勇敢地当众发言，小声说了自己喜欢唱歌和编故事，大家一起给妮妮鼓掌，妮妮也露出了开心的微笑。这次活动不仅帮助妮妮正确认识自己，发现自己的长处，对自己进行积极的评价，从而增强自信心，也能正确认识身边的幼儿同伴。

（三）情绪调节阶段

1. 个案观察

区角活动时，妮妮被其他小朋友抢走了玩具，她只是尝试着伸了伸手想拿回来，很快又缩了回去，转而又寻找别的玩具。到户外活动的时候，妮妮被同伴推了一下，摔倒在地，撇了撇嘴，眼圈红了，但是使劲忍住了眼泪。

2. 场景分析

随着小朋友们对幼儿园环境越来越熟悉，每天都有小冲突发生。大部分幼儿遇到问题会维护自己的利益或者告诉老师，但是内向羞怯的妮妮还做不到第一时间向老师求助，更不敢自己跟小朋友理论，大部分时候都是回避矛盾，默默忍住。对于妮妮这样特别内向的幼儿来说，勇敢地表达自己的想法不是一件简单的事，需要家庭和学校共同正确引导，慢慢来，不能急于求成。

3. 支持策略

表 5-3　个别化训练表之三

训练时间	第9—12周
训练目标	1.感知情绪并能正确认识自己的情绪。 2.克服恐惧情绪，与他人交往时保持积极良好的情绪。 3.能够表达自己的想法，愿意与他人分享自己的内心感受。
训练方法	故事法

本阶段主要采用绘本阅读和绘本游戏的形式。首先，老师和妮妮一起阅读情绪主题类绘本《我的情绪小怪兽》，这本书画面色彩丰富，情节生动有趣，孩子可以通过情绪转盘和卡纸了解不同的颜色对应不同的情绪，如快乐、伤心、愤怒、害怕和平静，从而认识自己的各种情绪，并告诉妮妮有情绪是很正常的，我们可以表达出来，慢慢学会整理和调节不好的情绪就可以了。老师提问："有不好的情绪时怎么办？你都会做些什么让自己心情变得好起来呢？"小朋友们一起讨论，老师进行归纳和总结并告诉幼儿们调节消极情绪的方法。

在认识了基本的情绪之后，老师也选取了《和卡高学习交朋友》这套绘本，采用阅读和表演相结合的方式，请妮妮和乐乐当主角，随着自己的适应节奏试着参与表演，一方面在过程中感受不同的情绪情感，另一方面也能帮助激发妮妮主动交朋友的意愿。

（四）行为训练阶段

1. 个案观察

这一段时间，妮妮跟老师建立了比较信任的关系，活动的时候老师会主动跟妮妮聊天，妮妮也愿意回答了。通过观察发现，妮妮的记忆力很好，逻辑数理能力也很强，还认识不少汉字。关注到这些闪光点后，老师就找机会让她在集体面前加以展示。有一次晨间播报活动的主题是"我们的祖国"。谈话过程中，老师提了个问题："小朋友，你们知道我们国家的首都是哪里吗？你都知道哪些省份呢？"个别幼儿能说出几个。"老师知道妮妮的记性可好啦，你能说几个吗？"妮妮不好意思地点点头。老师接着鼓励道："妮妮，你能教教我们吗？"虽然有些不好意思，但是妮妮还是小声回答起来，而且能说出来绝大多数的省份。

2. 场景分析

妮妮不是不想表达、展示自己，而是不好意思主动开口说，教师在给予幼儿充分的时间和空间的同时，通过细致的观察、挖掘幼儿的长处，抓住机会，和其他幼儿一起当了一回妮妮的学生，妮妮也体验到了当小老师的快乐，同时其他幼儿也对妮妮有了进一步的了解。妮妮得到了表现的机会，也增强了自信，让同伴更加了解自己，从而有效增进了幼儿之间的沟通交往。

3. 支持策略

表 5-4 个别化训练表之四

训练时间	第13—20周
训练目标	1.掌握社交策略与技巧，如学会沟通、问候他人、分享合作等，能熟练运用于交往情境和日常生活。 2.能让同伴认识了解自己，进而主动与同伴交往。
训练方法	机会疗法、游戏法

为了锻炼妮妮的沟通和表达能力，老师让妮妮主动选择几名同伴一起进行搭积木游戏，共同搭建出一个作品。在寻找伙伴时妮妮还有点不好意思，但是乐乐主动加入进来，在老师的鼓励下妮妮又找到了几个合作伙伴。在游戏过程

中，妮妮从自己熟悉的乐乐开始，慢慢表达自己的想法，最终决定搭建一个娃娃家。游戏结束后，老师也对妮妮表现的积极行为进行表扬，并给予了小贴纸奖励。

一段时间后，在做户外体育游戏《勇敢向前冲》时，乐乐主动找妮妮组队，妮妮很高兴地和乐乐手拉手结成搭档。在游戏过程中，还能和乐乐沟通合作的方法，同时自己也沉浸在游戏的乐趣中。

四、反思与总结

以听障幼儿为主体的班级，决定了其物质环境、思想观点、情感态度和行为方式都可能具有不同于普通幼儿园班级的特点。当普通幼儿进入到这个环境中，必然会产生与普通幼儿交往不同的体验。尤其是像妮妮这样偏内向，容易社交回避的孩子，较小的班容量不会给他们带来过大的社交压力，他们与年龄相仿的听障幼儿反而更容易相处。

不同于普通幼儿园班级中社交回避的孩子容易被忽视，班容量相对较少时，老师也更易于观察到每一个孩子，也方便去深入了解每一个孩子。老师每一寸善意的、耐心的、接纳的目光都能成为温暖信任之花的阳光，特别是像妮妮这样内敛安静的孩子，其实更暗暗渴望得到老师的关注和鼓励，老师所给予的支持每多一分，她对于不熟悉人的戒备防卫感就会减弱一分，同时对新环境的适应能力就更强一分。

在班级生活的日常相处中，听障幼儿的友情和老师一视同仁的关爱，也会潜移默化地在普通幼儿的脑海里留下印记，在未来，相信他们会带着一颗包容博爱之心，平等地看待和接纳包括残疾人在内的多种群体，为世界播撒爱与阳光，同时也带着听障小伙伴的自信与坚韧勇敢前行。

积极行为支持改善课堂问题行为

◇ 曹文

新入园的听障幼儿存在入园适应性的问题，本案例运用功能性行为评估方法对一名听障幼儿的课堂问题行为进行功能性评估和干预，探索问题行为的原因，提供积极行为支持、发挥同伴群体作用以及家园共育等支持教育策略，引导听障幼儿与普通幼儿相互认识，彼此接纳，共同适应幼儿园生活，顺利度过共适阶段，并帮助听障幼儿改善问题行为，培养良好的同伴关系，促进普通幼儿和听障幼儿共同健康成长。

一、案例背景

（一）个案情况描述

墨墨，女，4岁，双耳佩戴助听器。墨墨是个特别淘气的女孩子，和爷爷奶奶住在一起，生活起居主要由奶奶照顾。墨墨上课不听从老师的指令，无视课堂纪律，没有任何规则意识，喜欢咬自己的手指甲和撕纸，经常在座位上用拳头敲击桌子，并发出怪叫。墨墨与同龄的孩子相比，情绪变化得比较快，高兴了会大喊大叫，不高兴了就乱扔玩具，自控能力较差。由于听觉障碍等个体因素，墨墨在课堂上容易表现出焦躁、挫败、沮丧等情绪，表现出较为严重的课堂问题行为，严重影响了课堂秩序，并对幼儿园的课堂教学质量产生消极的影响。

（二）个案情况分析

通过对墨墨的课堂问题行为进行了一段时间的跟踪观察，并对墨墨的家长进行访谈，综合观察、访谈等结果对墨墨的课堂问题行为进行功能性行为评估。在对家长进行访谈的过程中了解到，爷爷奶奶在家里对墨墨极为宠爱，日常生活中会满足墨墨的一些不合理要求。当墨墨进入幼儿园，逐渐有了自我意识，开始表达个人意愿时，爷爷奶奶没办法读懂孩子内心的真正需求，强迫孩子做她不愿意做的事时，墨墨就会用发脾气的方式来反抗，长期以来导致墨墨养成了随心所欲、喜怒无常的性格。

（三）我们的思考

改善问题行为的第一步就是要读懂幼儿的内心世界，找到幼儿问题行为背后的根源。在幼儿园教学情境中，墨墨的咬指甲和撕纸等行为的原因集中体现在获得感官刺激。在课堂上，当老师没有布置具体的学习任务时，墨墨的手指就会动起来，咬指甲和撕纸可以给孩子带来持续的感官刺激。敲击桌子、扔玩具、发出怪叫等行为的原因集中体现在获得关注和逃避任务，这种破坏性的行为的主要动机是得到老师和所有小朋友的关注，同时可以到教室的一边单独冷静，达到逃避课堂任务的目的。因此，在自然教学环境中将教师干预、同伴互助和家园共育相结合，达到降低幼儿课堂问题行为发生概率的目的，并提高良性行为发生概率。

二、案例描述

（一）第一阶段：功能性行为评估——明确听障幼儿问题行为功能

1. 个案观察

墨墨今天在课堂上突然大喊大叫，老师立刻大声制止："墨墨同学，在课堂上要好好听老师讲课，不能突然大喊大叫，这样是不对的！"但是，墨墨听完反而叫得更大声了，还一边叫一边用力敲击桌子。旁边的小朋友说："老师，墨墨可凶了，上课抢我们的积木玩具，还撕纸条玩，扔得地上到处都是，我们都不敢和他一起玩！"下课了，孩子们聚在一起玩游戏，只有墨墨一个人孤零零地在座位上咬手指甲，没有人愿意和他一起玩。

2. 场景分析

本阶段，墨墨表现出较为明显的课堂问题行为，为了探究问题行为的前因后果，针对墨墨的课堂问题行为的特点，对墨墨在幼儿园的课堂上出现的课堂问题行为进行了观察记录，并对问题行为的主要功能进行分析和记录。记录内容包括行为的前提事件，行为本身（包括行为的表现、强度、持续时间等），行为的后果事件等。同时，结合对孩子的家长与教师的访谈结果，考虑个体生理、心理、环境、社会、情境等因素，通过功能性行为评估，找到潜藏在问题行为背后的真实原因，为制定合适的干预方案提供有效信息。

1. 支持策略

（1）功能性行为评估

功能性行为评估（Functional Behavior Assessment，简称 FBA）是针对问题行为进行评估并干预的方法，它通过对问题行为的功能、引发和维持问题行为的个体及环境的分析和判断，在此基础上实施一定的干预，从而达到干预和消除问题行为的目的。[①]通过对墨墨课堂上表现出的问题行为进行评估，明确墨墨的咬指甲和撕纸行为功能为获得感官刺激；敲击桌子、扔玩具、发出怪叫等行为的功能集中体现在获得关注和逃避任务。基于前期评估，后期对孩子的问题行为实施一定的干预，从而降低问题行为的发生概率。

（2）家园共育

在观察幼儿课堂问题行为期间，采用自编访谈提纲对幼儿的家长和教师进行深入访谈，了解孩子的问题行为背后的原因以及特殊的需求，访谈的内容有：对课堂问题行为的描述；问题行为在什么环境或情境下出现；行为发生的频率和持续时间；行为发生后如何处理，采取的方法是否有效等。[②]

（二）第二阶段：前事控制策略——调整听障幼儿教育环境

1. 个案观察

墨墨刚来到幼儿园的时候，上课时总是东张西望，时不时用手捂住眼睛。

---

① 韦小满，杨希洁. 功能性行为评估的特点及应用价值分析［J］. 中国特殊教育，2011（2）：38 –46.

② 朱楠，张英. 基于功能性行为评估的智力障碍儿童课堂问题行为的个案研究［J］. 中国特殊教育，2014（10）：20–27.

老师察觉到墨墨的行为异常，蹲下身温柔地询问："墨墨怎么啦，眼睛不舒服吗，为什么一直捂住眼睛，是在做什么游戏吗？"墨墨听完，用手指着窗户说："光，不舒服"。老师这才知道墨墨对光线极为敏感，在强烈的阳光照射下眼睛不舒服。

2. 场景分析

作为新入园的幼儿，墨墨处在适应幼儿园新环境的重要时期。《幼儿园教育指导纲要（试行）》明确提出："幼儿园应为幼儿提供健康、丰富的生活和活动环境，满足他们多方面发展的需要，使他们在快乐的童年生活中获得有益于身心发展的经验。"环境是重要的教育资源，教师可以充分利用反向融合教育的条件，通过物理性环境和社会性环境的调整，有效地促进幼儿的发展。

3. 支持策略

（1）前事控制策略

物理性环境方面，老师将墨墨的座位调整到光线温和的地方，并且将墨墨的座位始终放在老师的正前方，方便老师上课观察到墨墨的问题行为，及时进行提醒和安抚。调整座位后，墨墨明显感觉到上课的环境更舒适了，在安静、温馨的教室环境中，墨墨感受到了安全感和信赖感，课堂上表现有了明显的好转，情绪也更加平稳了。

社会性环境方面，老师也充分利用反向融合教育的条件，特意把两名表现良好的普通幼儿飞飞和娇娇安排在墨墨旁边。三个小伙伴每天在一起上课、玩耍，墨墨逐渐收敛了自己的任性脾气。

（2）家园共育

教师不仅需要引导墨墨在学校减少问题行为，还要做好家长教育墨墨的方法与态度等方面的引导工作。为了提高家长的教育能力，老师和墨墨的妈妈进行了一次深入的访谈和交流，对墨墨的问题行为原因及表现进行了分析，并针对墨墨在家里的教育方法提出了建议。

（三）第三阶段：后果控制策略——为听障幼儿树立榜样示范

1. 个案观察

场景一：今天幼儿园小朋友们一起学画画，但是墨墨一点也不感兴趣，隔一会儿就用小拳头敲桌子，时不时咬手指甲玩。老师为墨墨准备了钻石画，墨墨看着闪闪发光的钻石画产生了极大的兴趣，在座位上开始认真专注地贴彩钻。课后老师把墨墨叫到办公室，对墨墨说："今天的钻石画贴得真棒，老师奖励你一朵小红花。如果接下来一周墨墨上课遵守课堂纪律，不大喊大叫，不破坏东西，老师就再奖励墨墨一朵小红花。"接下来的几天，墨墨不间断地接到老师的"专属任务"，破坏性行为的频率明显变低，如愿以偿地又得到了很多朵小红花。

场景二：在幼儿园，墨墨最喜欢和飞飞玩，因为飞飞是班上得到小红花最多的小朋友。飞飞被老师安排坐在墨墨的右手边，组成了互帮互助特别小队。上课的时候，老师问："哪位小朋友想帮大家分发积木？"孩子们纷纷举起了小手，墨墨也跟着一起举起了小手，但是犹豫了一下又把手放下了。飞飞看到了墨墨的小动作，对老师说："老师，我想和墨墨一起分积木！"。老师说："我们邀请飞飞和墨墨一起来为大家分积木，好不好呀？"孩子们都鼓掌欢呼。墨墨跟在飞飞后面，认真地给每一个小朋友分积木，还主动参与到搭积木活动中，和大家一起齐心合力搭了一个大大的城堡。

2. 场景分析

在场景一中，墨墨产生了较为明显的课堂问题行为，教师在课堂中提供积极行为支持的后果控制教育策略，降低课堂问题行为的发生概率。针对咬指甲的行为，老师为墨墨准备了钻石画专属任务，锻炼手部精细动作，让墨墨在课堂上将手指动起来，代替咬手指和撕纸等问题行为。对于墨墨的破坏性行为，经过正强化和行为消退相结合的积极行为支持干预后，墨墨在课堂上表现明显好转，破坏行为发生的频率明显下降。

在场景二中，普通幼儿飞飞对听障幼儿墨墨有着重要的榜样示范作用。

在反向融合教育环境中，教师引导普通幼儿与听障幼儿在共同生活、交往、探索、游戏等过程中建立良好的同伴关系，充分发挥同伴群体的榜样示范作用。

3. 支持策略

（1）后果控制策略

①提示策略。当教师观察到墨墨开始有问题行为的倾向时，提前用语言或动作对墨墨进行安抚，提前避免问题行为的产生。

②代币制。当要求小朋友回答问题的时候，给墨墨多一点表现机会，并给予代币奖励，当积累足够的代币后，墨墨可以换取喜欢的食物和零食。

③消退与正强化。当墨墨能够保持一段时间不出现问题行为时，奖励墨墨一定数量的代币积分，并用积极的语言评价给予正强化。当墨墨发生问题行为时，就撤销相应数量的代币积分，并尽量少地给予关注和评价，促进问题行为的消退。当墨墨发现这些问题行为得不到老师和同学的关注，就会停止这一行为或使行为逐渐消失。

（2）同伴互助

教师在课堂中安排墨墨和飞飞一起合作为大家分积木，在这个过程中墨墨的情感获得了极大的满足。在幼儿园的各个活动中，飞飞成为墨墨的学习榜样，同伴的榜样示范作用促使墨墨减少了一些问题行为的发生。同时，墨墨感受到了小伙伴的认同和喜欢以后，开始积极主动地参与课堂活动，并且逐渐接受课堂纪律的约束，开始有意识地控制自己的破坏行为。

（3）家园共育

经过多次家园沟通，墨墨的家长积极配合幼儿园改善墨墨的问题行为，在家对墨墨进行同步的家庭教育，既不溺爱，也不批评指责过多，关注墨墨内心真正的需求，努力为墨墨创造一个温馨、民主的家庭环境。

三、案例效果与反思

（一）效果分析

经过家长和老师的共同努力，墨墨的课堂问题行为发生了较为明显的改善。现在墨墨上课时的专注力比以前提升很多，小动作变少了，尤其在有墨墨喜欢的多媒体动画播放时，注意力分散的情况明显减少了。同时，墨墨发脾气的次数还是变少了，偶尔还是会有无法控制的情况，整体上比以前要好。班里的普通幼儿发现墨墨的问题行为在逐渐改善，开始主动和墨墨一起玩耍游戏。墨墨和班里的普通幼儿彼此认识，互相接纳，逐步适应了幼儿园的生活。墨墨的家长在访谈中表明孩子上课明显比以前听话，自言自语和大声乱叫的次数少了很多，没有再出现过特别极端的哭闹情况，家长的担忧心理得到了一定的缓解。同时，普通幼儿的家长也发现自己的孩子在帮助墨墨的过程中也变得更加自信和善良，更加愿意和小朋友们合作和分享，无论是普通幼儿还是听障幼儿都得到了相应的成长和进步。

（二）案例反思

在反向融合教育环境中，充分发挥教师、同伴、家长三位一体的教育作用能够有效改善听障幼儿的问题行为。本案例的反思如下：

第一，功能性行为评估与积极行为支持策略对改善听障幼儿课堂问题行为有积极作用。功能性行为评估为制定问题行为干预策略提供了重要依据，更有针对性的积极行为支持干预能够提高行为矫正的效率。因此，针对墨墨的课堂问题行为，本案例基于功能性行为评估，揭示其行为的本质功能，制定干预方案并实施干预，对促进问题行为的改善有重要的作用。

第二，幼儿同伴群体是宝贵的教育资源，是幼儿成长环境的重要组成部分。在反向融合教育的环境中，普通幼儿对听障幼儿有着良好的榜样示范和同伴带动作用。通过上面的案例可以发现，普通幼儿和听障幼儿通过共适阶段可以建立一个互相接纳的情感环境，并通过合作和共享建立良好的同伴关系。听障幼儿在与普通幼儿的交往中，语言康复效果、问题行为等方面都得到较好的改善与提高；普通幼儿在融合教育环境中更加独立与自信，也更加懂得分享与合作。融合教育背景下，在共同活动的过程中，普通幼儿与听障幼儿在情感、态度、能力、知识、技能等方面的发展逐渐呈现螺旋式的上升，独特的多元化同伴群体发挥了重要的积极作用。

第三，家庭是幼儿园重要的合作伙伴，家园共育为改善问题行为提供了重要保障。墨墨的问题行为根源在于幼儿早期的家庭教育，在学校的环境中，孩子的课堂问题行为得到了一定程度的改善，回到家里必须有相应的家庭教育配合，才能真正意义上改善墨墨的课堂问题行为。教师应本着尊重、平等、合作的原则，争取家长的理解、支持和主动参与，并积极支持、帮助家长提高教育能力。

认识共性和差异，促进彼此接纳

◇ 安慧蕾

初入幼儿园的幼儿情绪不稳定，行为和情绪容易受外界环境的影响，且行为具有很强的情绪性，因此幼儿之间不可避免会产生矛盾。大多数普通幼儿及其家长在步入融合幼儿园之前，对听障幼儿并不了解，甚至会有一些负面的印象。因此，笔者从听障幼儿的个别化教育支持、绘本教学活动和家园共育三个方面引导教育幼儿正确的认识差异、接纳差异，引导幼儿在与成人和同伴交往的过程中，学习如何与人友好相处，如何看待自己、对待他人。

一、案例背景

（一）个案情况描述

航航，男，听障幼儿，3岁3个月，双耳佩戴助听器。航航性格内向，比较害羞，怕生，眼神回避，不能进行正常的口语交流，一般通过手势动作表达需求，对新环境的适应能力比较差。航航由于听力受损，加上家庭教育不当，导致其社交退缩，跟班里的小朋友都不怎么交流，只跟熟悉的老师互动交流，时刻黏在老师的身边。

航航所在幼儿园班级共有15名幼儿，年龄在3—4周岁，其中包括14名普通幼儿和一名听障幼儿（航航）。绝大部分幼儿缺乏对听障幼儿的正确认知，其中一名幼儿（小杰）由于妈妈是学校聋教育部的教师，因此对听障幼儿有一定的认知，但小杰不善社交。在几个调皮小朋友的带领下，班里的普通幼儿对航航产生了一些"他不会说话""他是个小哑巴""他不听话"等一些负面的认识。

（二）个案情况分析

3—4岁的幼儿认知水平偏低，自我意识薄弱，爱模仿，大都存在盲目从众行为，因此容易看见别人玩什么，自己也玩什么；听见别人说什么，自己也说什么；看见别人干什么，自己也干什么。因此，在听到有小朋友说航航是"小哑巴""不会说话"等时会跟风一起说。普通幼儿主要通过对听障幼儿航航外显特征的感知和外在的行为表现来建立对他及听障的认知。

（三）我们的思考

班内普通幼儿对听障幼儿航航的负面评价主要由于对听障幼儿有不正确、不充分的认识，此外航航的语言表达能力欠缺和胆怯退缩的个性特点也阻碍了同伴们对他的认识了解。幼儿期的发展是成年时期各项基本素质形成的最初阶段，其意义重大，影响深远，幼儿期的经历可能影响一生的发展。3—4岁幼儿虽然还是比较以自我为中心，但他们也开始能够站在他人的立场上感受他人的处境，理解他人的感情。学前阶段是形成与发展接纳态度的重要时段，我们要扣好幼儿人生的第一粒认识差异、接纳差异的扣子。

二、案例描述

（一）第一阶段：认识听障幼儿

1. 个案观察

场景一：户外游戏时间，孩子们都在进行着自己喜欢的活动。有一辆三轮小车空闲了，航航和晨晨都赶紧跑过去想骑，结果起了争执。晨晨说："我先来的，我先骑。"航航没听懂还是抢过来了。晨晨大哭："你讨厌，你是哑巴！"

场景二：饮水时间，航航不小心把水洒在了妮妮身上一些，他眼神闪躲退到后面喝水。妮妮的好朋友轩轩对航航说："你洒妮妮水了，你不知道吗？你为什么不说话！"

2. 场景分析

航航不适应集体的生活、社交退缩、我行我素的这些行为跟他的家庭教养方式以及个体的认知和心理行为特点有很大的关系。而他这些外在的行为表现影响了班级幼儿对他的认识，进而使班级幼儿对听障幼儿产生负面的情绪和认识，还可能会影响幼儿家长对听障幼儿的认识接纳。因此我们一方面对航航进行个别化教育支持，改善其社交沟通能力；另一方面积极引导普通幼儿正确认知听障幼儿，创建良好的生生关系。

3. 支持策略

（1）听障幼儿的个别化教育支持

①集中的个别化训练。在共适阶段抓紧对航航进行语言康复训练的同时，跟个训教师协商沟通制定航航的基本沟通行为训练计划：眼神注视、轮替等待和基本的礼貌用语。

②嵌入式教学策略。班级教师充分利用航航的兴趣爱好，在幼儿园的各种活动和常规中自然嵌入沟通行为训练目标。

（2）全体幼儿对听障幼儿认知的绘本教学

借助绘本《熊会滑雪吗？》来帮助幼儿认识听力障碍和助听设备。首先绘本教学前的准备工作一定要做好，包括详细的教学计划安排、教学具、课件、绘本等。绘本教学的基本环节：①绘本呈现和导入。这个环节应充分吸引激发幼儿的学习兴趣和动机。②绘本共读。教师引导幼儿观察图片，发表看法，了解故事主要情节与内容。③整体感知绘本。教师整体读绘本给幼儿听。④提问与讨论。针对绘本内容设置一些游戏活动。⑤延伸活动。一是体验活动，让幼儿体验听不见、听不清时的不便与需求。二是区域活动，在区角投放相关书籍、小熊布娃娃、弃用的助听器、耳麦等。三是主题活动，开展爱耳护耳的主题活动。

（3）家园共育

①听障幼儿家长方面。首先，听力语言康复需要家长的高度配合，才能取的好的效果。其次，沟通行为的训练需要家长在家进一步的运用泛化。最后，帮助家长建立正确的家庭教育观，改变家庭教养方式。

②普通幼儿家长方面。通过家校沟通微信平台或是个别家长沟通，告知幼儿在园所学以及需要家长配合的内容。

（二）第二阶段：认识共性和差异

1.个案观察

场景一：晨间谈话时间，老师问："你们觉得航航和你们一样吗？"幼儿："不一样，他耳朵不好使。""不一样，航航不会说话，他用手比画。""一样也不一样，他也是人，但是他听力有问题。"

场景二：经过一段时间的适应和训练，航航能够进行简单的沟通行为。但在平时还是更多地表现出胆怯、自卑，特别是面对陌生人或是不熟悉的老师，即使他们对航航都很友好热情，他也还是会表现出眼神回避、紧张、退缩。

2.场景分析

经过《熊会滑雪吗？》的绘本教学活动以及对幼儿园的逐步适应，普通幼儿对航航有了更多的关注，在他们的认知里听障幼儿和他们不太一样。航航的家庭环境使航航很早就明白自己和别人不一样，自己很特殊，耳朵有问题，自卑胆怯。航航的这种心理行为特点和这种社交退缩行为不是一朝一夕就能解决的，需要老师们和家长密切配合，持之以恒，共同努力。

3. 支持策略

（1）听障幼儿的个别化教育支持

针对航航的个性特点继续对航航进行个别化教育支持，包括集中的个别化教育训练和嵌入式教学训练。针对航航的自卑胆怯，我们要创造机会和条件，让航航体验成功，获得自信。在生活中去发现他的闪光点，去鼓励他赞扬他，让他能够获得更多的快乐和自信。

（2）全体幼儿对共性和差异认知的绘本教学

借助绘本《同与不同》来帮助幼儿认识共性和差异，教给他们在相同中找到归属感，在不同中接受多元。绘本教学的基本环节遵循上面的五个环节。在讨论环节我们重点谈论了每个孩子的相同与不同，在老师的引导下普通幼儿和听障幼儿的同与不同是幼儿们谈论的热点。在延伸活动中，在阅读区投放了一些有关认识差异、接纳差异的图书：《不一样没关系》《独一无二的你》《勇敢做自己》《没有耳朵的兔子》《没有耳朵的兔子和两只耳朵的小鸡》。并且鼓励幼儿回到家之后进行亲子共读，开展家长讲睡前故事活动，让家长把这些故事生动的讲述并录制下来，作为孩子们午睡前的睡前故事。

（3）家园共育

①听障幼儿家长方面。坚持跟家长密切沟通，制定个别化家庭教育计划，对家长进行个别化家庭教育指导。家长需要配合好幼儿园老师坚持亲子共读绘本，积极参与家长讲睡前故事活动。

②普通幼儿家长方面。通过家校沟通微信平台或是个别家长沟通，告知幼儿在园所学以及需要家长配合的内容。家长需要配合好幼儿园老师坚持亲子共读绘本，积极参与家长讲睡前故事活动。

参与亲子共读活动，可以增进亲子关系。家长录制绘本故事，可使幼儿对午休有了更多的期待，伴随熟悉的声音可以更安心入睡，同时简单有趣的绘本故事也可使家长们对共性和差异有更加正确的认识，从而对幼儿形成良性循环。

（三）第三阶段：接纳差异

1. 个案观察

航航在自由活动时间总是自己一个人不合群。面对小朋友们的友好热情的邀请，他很想融入，却又很快孤立。他很喜欢各种小动物，并且能够模仿各种动物的叫声。

2. 场景分析

根据马斯洛的需求层次理论，显然航航在幼儿园还没完全找到归属感。而一般这种孤立的情况出现在自由活动时间，说明航航还欠缺独自应对社交互动的能力。根据他很喜欢小动物，并且最近习得了很多动物的叫声，我们打算以此为切入点，支持引导航航与其他幼儿间的互动行为。

3. 支持策略

（1）听障幼儿的个别化教育支持

针对航航的个性特点继续对航航进行个别化教育支持，教授他更多的沟通社交技能以及集体教学之前的一些先备知识，以便他能够在集体活动时更加自信、专注。

（2）全体幼儿互相接纳的绘本教学

借助绘本《森林照相馆》来培养幼儿的同理心，促进幼儿间的相互接纳。绘本教学活动中加入模仿动物的叫声，为航航展示自己提供了机会。在延伸活动环节，进行了绘本表演活动，让幼儿分组戴着动物头饰进行表演，老师作为摄影师拍下一张张"全家福"，最后拍下苹果班一张大的"全家福"，在这个活动中航航表现非常积极，动作模仿到位。孩子们非常喜欢这个绘本和绘本表演活动，通过这个活动幼儿对班级产生了很强的归属感，彼此也更加亲密。此外，在表演区投放了动物头饰，在图书区投放相关图书，在绘画区开展"我的全家福"绘画活动。

（3）家园共育

①听障幼儿家长方面。鼓励家长多带孩子进行社交活动，多陪孩子进行亲

子游戏、亲子共读，与班级里其他幼儿家庭互相走动建立友好关系。

②普通幼儿家长方面。家长要认同鼓励孩子接纳差异，借此培养孩子的同理心，在孩子心中种下乐于助人、包容、善良的种子。

三、案例效果与反思

（一）效果分析

经过一个学期的教学孩子们逐渐适应了幼儿园生活，对彼此之间的"同与不同"有了一定的认知，航航也逐渐开朗起来，脸上的笑容多了，开始每天期待上幼儿园。班里有很多家长反映孩子长大了懂事了，并且更富有同情心了。班级幼儿之间、师幼之间关系融洽，班级氛围和谐快乐。

（二）案例反思

幼儿教育是一个循序渐进、润物细无声的过程。教育必须遵循幼儿是身心发展规律和个性特点，不能急功近利，也不能拔苗助长。作为教师我们要有足够的爱心、耐心，还要不断地提高自身专业性。

绘本教学活动在帮助幼儿认识差异和接纳差异上效果良好。3—4岁幼儿对事物的认知理解更多地服从于事物的外部特征。绘本主要以图画为主、色彩丰富、结构简单、通俗易懂，同时具有丰富的想象性和趣味性，符合幼儿的认知方式。丰富多彩的绘本教学活动更容易激发幼儿的兴趣和积极性。

特殊教育教师与幼儿教师密切配合、相互合作才能使听障幼儿的教育效果事半功倍。家园共育才能使教育效果最大化。

人生百年，立于幼学，学前教育是基础教育的启蒙阶段，对人一生的发展影响深远。因此，我们要扣好幼儿人生的第一粒扣子，使每一名幼儿都记得自己是独一无二的，要接纳自己，爱自己，同时也要接纳、欣赏与自己不一样的别人。

语言训练双促进的途径

◇ 程月利

一、案例背景

目前在我的班级里，儿童年龄主要在3—4岁，大部分听障幼儿听觉损伤严重，佩戴助听器但是效果不好，之前没有接受过正规的语言康复训练。部分普通幼儿在语言方面存在一些问题，如发音不准，口齿不清等。不但听障幼儿的需要语言训练，普通幼儿的语言问题更应该及时解决，因为他们和听障幼儿的沟通交流每时每刻都在进行，他们的示范引领作用无时无刻不在发生。所以，从小培养孩子们的表达意愿，养成清晰的表达习惯成了我对本届普通幼儿的首要要求。而只有找准孩子口齿不清的原因才能"对症下药"，从根本上解决孩子口齿不清楚的问题。经过查阅资料以及现实观察发现，普通幼儿口齿不清这一现象的产生是有其内在的生理原因，也有其主观外在因素所致。据生理、医学专家的研究，幼儿在三岁左右时，发音器官尚未发育成熟和完善，脸部的小肌肉群还不能完全掌握某些音节的发音。这一阶段的幼儿听觉分化能力上也比较柔弱，对声音区别不大的音节也是不易辨别的。主观外在因素主要是环境和教育的影响。据我观察了解发现，有的普通幼儿口齿不清、语言表达不完整，周围的人及其家人不但没有及时纠正孩子的发音，甚至还模仿孩子口齿不清的语言和声调来和孩子玩闹，逗乐等。这种现象不但没有帮助孩子反而助长了孩子讲话发音不准确、口齿表达不清楚的毛病。当幼儿进入幼儿园时，他们的这一缺点便暴露无遗。

如何让普通幼儿尽快掌握发音方法，如何让听障儿童训练效果最大化，我尝试结组对他们进行训练，效果良好。

二、案例基本情况

佳佳是一个刚满三岁的普通幼儿，认知能力较好，有主动学习的意愿，但是舌尖前音z、c、s，舌尖后音zh、ch、sh，舌尖中音l，舌后音r和舌根音g、k、h，发音不准，如将"chi fan"（吃饭）说成"qi fan"把"ge ge（哥哥）"说成"de de"等。佳佳的家人对她过于娇惯，任其娇滴滴地说话，周围的人及其家人不但没有及时纠正孩子的发音，甚至还模仿孩子口齿不清的语言和声调来和孩子玩闹、逗乐。

朵朵是一个3岁半的听障幼儿，左耳的听力损失为70分贝，右耳的听力损失为80分贝。训练之前没有带过助听器，没有接受过任何康复训练。元音a和u能准确发音，o、e、i、ü发音不准，辅音b、m、n等发音准确，其他辅音不准确。

三、案例描述

1. 佳佳个案观察

场景一："dede带我去看dezi。"

为了锻炼幼儿的语言能力，我在每天的第一节课前都会让幼儿们简单分享一下昨天有趣的或者难过的事情。佳佳第一个站到大家面前说："昨天妈妈和dede带我去看dezi，那里有好多dezi，我们买了niangsi喂dezi。"小朋友们一脸蒙，听障小朋友更是瞪大了眼睛。"dezi是什么？"有小朋友大声问。佳佳不好意思地说"dezi就是dezi。"并且低下了头。佳佳认识到自己没有说清楚话低下头小手扯着衣襟，局促不安地站着。这时候我把佳佳的话重复一遍说："昨天妈妈和哥哥带我去看鸽子，那里有好多鸽子，我们买了粮食喂鸽子。"我问佳佳对吗，佳佳点点头不说话。

场景二："昨天我和哥哥一起买了哈密da。"

今天佳佳站在大家面前，很不自信地说道："昨天我和哥哥一起买了哈密da，哈密da很甜，里面有籽。"她说得很快，声音也很小。但这次小朋友们都听懂了，我大声问："买什么了？"小朋友们大声回答："哈密瓜。"佳佳不自信地看着我。"对，佳佳说的是，昨天我和哥哥一起买了哈密瓜。"我用鼓励的眼神看着她大声说，并鼓励她说："佳佳的声音真好听，要是声音大点就更好了。"

场景三："昨天我表哥结婚，我妈妈还带上了heng花。"

这是个周一的早晨，孩子们见面都很兴奋，进到教室就开始叽叽喳喳地交流。佳佳给小朋友带来了喜糖，大声说道："昨天我表哥结婚，我妈妈还带上了heng花。"

2. 场景分析

佳佳有表达自我想法的意愿，能意识到自己吐字不清楚而不好意思。我们了解到佳佳父亲小时候也是吐字不清楚，可能有遗传因素，可能是孩子不善于协调地使用发音器官，可能是孩子不能掌握正确的发音方法，还有家长没有及时纠正孩子的错误发音，以致佳佳不能正确地发某些音。

3. 朵朵个案观察

场景一："西hua。"

在佳佳说清楚"瓜"后，我让佳佳对朵朵说"西瓜。"朵朵听后说："西hua。"

场景二："我的huhu。"

今天上课前，我让佳佳大声说"我的姑姑"，之后朵朵重复说"我的huhu。"佳佳立即对多多说："是gugu，不是huhu。"

场景三："papa爱我。"

朵朵经过几天的训练后，在佳佳大声说出"爸爸爱我"后，朵朵说出"papa爱我"这句话。对于baba这个音，还是发错了，但她并没有觉察出来。

4. 场景分析

朵朵有表达的意愿，但声母舌根的上下分辨困难，韵母识别率也不高，只能家园结合加强听觉康复训练，提高听觉识别能力，进行言语技能训练，主要是发音器官的放松训练特别要强化构音功能的训练。

5. 支持策略

对于这俩孩子都发不准确的音，我对她俩一起训练。我告诉佳佳和朵朵g发音时，软腭上升，舌根隆起抵住软腭，气流因通路被完全封闭而积蓄起来，然后舌根下降，脱离软腭，气流迸发而出，爆发成声。但是她们不能理解，还是发出"dede"的声音。我只好采用下列方法，让她们知道软腭怎样上升。

第一，请她们喝一口水，含在嘴里不咽下去，抬头做漱口的动作，让她们发"哈哈哈"或"呵呵呵"时，体会舌根偶尔会碰到上颚，体会舌根震动的感觉，知道上颚在哪里，怎么让软腭上升。然后让她们把水吐掉，让软腭上升，一次不行再来，再来。

第二，进行口型的训练。d和g的口型相同，舌的位置不同，g的发音是在d的基础上，发舌根音时，舌尖放松，借助压舌板按住她们的舌尖，阻止她们的舌尖用力，然后请她们发d的音，这样可带动舌根的变化，在此过程当中，舌会碰到上颚，从而发出g音。

在这训练当中，佳佳掌握较快，朵朵较慢，佳佳学会了以后我让佳佳教给朵朵发音，这样一来，佳佳很有成就感，朵朵也努力练习，效果甚好。

第三，用词语和句子加强发音练习。

在她们能清楚知道这两个音的发音区别后，再进行词语和句子的练习。首先我带领她们利用卡片和故事中含有g、k、h的词汇进行练习，例如："哥哥和妹妹在一起画画，哥哥画了西瓜、哈密瓜、苹果。""妹妹画小河、花朵。哥哥给妹妹一个苹果，妹妹给哥哥一朵花。"有进步之后，增加含有舌根音的词汇，比如理解不同分类的项目，一组图片中有炒锅、蒸锅、奶锅、火龙果，请佳佳和朵朵找出不同并表达。当然，佳佳掌握较快，朵朵较慢，我让佳佳对朵朵提问、让她俩对话交流，这样置于交流中的两个孩子学习进步都较快。

第四，用情景游戏巩固发音。单纯的发音、句子练习让佳佳和朵朵感觉很枯燥。所以我又给她增加了情景游戏练习。

游戏一：

游戏名称：小鸭子开火车。

教具准备：小鸭子玩具、火车、各种卡片。

游戏过程：我和佳佳、朵朵轮流请小鸭子开火车，同时说出："嘎嘎嘎，小鸭子要开车啦！""小鸭子路过了超市，他买了西瓜、火龙果和一盆红花。"

游戏二：

游戏名称：小鸭子去游玩。

教具准备：多只小鸭子模型 蘑菇房子图片、红花模型、鸽子模型。

游戏过程：鸭子一家住在一个大大的蘑菇房子里，周末，小鸭子和爸爸妈妈一起去游玩，他们来到公园，小鸭子荡秋千，种红花，妈妈和爸爸喂鸽子，一家人玩得很开心。

第五，在日常生活中加强发音训练。语言练习主要目的还是在生活中能把话说清楚，所以我非常重视生活中的训练。例如，在指导她们洗手时就问她们："小手放在水龙头下冲洗后怎么了？""过家家"做饭时问："妈妈做饭给谁吃呀？"有意识地让孩子发"湿""吃"的音。有时也教佳佳和朵朵背一些短小的儿歌来练习发音，如练习zh、z的音，教她读："柿子红，柿子黄，柿子柿子甜似糖。红柿子，树上长，摘下柿子大家尝。"

第六，加强家园的配合，多鼓励孩子。面对佳佳和朵朵的问题，要求佳佳家长一定要重视，千万不要学孩子说话，遇到发音不准时要及时纠正。对于每次发音不准的音节，多练习几次，让佳佳掌握正确的发音。对于朵朵，每天的训练任务很多项，有功能练习、发音练习、听力练习、言语练习，句型练习等，家长每天按照老师要求对朵朵进行训练，让朵朵掌握发音。

四、案例效果与反思

（一）效果分析

经过孩子、家长和老师们的共同努力，一周后，佳佳可以在表达词汇中掌握发音的技巧，经过两周多时间，佳佳可以在表达句子中较清晰地发音，经过四周时间的训练后，佳佳已经掌握全部发音技巧，舌部灵活度有明显提升。

朵朵从入园开始，就进行功能练习，发音训练，听力训练，除了单训课，所有的活动就和佳佳一起进行。从第四周开始听力训练和字词结合，一边听一边看卡片一边发音，朵朵就能从词过渡到句子。虽然言语学习比较慢，有时回发错音，但是进步很快。

（二）案例反思

对于刚入园的幼儿来时，语言教育在反向融合班级中占有重要地位，不仅对普通幼儿的语言发展有着重要的影响，而且对听障幼儿的沟通交流也有直接影响。在反向融合教育中，教师、家长、同伴的共同作用缺一不可。

第一，教师在培养幼儿的语言能力时，应注意采用多种方法，综合提高幼儿的语音技巧和表达能力。同时，需要结合普通幼儿和听障幼儿的个体差异和特点，采取因材施教的方法，最大限度地发挥幼儿的潜力。

第二，家庭教育是幼儿园教育的重要组成部分，尤其对于听障幼儿家长来说，每天回家都要对幼儿进行反复训练，并且幼儿的发音需要家长在生活中随时纠正，杜绝模仿孩子说话，及时纠正孩子发音。家长积极主动的参与能使孩子语言得到很快地提升。

第三，同伴的积极影响可使普通幼儿更主动配合训练。在来幼儿园之前，幼儿的活动范围主要在家里，幼儿发音问题得不到重视，幼儿也意识不到自己的问题。在反向融合教育的环境中，普通幼儿意识到自己的发音问题，并能够积极训练改正，她渴望自己和同伴一样，对听障幼儿起到榜样示范作用。在这个共适阶段，普通幼儿看到自己的不足，能够更好地接纳听障幼儿，这有助于她们建立良好的同伴关系。

接纳自我，融入集体

◇ 姚一帆

一、案例背景

（一）个案情况描述

叶子，女，听障幼儿，3岁半，就读于石家庄市特殊教育学校附属幼儿园。叶子原本有一个幸福的家，可她的父母意外身亡。外婆担起了母亲的职责。去年8月左右带小柔去做检查，孩子被确诊为极重度听力障碍。由于听力障碍，叶子是一名内向胆怯的小女孩，她刚进入幼儿园时感到了不安和害怕。

（二）个案情况分析

对于3岁的听障幼儿叶子来说，交往能力受限是一个显著的特点。由于听力受损，他们难以与他人进行正常的交流和互动。这导致他们在社交技能方面发展缓慢，甚至无法掌握基本的社交技巧。无法理解他人的面部表情、语调和肢体语言等社交信号，从而无法做出适当的反应。

经过听力测试，她的听力损失程度为中度至重度。这种程度的听力损失会影响她对声音的感知和理解，进而影响她的言语和语言能力。叶子进入石家庄市特殊教育学校附属幼儿园后，为提高她的言语和语言能力。她也会定期进行听力康复训练，包括使用助听器和进行语言矫正。学习如何在日常生活中与她交流和促进她的学习。

（三）我们的思考

3岁听障幼儿的行为特点多种多样，包括社交发展受限、语言和理解能力受限、情绪和行为问题、学习和认知发展受影响以及对环境敏感度降低等方面。为了帮助他们更好地适应周围环境并提高生活质量，家长和专业人士需要给予更多的关注和支持，提供适当的指导和辅助器具，帮助他们克服各种困难并实现全面发展。

二、案例描述

（一）第一阶段：初识新朋友，适应新环境

场景一：九月初的阳光明媚，不冷不热的天气是户外活动的好时间，老师宣布要带着大家去玩沙子了，孩子们格外高兴。大家跑去沙池时每个孩子的脸上都洋溢着灿烂的笑容。在沙池，老师问孩子们："今天大家想怎么玩呢？"普通幼儿争先恐后地表达："我想挖条小河。""我要埋宝藏。""我想做一个大蛋糕。""我要盖个大高楼。"……有着很多的想法。此时听障幼儿叶子迷茫地站在原地不知所措。

场景二：老师带孩子们来到幼儿园的沙池里玩沙子，孩子们都非常高兴，之前让孩子们带来的沙滩玩具也派上了用场，小家伙们一个个拿着小水桶、小铲子，仿佛要去赶海一样……大多数孩子充分利用沙坑玩具，用小铲子将沙子一点一点铲进小桶里。叶子把手中的玩具藏了起来，叶子为了隐藏这个"宝藏"，把手中的水桶倒扣在放着"宝藏"的沙堆上，用沙子覆盖在水桶上。老师蹲在叶子身旁，轻轻触碰叶子的肩膀，对她伸出了大拇指，叶子没有躲开老师的手，笑了笑并开始示意老师来寻找她的"宝藏"。

1. 个案观察

初期观察叶子是一名内向胆怯的小女孩，她在新环境或者与陌生人交流时会感到不安或者害怕。叶子在沙坑活动中感到不自在，由于她对未知环境和社交情境的担忧。但通过教师的观察、陪伴与引导，通过逐步的接触，渐渐地帮助叶子克服了新环境的恐惧。陪伴可以给学生一种安全感和信任感，使他们更有信心探索新的朋友和环境。小小拥抱、拍拍肩膀、捏捏小脸，都是叶子开启新环境与教师交流的第一步，叶子可以感受到教师的关爱和保护，从而增强安全感。这种安全感是幼儿心理发展的重要基础，有助于培养他们的信任感和情绪稳定性。教师通过引导帮助学生发现自己的潜力和兴趣。他们可以鼓励叶子参与一些她觉得更舒适的活动中，或者帮助她在沙坑活动中找到一些她更喜欢的元素。

2. 场景分析

沙坑游戏是幼儿园为孩子们提供的一个自由、开放、充满探索和想象空间的场所。孩子们可以自由地使用各种工具和材料，挖掘、建造、实验和探索，表达自己的想象和创意，提高了他们的手眼协调能力和空间认知能力，与此同时孩子们在游戏中会产生较多的肢体接触，通过游戏中的肢体接触可以帮助幼儿学会表达和感知情感。拥抱和抚摸可以传达爱、关怀和支持，使幼儿更容易学会关心他人，形成健康的人际关系。

老师可以提前准备好一些小型玩具或道具，让孩子们在挖掘过程中发现惊喜。老师们可以根据孩子们的兴趣和能力水平进行选择和调整，让孩子们在快乐的氛围中成长和学习。孩子在沙坑玩耍埋藏宝藏的过程中，可以培养他们的好奇心、创造力和想象力，提高他们的观察力和解决问题的能力，同时也可以帮助他们建立自信心和勇气以及社交和合作能力。这些能力的提升不仅对他们在沙坑游戏中的表现有帮助，也会对他们的未来发展产生积极的影响。

3. 支持策略

为幼儿提供了一个自由、开放、充满探索和想象空间的场所，教师提供一个适于幼儿相互交流和帮助的环境。

（1）创造安全环境

在沙坑活动区设置明确的安全防护措施，如安全警示牌、救生员等。在活动前对场地进行清理和维护，确保没有杂物和危险物品。在沙坑周围设置清晰易懂的场地标示，如边界线和安全通道。向幼儿提供必要的安全指导和培训，让他们了解如何避免危险和应急处理方法。

（2）提供适当工具

为幼儿提供适合他们年龄和能力的沙坑玩具和器材，如小铲子、小桶、过家家玩具等。在活动过程中，教给幼儿正确使用工具和器材的基本技能，如何挖掘、装载和运用沙子等。

（3）教授基本技能

通过示范和实践教学，教授幼儿手眼协调、身体运动和空间认知等基本技能。手眼协调能力包括用铲子将沙子装进桶里、用模具塑造形状等。身体运动能力包括挖掘、搬运和堆砌沙子等。空间认知能力包括感知和理解沙坑的空间特征和边界等。

（4）增强社交互动

为幼儿搭建一个社交平台，设计活动和游戏，让他们与其他孩子一起合作、交流和分享经验。例如，可以组织小组活动，让孩子们共同完成一项沙坑建筑或进行沙坑寻宝游戏等。鼓励家长和幼儿一起参与沙坑活动，增进亲子关系的同时也可以为幼儿提供榜样和支持。

（二）第二阶段：建立新友谊，相互多帮助

1. 个案观察

老师拿着娃娃家小厨房的玩具又带孩子们来到了沙坑，面对新的材料，孩子们顿时充满兴趣纷纷进入沙池，开始"抢夺"材料。叶子和他的小伙伴然然分别拿到了小茶杯和汤勺，然然用沙子做了一杯美味的咖啡端给叶子品尝，叶子用模具制作"巧克力"送给然然当作礼物，叶子和然然一起用沙子比成各式各样的蔬菜做了一碗美味的"沙子汤"。叶子和然然手拉手一起邀请老师来沙坑里，品尝丰盛的一桌"饭菜"……

2. 场景分析

叶子进入沙坑区后，便开始用小铲子和小桶装沙子，然后倒入水桶中。这个过程中，叶子一直专注而开心地工作。沙子倒入水桶后，叶子开始用铲子和水桶塑造"巧克力"的形状。她用力压实沙子，并不断用铲子修饰"巧克力"的形状和表面。塑造完形状后，叶子试图把"巧克力"从模具中倒出来，但发现沙子无法顺利流出。叶子拍了拍旁边的然然，叶子双手把住模具示意然然帮助她一起把"巧克力"倒出来，然然不断地用铲子敲打模具的底部，试图让沙子流出。叶子顺利地倒出"巧克力"并与然然蹦蹦跳跳地兴奋地抱在了一起。

叶子和然然一起又用一些沙子和水制作"沙子汤"。当"沙子汤"煮好后，叶子把一锅"沙子汤"倒进了沙漏里。叶子发现了一个问题：只放沙子的沙漏，沙子很难流下来。叶子和然然一起寻找老师的帮助，于是老师给她们找来一根小棒，使劲在沙漏里搅拌，发现沙子慢慢地流下来了。叶子和然然拉着手拿着玩具开心笑着继续玩耍。

3. 支持策略

（1）关注个体差异

要充分了解每个幼儿的个体差异和能力水平。对于一些能力较强的幼儿，可以适当提高活动的难度和要求；对于一些能力较弱的幼儿，要给予更多的支持和关注，鼓励他们积极参与活动并尝试新技能。

（2）适时提供帮助

在幼儿遇到困难或出现危险情况时，要及时提供帮助和保护。例如，当幼儿无法将树叶和沙子混合"沙子汤"的沙漏中流出时，可以给予指导和示范。

（3）给予鼓励和支持

当给予能力较强的幼儿任务且幼儿能够较好地完成时，要及时给予奖励。奖励还可以促进幼儿的积极情绪和良好行为的养成。通过给予幼儿喜欢的东西或者赞扬，可以增强幼儿的自尊心和自信心，促使他们更加积极地学习和探索。这种积极的反馈也可以帮助幼儿建立正确的学习态度和价值观，让他们学会重视自己的努力和成就。

（4）适当的肢体接触

在沙坑游戏中会产生较多的肢体接触，通过肢体接触可以帮助幼儿更好地与他人沟通和互动。通过肢体接触可以传递信息和知识。幼儿可以感知物体的质地、形状和大小；适当的肢体接触可以促进幼儿的骨骼肌肉发育，提高身体柔韧性和协调性。通过模仿他人的动作，幼儿可以学习新的技能和知识。这些经验有助于扩大幼儿的知识面，提高他们的认知能力。握手可以传递友好和尊重，分享玩具可以培养合作精神。这些经验有助于提高幼儿的社交技能，为日后的人际交往打下基础。

在这个沙坑游戏过程中，叶子展现出了对沙坑游戏的浓厚兴趣和一定的想象力。她能够将沙子和水联系起来，制作出"巧克力"和"沙子汤"，这体现出了她对生活的理解和对自然材料的灵活运用。同时，她在游戏中遇到了问题，如沙子无法顺利从模具中倒出和只放沙子的沙漏沙子难以流出时，能够主动寻求解决办法，如敲打模具底部和用小棒搅拌沙漏。此外，叶子在游戏中也展现出了初步的社交能力。她能够和其他小朋友一起合作，共同进行沙坑游戏。在整个过程中，叶子的语言表达能力和手眼协调能力也得到了锻炼和提高。

三、案例效果与反思

在融合教育中，学生之间的互动和交往非常重要。通过玩耍、握手、拥抱等活动，幼儿可以锻炼自己的协调能力，促进身体平衡感的发展。我在观察中发现，幼儿在遇到困难时会向我求助，我及时提供帮助并教授新技能。幼儿使用适当的工具进行沙坑游戏，手眼协调能力得到了锻炼。学会了使用基本的沙坑玩具和器材，如铲子和小桶，他们能进行简单的挖掘和塑形活动。幼儿对沙坑游戏产生了浓厚的兴趣，他们积极探索、创新，乐在其中。在活动中展现出个体差异，不同的幼儿在接触他人或物体时，需要使用手、眼、耳和身体等部位的协调能力。

肢体接触对幼儿情绪具有显著的积极影响，适当的肢体接触可以给幼儿带来安全感，减轻焦虑和压力，增强情绪的稳定性；可以促进幼儿的骨骼肌肉发育，提高身体柔韧性和协调性；可以传达教师的关爱和支持，增强幼儿的自信心和安全感。

教师篇 共融——合作、分享

游戏打开合作之门

◇ 陈晓伟

我国《幼儿园工作规程》明确规定，幼儿园应"以游戏为基本活动"。作为学前儿童的主导活动，游戏在促进幼儿的发展中具有重要的意义，所以学前教育相当重视儿童的游戏活动。在学前阶段尽可能地激发幼儿兴趣和参与度，提高他们的游戏合作能力和团队精神至关重要。教师通过适当的指导，根据孩子们的身心发展特点来安排游戏活动，重视集体游戏活动的开展，注意在游戏中充分调动幼儿各种感官的参与，可以快速有效地改善幼儿之间的差距，更好地促进他们全面发展，让游戏成为打开幼儿之间合作之门的钥匙。

一、案例背景

近年来，伴随着融合教育的不断推进，越来越多的听障幼儿能够进入到普通学校就读，同普通幼儿一样享有同等的接受教育的条件和权利。但在诸多复杂条件的影响下，听障幼儿仍然会面临很多问题，这些问题不仅影响着他们的康复效果，还对听障幼儿的身心健康发展造成了不利影响。

我国教育学家陈鹤琴先生曾经说过："儿童是以游戏为生活的，他们除睡眠、生病之外，无时不在游戏。"听障幼儿的健康成长离不开游戏，游戏可以促进其语言和创造力的发展、智力的开发、美感的形成。游戏与学习是相辅相成的，甚至是互为一体的。从某种程度上讲，儿童的游戏是一种隐性学习，是一种策略和手段。在教学中，教师可以采用听障幼儿喜闻乐见的游戏形式，根据听障幼儿已有的知识和经验，制定出"跳一跳，够得着"的教学目标，使听障幼儿在活跃的氛围中、快乐的活动中、激烈的竞争中，不知不觉地学到知识和技能。

（一）个案情况描述

豆豆，4岁，男孩，右耳佩戴人工耳蜗，左耳未佩戴助听设备，词汇量较少，表达能力差，有时能说出简短的句子，喜欢自由玩耍，没有合作的意识，不能跟随老师的引领进行教学，没有规矩，自己想干什么干什么。针对豆豆的情况，陈老师抓住豆豆爱玩的天性，从兴趣入手，逐步培养豆豆在游戏活动中建立合作的意识。

豆豆所在班级有16名普通幼儿，一名听障幼儿（豆豆）。他们彼此有了一定的了解，能在教师的带领下一起开展各种活动，但在开展活动的过程中，彼此之间的配合还不是很默契。

（二）我们的思考

组织融合班的幼儿进行游戏教学，教师是很关键的，首先融合班级的教师一定要懂得特教专业康复知识；其次教师要做到在游戏的使用中，一定要注意游戏的合理性，游戏一定是服务于教学，必须与教学内容密切相关。在整个游戏活动的过程中，教师既要考虑游戏的合理性，也要注意听障幼儿能力水平的适宜性。从生活出发，贴近实际，选择符合听障幼儿生活经验的小游戏，根据听障幼儿的能力水平合理的设置目标的难易程度，让听障幼儿在游戏中得到能力的提升。每一个游戏活动都是教师精心设置的，每一个小步骤、小细节也都有它存在的意义。培养听障幼儿在游戏活动中找到自信、感受到快乐，找到自己张口说话的动力和技巧尤为重要。因此，教师在安排游戏活动时要充分考虑到听障幼儿的自身特点，帮助他们选择适当的游戏或根据听障幼儿的情况对游戏规则做一定的修改，在进行游戏活动的过程中，务必要细化每一个步骤，把每个细节落到实处，让听障幼儿和普通幼儿都能为对方去思考，探索出更多的玩法，锻炼思维能力，培养创造意识。

二、案例描述

（一）第一阶段：了解、观察游戏

1. 个案观察

场景一：玩抢椅子游戏

游戏开始，豆豆很开心，豆豆根据自己的步伐，不急不躁地围着椅子转，其他幼儿都急切地绕过豆豆，偶尔出现推搡的动作，每次鼓声停止豆豆都不能准确地找到空位，导致豆豆急得直跺脚。

场景二：玩丢手绢游戏

在户外玩丢手绢游戏时，老师观察到每当其他幼儿把手绢放在豆豆身后，豆豆总是慢吞吞若无其事地起身，导致后面的幼儿不愿意把手绢放在豆豆身后，所以豆豆根本就没有玩的机会，只是默默地待在原地。

场景三：玩搭积木游戏

正当幼儿们你一言我一语，兴致勃勃地在教室玩搭积木游戏时，突然听到哗啦一声，紧接着就是积木倒了一桌。幼儿们告诉老师："你快看，又是豆豆，他把我们辛苦拼的城堡给推倒啦！"

2. 场景分析

豆豆在玩抢椅子游戏时，参与度很高，但最后急得直跺脚；在玩丢手绢游戏时，只是默默地待在原地；在玩搭积木游戏时，看到其他小朋友搭好后，赶快搞破坏给他们通通推倒。出现这些情况，是跟豆豆不了解游戏规则以及班级同学之间存在歧视，不能友好合作有很大的关系。这对整个班级乃至家庭社会都会带来负面影响。因此我们要及时干预，正确引导，让普通幼儿与听障幼儿共同成长，一起种下了平等、善良、有爱的种子。

3. 支持策略

（1）帮助听障幼儿找出玩游戏时出现的问题

帮助豆豆分析每个游戏出现的问题，玩抢椅子游戏，豆豆没有跟着鼓声节奏快慢，调节自己的步伐，没有注意听，也没有注意观察；玩丢手绢游戏，当小朋友将手绢放在豆豆身后时，豆豆没有快速起身去追放手绢的小朋友；玩搭积木游戏时，豆豆觉得好玩，将小朋友搭的城堡给推倒了。

（2）全体幼儿找出玩游戏时的问题

请大家说一说玩游戏时，出现的问题。幼儿们回答："玩抢椅子游戏，我们推豆豆啦！""玩丢手绢游戏，我们好多次都没有把手绢放在豆豆身后。""玩搭积木游戏，我们谁也没有跟豆豆一起玩，他自己肯定没意思啦！"

（二）第二阶段：游戏指导

1. 个案观察

此阶段看到的是班里幼儿们都井然有序、耐心地带领豆豆一遍遍地练习，当有人指导时，其他幼儿就配合游戏。当幼儿们给豆豆示范后，豆豆依然掌握不好时，教师会给幼儿们进行指导。

2. 场景分析

幼儿们已经开始带领、帮助豆豆练习游戏，再配合教师的指导，豆豆开始逐渐接受游戏指导，学习游戏规则。

3. 支持策略

（1）听障幼儿的个别化指导

教师针对每个游戏，帮助豆豆分析游戏时出现问题的原因及游戏的关键点应注意什么，即游戏的规则，如：抢椅子游戏，不仅要仔细听声音的变化，眼睛还要注意观察其他小朋友，再就是当听到敲击声没有时，立刻找椅子坐下；玩丢手绢游戏，时刻要注意观察，当发现同伴放手绢后，一定要快速做出反应，及时去追放手绢的人，再就是一定要防着有的小朋友做假动作；玩搭积木游戏，豆豆想玩游戏，要跟小朋友一起，大家要分工合作，才能更快更好地完成拼搭。

（2）全体幼儿对豆豆的指导

借助角色扮演（我是小老师）、拔河比赛、绘本故事《和朋友团结协作》来帮助幼儿认识一起游戏合作的重要性，每个幼儿在经历过拔河比赛和听过绘本故事后，争先恐后地要当小老师来帮助豆豆。为了让豆豆明白抢椅子游戏的规则，明明先陪豆豆在一旁观察，然后陪豆豆一起游戏，鼓声急促时拉着豆豆跑起来。鼓声慢下来后，明明重复发"慢慢慢"的指令，鼓声停止时，明明帮助豆豆做到椅子上，反复数次后，豆豆明白了游戏规则。苗苗说："老师，丢手绢游戏我来给豆豆示范吧！"果果说："老师，搭积木游戏我有办法帮助豆豆，就让豆豆来我们组挨着我吧！"……

（三）第三阶段：游戏合作

1. 个案观察

"快看，豆豆这次抢到椅子啦！我们的主意不错吧！""豆豆加油！豆豆加油！"这是豆豆在玩丢手绢时，班里小朋友在给豆豆喊口号。"陈老师快来，快来，你看我们和豆豆一起搭的小汽车，大城堡，漂亮吧！你能给我们用手机拍下来吗？我们回家给妈妈看看。"

2. 场景分析

经过班级孩子们的共同合作，豆豆已经能和班级孩子们一起玩抢椅子、丢手绢、搭积木游戏。通过游戏，豆豆真正体会了合作游戏的乐趣，理解了想玩游戏就一定要守规则。

3. 支持策略

（1）听障幼儿的个别化训练

针对豆豆的情况，陈老师给豆豆制定了个别化康复计划，通过让豆豆观看喜欢的游戏视频，给豆豆讲解，游戏中设计的规则、短语、句子。在平时的康复课中，帮助豆豆建立规则意识、合作意识，方便日后在集体课中更好地沟通交流。

（2）全体幼儿交流一起合作的收获

老师提问："孩子们，你们教会豆豆玩各种游戏，你们高兴吗？你们觉得自己有什么收获吗？"点点回答："老师，我觉得我也可以当老师啦！"果果回答："老师，我觉得有豆豆跟我们一起玩搭积木，我们的速度更快啦！"航航回答："老师我悄悄告诉你，我觉得豆豆会玩丢手绢游戏后，更有意思啦！因为豆豆跑得快，这样他追我的时候，我才会跑得更快。"

三、案例效果与反思

（一）效果分析

游戏在儿童教学中占有重要的地位，能发挥积极的作用。在教学中，教师以玩伴的角色积极参与游戏，使得幼儿在游戏过程中发展幼儿对声音、节奏、音调或旋律的感知，培养其聆听的习惯和良好的审美观。在游戏的过程中，使幼儿在轻松的氛围中，在欢快的活动中，甚至在激烈的竞争中，不知不觉地学到知识内容，掌握必备的学习技巧等。普通幼儿通过游戏指导会有深刻的体验，会积累不同的经验，如：组织协调能力，团队合作能力等为以后的学习打下良好的基础。通过豆豆在游戏中的表现和变化可以看出，游戏对听障幼儿的帮助有极大作用。合理利用游戏可以激发听障幼儿的学习爱好与兴趣，提供更多语言表达的机会，充分发挥听障幼儿学习的主观能动性，更容易让听障幼儿接受教学，爱上教学。在融合环境中，通过游戏，听障幼儿健全了人格，变得更加自信与阳光，普通幼儿形成了自强不息、迎难而上的良好品格，学会了宽容和尊重个体差异，变得更加善良、有爱心和耐心，为未来理解与包容多元化的世界打下了良好的基础，让孩子们彼此之间建立了合作意识，普通幼儿与听障幼儿共同成长，一起种下了平等、善良、有爱的种子，他们今后定会共同携手成为推动社会文明进步的力量。

（二）反思

带领融合班的小朋友进行游戏教学，教师们一定要有心理准备，听障的孩子一定会有一个学习的过程，在刚开始游戏时，一定要做正确的示范，可以让听障的孩子先仔细观看，在游戏的关键点、重要环节处老师重复给听障儿童进行讲解示范等。教师在游戏中要充分调动听障幼儿的各种感官。人类主要靠视觉、听觉、触觉、嗅觉、味觉等感觉器官来接受信息。听障幼儿由于先天或后天的因素听觉系统受到了损害，但其他感觉器官是完好的。对听障幼儿进行有意识的训练可以提高健全器官的敏感度，并形成充分利用健全感觉器官来感知外部世界的习惯，增加听障幼儿接受的信息量，从而达到缺陷补偿的效果。游戏是训练听障幼儿感觉器官的有效途径，在安排游戏活动时，教师要注意调动听障幼儿的各种感觉器官，使他们在愉快的心情下，提高综合利用感官感知事物的能力。游戏可以启发幼儿的想象力和发散性思维能力，有利于其创造性思维的发展，可以让幼儿在轻松、愉快、活泼的气氛中，以喜闻乐见的形式，学会说更多的话，纠正不正确的发音，更好地理解语言，促进语言和创造力的发展。

家庭是教育的起点，幼儿素质的全面发展离不开幼儿园和家庭的紧密配合，在幼儿阶段，游戏是促进幼儿学习和发展的重要途径，然而在幼儿园实际工作中发现，游戏这种幼儿独特的学习方式，却引不起家长的重视。作为教师我们要通过理论式和实践式进行引领，通过邀请家长走进幼儿游戏，和幼儿一起游戏，通过近距离观察、参与、感知幼儿在游戏中的学习与发展，参加家长游戏开放日、家长游戏体验日活动，成为幼儿游戏的参与者和支持者。

小组协同深化合作学习

◇ 白博涵

在经历了入园适应之后，融合班级内的幼儿面临着与同伴的合作、分享问题。本案例运用观察法，基于对融合班级内幼儿日常行为的观察，从而进行问题归纳、原因分析，在此基础上运用相应的教育策略，对融合班级内的幼儿进行回应与支持，从而引导幼儿与同伴进行广泛而深入的合作学习，进一步实现幼儿在班级中的最小受限，以及幼儿之间的资源共享。

一、案例背景

（一）个案情况描述

1. 班级基本情况

石家庄市特殊教育学校附属幼儿园的甜甜班为中班，已经经历了反向融合的"共适"阶段，由焦虑、隔离的状态逐渐转变为适应与接纳，并顺利进入

"共融"阶段。"合作"与"分享"是反向融合"共融"阶段的主要特征。在一日生活中的重要环节进行合作学习、互相分享，既是当前班级内普通幼儿与听障幼儿的发展需求，也是双方最大限度参与班级活动，进而接受适宜教育的重要途径。

2. 班级幼儿情况

在教师的引导与指导下，部分普通幼儿，即班级中的受欢迎幼儿积极为听障幼儿提供同伴支持，听障幼儿也依据自身能力与发展水平，为普通幼儿中有受助需求的幼儿，提供力所能及的帮助。听障幼儿与普通幼儿中的受欢迎幼儿、有受助需求的幼儿，建立起良好的同伴关系。在班级的一日生活中，听障幼儿与受欢迎幼儿、有受助需求的幼儿的沟通有效性逐步提升，交往互动逐渐频繁。

3. 个案具体情况

在实现普通幼儿为听障幼儿进行同伴支持，听障幼儿对普通幼儿进行帮助的基础上，教师进一步引导听障幼儿与普通幼儿开展合作学习。教师于班级中，将听障幼儿与普通幼儿组成小组，以小组为单位，指导听障幼儿与普通幼儿开展合作学习。其中，与听障幼儿组成小组的普通幼儿，是已经与听障幼儿建立起良好同伴关系的普通幼儿（受欢迎幼儿、有受助需求的幼儿）。

本研究以听障幼儿嘟嘟，与普通幼儿中的受欢迎幼儿果果、圆圆，有受助需求的幼儿东东，组成的小组为个案，围绕个案进行分析反思，并进一步采取行动对个案进行支持与引导，以期能够促进并实现个案的合作学习。以下为个案的具体情况：

表 5-5　个案具体情况表

幼儿姓名	年龄	性别
嘟嘟	4岁6个月	男
果果	4岁8个月	女
圆圆	4岁11个月	女
东东	4岁7个月	男

（二）个案情况分析

教师将听障幼儿嘟嘟与普通幼儿果果、圆圆、东东组成的小组作为个案，并对该小组的合作学习情况进行分析。几名幼儿在一日生活中的行为显示，听障幼儿嘟嘟与普通幼儿果果、圆圆、东东虽然有较多的交往互动，但交往互动行为较为分散、持续的时间较短，并且存在一定的交流障碍，所共同参与的游戏或活动多为平行性质，幼儿之间缺乏必要的协商、交流与合作。小组幼儿缺少发展合作学习的预设情境，并且组内几名幼儿同时进行同一项游戏或活动的时间较短，大部分时间内组内几名幼儿是分散在班级的其他群体中。

（三）我们的思考

个案小组在自然情境中发展合作学习对组内幼儿来说难度较大，也不便于教师进行系统的、有针对性的干预。通过不断思考，我们认识到，集体教学互动作为一日生活中的重要环节，可以作为引导并促进个案合作学习的具体情境。幼儿园集体教学活动是幼儿园教师在国家教育方针下，结合幼儿园具体的实际情况和本班幼儿的年龄特征和心理发展规律，通过选择、设计等一系列步骤形成教学方案，在固定时间内面向全体幼儿实施的教学活动。[①]在集体教学活动中，教师可以在同一时间内，有目的的观察个案的行为表现，也可以通过明确的教学目标、充分的活动准备、清晰的活动重难点、有递进性与计划性的教学活动环节，有的放矢地为个案创设合作学习的情境。因此，引导并促进个案的合作学习需要基于集体教学活动具体开展。

基于以上观察分析，针对个案的现实状况，以一学期为节点，期望在教师的支持与引导下，个案能够在以下预期中不断发展：个案小组内的全部幼儿能够以适宜的方式，积极并深度的参与合作性质的活动，能够在组内进行无障碍的交流、协商，在一定情境下能够为了同一目标而相互配合，具备合作的意识与一定的合作能力。

---

① 高亚男. 幼儿集体教学活动中教师问答行为的调查研究［D］. 西安：陕西师范大学，2017.

二、案例描述

（一）第一阶段：提升幼儿的活动参与程度

1. 个案观察

在科学活动"蝴蝶是怎么变的"的设计与实施中，教师在设计教学环节时设置了"画出蝴蝶发育的主要阶段"，其中涉及"卵""幼虫""蛹""成虫"阶段。教师设想，在实施教学活动时，将班级幼儿划分为若干小组，在班级内按照小组就座，并以小组为单位各自分工，完成此项活动任务。然而，在实际教学活动中，教师发现，个案小组内的听障幼儿嘟嘟参与课堂的积极性与程度并不高。并且，由于与关系较好的普通幼儿果果、圆圆、东东分到了同一小组，一起就座，导致听障幼儿嘟嘟较多地关注普通幼儿果果、圆圆、东东，而并非课堂内容，不间断地触碰普通幼儿果果的胳膊，以求得关注。于是同组的普通幼儿果果向老师告状："老师，他捣乱！"听障幼儿嘟嘟对课堂前半部分的参与程度不高，导致其在与个案小组内其他幼儿进行合作任务时的效率很低。听障幼儿嘟嘟较多地处于玩闹的状况，并没有积极而认真地参与合作任务。

2. 场景分析

在以上的场景中，虽然教师在集体教学活动中，通过活动准备将个案小组内的幼儿安排在一起就座，也在活动设计中，根据主要活动内容设置了合作任务。然而，由于听障幼儿嘟嘟对活动的参与程度并不高，导致整个个案小组的合作效率低下。因此，提高听障幼儿嘟嘟对集体教学活动的参与程度，是提升个案小组合作水平的重要前提。听障幼儿嘟嘟对集体教学活动参与程度不高的问题由来已久。通过反思，教师将原因总结为以下两个方面：首先，是听障幼儿嘟嘟听觉受限、认知滞后。听觉受限是听障幼儿嘟嘟所面临的现实问题，认知发展的滞后影响听障幼儿嘟嘟对教学内容的回馈与反应。其次，是听障幼儿嘟嘟缺少良好的学习习惯。听障幼儿嘟嘟在集体教学活动环节中经常处于游离状态，并伴生出很多的"小动作"，缺乏参与意识与必要的专注性。

3. 支持策略

教师通过教研活动，围绕个案小组中听障幼儿嘟嘟对集体教学活动参与程度不高的问题，以及对问题的原因分析，制定相应的干预策略对其进行回应与支持。

（1）开展个别指导活动补偿听障幼儿嘟嘟认知发展的滞后性

听障幼儿融合教育的个别指导活动包括一对一的个别教育、集体教学中的个别关照与个别指导、教学前后的铺垫教学及补救教学、指导家长在家里个别教育幼儿，以及相关资源及资源教室的利用等。[①] 在本研究中，教师所运用的个别指导是指，语言康复师以铺垫教学为目的，根据集体教学活动内容，在教学活动开展前对听障幼儿嘟嘟所进行的一对一的教学指导。个别指导活动内容的设定来源于集体教学活动。在个别指导活动开展前，负责集体教学活动的教师与语言康复师，对集体教学活动的主要内容进行梳理，在充分讨论听障幼儿嘟嘟发展水平与个体能力的基础上，总结出与听障幼儿嘟嘟发展需求相适应的重点教学内容，作为个别指导活动的具体内容，并以此为依据，由语言康复师对听障幼儿嘟嘟进行具体的指导，以弥补听障幼儿嘟嘟认知发展的滞后性，为听障幼儿嘟嘟参与集体教学活动做好铺垫。

（2）以多种方式激发听障幼儿嘟嘟参与集体教学活动的兴趣

集体教学活动中教师与听障幼儿嘟嘟之间的互动、其他同伴与听障幼儿嘟嘟之间的互动，是影响听障幼儿嘟嘟参与集体教学活动的重要因素。因此，提高听障幼儿嘟嘟对集体教学活动的参与程度，可以从承担集体教学活动的教师、以及听障幼儿嘟嘟的同伴两方面出发，激发听障幼儿嘟嘟参与集体教学活动的兴趣。具体策略为：在集体教学活动对听障幼儿嘟嘟的行为表现给予更多的关注，选择听障幼儿嘟嘟有能力回答的问题对其进行提问，运用口头表扬的方式肯定听障幼儿嘟嘟对参与课堂的行为，将听障幼儿嘟嘟积极的行为表现树

---

① 雷江华，刘慧丽. 学前融合教育［M］. 北京：北京大学出版社，2015：27.

立为班级榜样，带动其他普通幼儿对听障幼儿嘟嘟进行鼓励、赞扬。多种策略综合运用，激发听障幼儿嘟嘟参与集体教学活动的兴趣，并在一定程度上有助于听障幼儿嘟嘟对当前的活动内容保持专注。

（二）第二阶段：加强幼儿的交流表达能力

1. 个案观察

在科学活动"我的情绪小怪兽"的设计与实施中，教师在设计教学环节时设置了"小组讨论"，要求小朋友们以小组为单位，就"蓝色是什么情绪？""什么时候会有这样的情绪？"等问题进行讨论，再由小组推选出一人统一进行回答。在讨论过程中，教师观察到，个案小组内的普通幼儿果果、圆圆、东东的发言都较为积极，而听障幼儿嘟嘟虽然在大部分时间都在关注小组同伴的发言，却极少主动参与。并且，普通幼儿果果、圆圆、东东在讨论的过程中更为关注自身的发言，几乎不会顾及听障幼儿嘟嘟的状态。即使听障幼儿嘟嘟参与讨论，也经常因为语言不准确、语序混乱等问题，而被其他幼儿插话，进而失去发言的机会。

2. 场景分析

在以上的场景中，通过"开展个别指导活动补偿听障幼儿嘟嘟认知发展的滞后性"，以及"以多种方式激发听障幼儿嘟嘟参与集体教学活动的兴趣"等具体策略，听障幼儿嘟嘟能够较好地参与到集体教学的活动中。然而，听障幼儿嘟嘟在个案小组中依然极少地表现出合作行为。通过反思，教师将原因总结为：首先，听障幼儿嘟嘟在语言表达方面的问题，限制了听障幼儿嘟嘟与个案小组中的其他幼儿进行合作学习。具体来说，听障幼儿嘟嘟缺乏语言表达的主动性、准确性、逻辑性。听障幼儿嘟嘟"关注小组中同伴的发言，但却极少参与"，表明听障幼儿嘟嘟具备参与合作活动的意愿，但缺少参与合作讨论的主动性。同时，听障幼儿嘟嘟在少有的参与讨论的过程中，表现出"语言不准确""语序混乱"等问题，表明听障幼儿嘟嘟在语言表达的准确性、逻辑性上存在问题。其次，个案小组内的其他普通幼儿缺乏对听障幼儿嘟嘟的关注。当听障幼儿嘟嘟在使用语言进行表达时出现主动性、准确性、逻辑性等方面的问题时，同组其他普通幼儿却打断了听障幼儿嘟嘟的表达，使得听障幼儿嘟嘟失去了参与讨论、合作学习的机会。

3. 支持策略

通过集体教研活动，教师就听障幼儿嘟嘟在小组讨论环节中表现出的合作行为较少的问题，以及对问题的原因分析，制定相应的干预策略，并着手进行开展行动，进行干预。

（1）关注听障幼儿嘟嘟语言表达的主动性、准确性、逻辑性

听障幼儿嘟嘟在小组讨论环节所表现出的多种语言表达的问题是生成性的，是具体而零散的，无法依靠个别指导活动有针对性、高效率的解决。承担集体教学活动的教师，需要对当下出现的问题进行即时解决，给予听障幼儿嘟嘟以正确的反馈。因此，在之后的集体活动开展过程中，教师密切关注个案小组的合作讨论情况，鼓励听障幼儿嘟嘟在讨论中表达自己的想法；在听障幼儿嘟嘟出现表达不清的问题时，对听障幼儿予以纠正，要求听障幼儿即时重复正确的语言；在听障幼儿出现语序混乱时，借助提问的方式，帮助听障幼儿理清逻辑，有条理地完成自己的表达。

（2）鼓励同组其他幼儿关注并支持听障幼儿嘟嘟的语言表达

个案小组的普通幼儿的行为也对听障幼儿嘟嘟的语言表达有重要影响。因此，教师也可以从同组的普通幼儿入手，鼓励普通幼儿关注并支持听障幼儿嘟嘟的语言表达，为听障幼儿嘟嘟的语言表达创设良好的氛围与情境。具体策略为：提示普通幼儿"每一位小朋友都要发言"，引导普通幼儿主动提醒听障幼儿嘟嘟积极表达；在听障幼儿嘟嘟出现用语不清、含糊错误时，鼓励普通幼儿对听障幼儿进行正确示范；在听障幼儿嘟嘟出现表达混乱时，引导普通幼儿耐心等待听障幼儿表达完整，并合理猜测听障幼儿嘟嘟想要表达的语意。

（三）第三阶段：支持幼儿自主解决矛盾

1. 个案观察

在数学活动"会魔法的哈哈阿姨"的设计与实施中，教师在设计教学环节时设置了"小组共同使用图形拼一座城堡保护哈哈阿姨"。在实施教学活动时，教师发现个案小组内的幼儿因为分工发生矛盾，听障幼儿嘟嘟说："我（先）拿的"。普通幼儿东东说："他（听障幼儿嘟嘟）想把三角形放下面，三角形要放上面做屋顶，他（听障幼儿嘟嘟）不对。"其他两名普通幼儿果果、圆圆并不关注听障幼儿嘟嘟与普通幼儿东东的争执，只顾着将手里的图形按照自己意愿拼建城堡。听障幼儿嘟嘟看到自己想要贴三角形的那一块区域被普通幼儿果果用一个正方形贴上了，马上拽住教师，生气地指着普通幼儿果果一直说："他！他！他！"这一次的合作任务被个案小组内幼儿的矛盾与争执打断，没能按计划完成。

2. 场景分析

在以上的场景中，通过"关注听障幼儿嘟嘟语言表达的主动性、准确性、逻辑性"，以及"鼓励同组其他幼儿关注并支持听障幼儿嘟嘟的语言表达"等具体策略，听障幼儿嘟嘟能够较好地参与到小组的合作活动中。然而，个案小组的幼儿在合作过程中的矛盾与争执阻碍了合作活动继续开展。通过反思，教师将原因总结为：个案小组内幼儿缺少解决矛盾的策略与语言。"合作"关联着个案小组内全部幼儿的思考与行为，幼儿之间存在个体差异，使得合作学习必然会出现诸多矛盾。矛盾的出现一方面阻碍了合作活动的进展，一方面也可以成为推动合作学习深入发展的契机。场景中个案小组内全体幼儿缺乏自主解决矛盾的策略与语言，使得"矛盾"无法转变为"契机"，导致小组内的合作学习止步不前。

3. 支持策略

教师在集体教研活动中，通过呈现出个案小组在合作学习过程中出现的矛盾与争执，以及对相关问题的原因分析，制定出相应的干预策略，并在之后的集体教学活动中积极应用。

（1）为个案小组内的幼儿提供矛盾解决策略

矛盾产生的原因千变万化，然而解决矛盾的策略却有迹可循。在幼儿园教师的共同努力下，本研究整理了常见的幼儿同伴协商的策略，主要包含三种类型：调整自我意愿，即希望通过调整自身的意愿，使得双方意见趋于一致；改变他人意愿，即试图通过改变他人的需要来达成自己的目的；融合双方意愿，即试图以兼顾双方利益为基础，协调观点和物品。[1]每种类型所包含的协商策略见下表。在接下来的集体教学活动中，教师可以根据个案小组幼儿在合作学习过程中发生矛盾的具体原因，为小组内幼儿提供同伴协商的策略，引导幼儿使用策略解决矛盾，进而推动合作的继续进行。

表 5-6　幼儿同伴协商策略

协商策略类型	协商策略
调整自我意愿	延迟满足、做出补偿、求助他人
改变他人意愿	解释说明、询问请求
融合双方意愿	求新选择、分享交换、轮流等待

（2）为个案小组内的幼儿使用策略提供示范

考虑到个案小组内的听障幼儿嘟嘟在语言表达方面存在一定困难，并且同组内的其他幼儿在开始阶段无法熟练掌握并使用协商策略，因此教师需要依据现实情况，为个案小组内的幼儿使用策略提供必要的语言示范，鼓励幼儿重复教师提供的语言示范进行协商。每种协商策略的语言示范内容见下表。

表 5-7　幼儿同伴协商策略语示范内容

协商策略类型	协商策略	语言示范
调整自我意愿	延迟满足	如果我……，你能不能……
	做出补偿	如果你……，那我会……
	求助他人	你可以帮帮我吗？

---

[1] 唐梦莹. 大班幼儿同伴协商行为研究［D］. 武汉：华中师范大学，2019.

（续表）

协商策略类型	协商策略	语言示范
改变他人意愿	解释说明	我想……，因为……
	询问请求	我想……可以吗？
融合双方意愿	求新选择	我们一起重新……
	分享交换	我们可以换一下吗？
	轮流等待	这一回……下一回……

三、案例效果与反思

（一）效果分析

经过一个学期的对个案小组合作学习的指导，组内的幼儿基本能够在集体教学活动的合作学习环节充分交流、积极协商、目标一致、共同承担相关任务与活动。组内幼儿在合作学习的过程中，逐渐萌发出合作意识，并具备一定的合作能力。

（二）案例反思

对个案小组幼儿合作学习的具体指导，是反向融合教育实践的重要组成部分，由此引发了教师的几点思考：

1. 合作学习是发展良好同伴关系的重要途径

为提升个案小组幼儿的交往互动，进一步促进组内幼儿合作学习的发展，本研究立足教育实践，从观察中发现问题、分析原因，进而有针对性对个案进行回应与支持，最终促使个案小组内全体幼儿的合作学习取得良好成效。在此过程中，小组中幼儿之间的交往逐渐深入，沟通有效性获得提升，互相之间的接纳程度有所提高，同伴关系得到良好的发展。

2. 合作学习有助于提升班级融合教育的质量

班级中听障幼儿与普通幼儿的交往互动、教师在教学活动中对听障幼儿与普通幼儿的有针对性的关注与支持，都关系到班级融合教育的质量。本研究以将听障幼儿与普通幼儿组成的小组作为个案，以班级的集体教学活动为基本情境，深入探索提升个案合作学习水平的具体策略，在取得良好成效的同时，进一步促进了个案小组内听障幼儿与普通幼儿的同伴交往，发展了教师面对异质性较大的教学对象时，设计、组织、实施教学活动的能力，提升了整个班级融合教育的质量。

体育活动加深同伴合作

◇ 赵一晗

幼儿阶段正处在人体形态、机能的最初生长发育阶段，为使他们更健康地生长发育，并为未来的学习与发展奠定良好基础，不仅需要为他们提供良好的饮食和卫生保健，还需要积极地开展以身体锻炼为手段的各种体育活动。"用幼儿感兴趣的方式发展基本动作，培养幼儿良好的意志品质、个性品质，使他们在快乐的童年生活中获得有益于身心发展的经验"，这也是教育部颁布的《幼儿园教育指导纲要（试行）》中所提倡的理念。本案例通过介绍一节体育活动课，探索体育活动除了促进幼儿身心健康成长之外，对于幼儿同伴合作的积极作用。

一、案例背景

（一）个案情况描述

果果，男，听障幼儿，4周岁，借助人工耳蜗可听到一定的声音。

作为听障幼儿，融合在普通幼儿群体中，果果稍显"特殊"，进到教室后表现得有些局促，想要和其他幼儿一起玩玩具，但是不知道如何与他们交流；而班里注意到这名新同学的普通幼儿不知道果果耳朵上的东西是什么，也不知道应该以何种方式邀请果果参加他们游戏中。在果果终于鼓起勇气，主动向同伴发出了游戏邀请后，碍于听障幼儿表达有限，同伴没有当即做出明确的回应，果果以为被拒绝了，邀请以"失败"告终，果果看起来有点失落，自己一人坐在教室的角落里，低着头玩手指。

而入班前，在办公室与老师们交流时的果果又是另一种状态。活泼好动，有较强的分享欲望，虽然口语表达能力有限，但谈起和朋友一起玩游戏时的趣事，借助手势辅助，滔滔不绝。

（二）个案情况分析

对于果果在教室和办公室两种场景下出现的反差，经过观察与分析，可能是以下原因：

初入园，果果需要面对身边多个环境因素的变化：全新而陌生的幼儿园环境、新的老师和同伴、教室里教师一对多的关注远远低于办公室中一对一的关注程度等，与身边同伴的不同，更是会无形中加重内心的紧张、不安。

以往与同龄人交往的方式、经验在这里不适用：在办公室时，因为成年人的认知发展水平较完善，果果运用口语和手势双重方式与教师交谈，教师能做到认真倾听，同时结合自己过往的认知经验，很快明白果果表达的内容并及时做出回应，而正向的反馈也会让果果的表达欲更强烈；但在教室里，鉴于普通幼儿的认知发展水平还停留在皮亚杰所划分的前运算阶段，思维活动相对具体且以自我为中心，只会站在自己的立场和观点去认识事物，不能在较短时间内明白果果的手势，加上果果的口语表达能力相对较弱，所以不能在第一时间明白果果表达的意思，不能及时做出回应，彼此间交流存在障碍，导致果果融入新环境受挫、结交新朋友的速度减缓。

（三）我们的思考

考虑到体育游戏不仅能促进幼儿的生长发育，增强体质，而且对幼儿心理发展也会产生一定的影响，促进幼儿的认知、情感、意志和个性等各方面心理因素的发展。因此，我们在活动中除了注重身体的锻炼价值外，还有意识地把体育与其他相关教育有机结合起来，促进幼儿的身心全面发展。

当前阶段，对果果来说，最重要的是通过体育活动缓解内心压力，尽快融入集体。幼儿对陌生环境不适应，与人交往受阻时，会产生焦虑感，心里感到苦闷、压抑等，不良情绪长期积累则会使人处于低潮状态。而参加体育锻炼可以暂时忘记心中的不快，使不良情绪在锻炼过程中得到放松、发泄，丰富的体育锻炼活动能够填补他的心理缺憾，感到心情舒畅，精神振奋，促使幼儿情绪健康化。

基于以上分析，我们设计了这节体育活动——抛接球。抛接球是篮球运动中的一项基本技术，在实战中，主要用于同队队员之间传递球或抢断对方队员的来球。幼儿在游戏中尝试抛接球的多种玩法，不仅可以锻炼手眼协调能力和反应能力，更能在活动过程中，体验同伴合作的快乐。

二、案例描述

（一）第一阶段：你＋我＝你＋我——陌生的你我他

1. 个案观察

场景一：幼儿自由玩篮球。

活动中观察到作为新生而且是听障幼儿的果果，因为初来乍到，对环境不熟悉，不敢和其他幼儿一起玩，而其他幼儿因为果果听力稍有欠缺，交流存在障碍，也不知道该如何邀请这名新同学，所以果果只能自己一个人在角落里玩球，情绪稍微有些低落。

场景二：在音乐节奏下带领幼儿活动肩膀、头部、胳膊等部位。

鉴于自由玩球时果果的反应，热身环节我特意让果果站在前面和老师一起带操，活动过程中，幼儿们对老师身边的新同学，表现出了极大的好奇心，每一个孩子的眼睛都落在果果身上，跟着果果进行活动。幼儿们的积极反应也给了果果很大的信心和动力，热身活动更认真了，脸上也逐渐露出笑容，挡在孩子们之间的高墙正在逐步瓦解。

2. 场景分析

篮球是幼儿喜欢的运动器械之一，通过自由玩篮球，使幼儿身心得到放松，减轻幼儿对环境的陌生感和抵触情绪，为后续活动的顺利展开做铺垫。

通过跟着音乐节奏热身，一方面，可以避免幼儿在正式活动时身体受到损伤；另一方面，课前与家长交流时，了解到果果平时喜欢运动，熟悉一些热身操的动作流程，教师只需要在音乐开始前给他一个动作提示，便可以跟着音乐节奏正确做出相对应的热身动作。

3. 支持策略

（1）预先科普，为迎接新同学做准备

果果入班前，借助视频、绘本、故事书等，初步向普通幼儿普及听力障碍的一些特征，以及交往的注意事项，如：站在他们身后即使再大声说话，他们可能也听不到；做游戏时不能大力拍他们的肩膀和头；交流时说话要慢，可能还要多重复几遍，所以要有耐心。

（2）提供机会，认识彼此

活动时让果果和老师一起站在前面为同学们做示范，一方面增强果果的自信心，帮助他更快地适应并接纳新环境，另一方面，也可以让其他幼儿认识并初步了解班上的新同学。活动过程中，引导幼儿细心观察，对果果的特殊之处有初步认识，逐步完善普通幼儿对听障幼儿的具体认知。

（二）第二阶段：你＋我≈我们——我想和你做朋友

1. 个案观察

场景一：学习新技能

热身活动结束后，组织幼儿聚到一起，向他们展示篮球的不同玩法，比如：拍球、运球、投篮等。随后让幼儿站到前面向大家介绍自己平时是怎么玩球的，幼儿们一边说一边动，积极向大家介绍自己的玩法，果果因为语言表达有限，则是直接用动作来展示，教师进行辅助说明。

场景二：自主结伴练习

技巧学习完成后，让学生自己结伴练习。这时候我发现虽然经过前期活动的铺垫，果果已经不像刚进教室时那样拘束，但此时他还是落单了，自己一个人拿着球，孤零零地站着，看着有点低落。看到这种情况，我连忙走了过去，问他怎么是一个人，果果回答我，说他很想和同学玩，但不知道怎么和同学们说，也不知道该找谁。了解了情况，我鼓励果果主动出击，不要有太多的顾虑，体育锻炼时大家都是一样的，只是他们说话快一点而已。随后便带着放下思想负担的果果去找玩伴，帮助果果和普通幼儿沟通，顺利找到小伙伴，结伴练习得以顺利进行。

场景三：投篮游戏

练习结束后，组织了一场小小的投篮比赛，教师当裁判，幼儿们在篮筐前排队等候，依次进行，每当有同学顺利投篮时，队伍里的孩子都积极地鼓掌，甚至高兴得都蹦了起来，好像是自己胜利了一样。比赛结束后，果果悄悄地跟我说，他没想到自己这么厉害，一直觉得自己会是最后一名呢。

2. 场景分析

在学习新技能阶段，增加自主展示环节，不仅可以提高幼儿的自信心，锻炼语言表达能力，还可以进一步增强幼儿对彼此的了解，帮助果果更快地融入班集体中，也让其他幼儿更快接纳与自己"不同"的果果。

前期的活动设计侧重于让普通幼儿初步了解并熟悉果果的不同之处，后期则是让果果知道自己与普通幼儿的相同点，甚至与运动能力弱的同学相比，发现自己的长处，慢慢消除自卑情绪，树立起自信心，对自己及普通幼儿的优势和不足形成正确认识。

3. 支持策略

（1）环境支持

为幼儿创设一个喜欢的、自由的、开放的环境，在环境中引导幼儿自主地进行活动，培养幼儿积极主动、活泼开朗的个性，促使幼儿乐意和他人交往，学习相互协商、合作和分享。

（2）抓住机会，搭建桥梁

展示环节结束后，幼儿们对篮球的兴趣愈发浓厚，抓住这个时机，让果果配合教师，为同学们演示正确的抛接球动作，详细说明动作要领。果果多了一份参与感，其他同学也多了一个认识果果的机会。

自主结伴时，鼓励果果勇敢迈出第一步，尝试主动邀请游戏伙伴，教师在这个过程中，起到果果和听障儿童沟通桥梁的作用，减轻沟通障碍。

（3）适当参与，把控全局

活动过程中，持续做好观察，适时地给予帮助。同时，在所有场景中，教师扮演的都是辅助类的角色，不过多地参与到儿童的游戏中去，注重对整个过程的调控与把握，让幼儿在快乐中学习，也是教育教学成功的关键。

（三）第三阶段：你＋我＝我们——果果交到新朋友了

1. 个案观察

放松环节，活动结束部分。

同样是果果和教师一起站在前面演示肌肉放松运动，如：伸展手臂、放松腿部肌肉等，相比较开始时的小心翼翼，现在明显更加活泼了。整理活动用具时，自己的东西收拾好了，便主动去帮助其他同学，甚至都不需要老师再去帮忙沟通，两个小朋友眼神相对，手一指，便知道了对方的意图。最后的交流分享环节，果果更是第一个举手发言。

2. 场景分析

经历了集体游戏、分组游戏，这一阶段，果果几乎已经完全融入普通幼儿当中，之前的紧张、局促已不复存在，取而代之的是结交新朋友的快乐，在交流中对普通幼儿、新班级有了更深入、具体的了解。

3. 支持策略

尊重是前提，交流为根本。尊重幼儿是活动的主体，采用多种方法激发幼儿自主表达的意愿，创设环境鼓励幼儿大胆表达自己的想法、介绍游戏经历，谈谈自己对新同学的认识，重视同伴互助，促使和谐共融、相互接纳支持的良好班级氛围建立。

三、案例效果与反思

（一）效果分析

通过一节体育课，打破了普通幼儿和听障幼儿之间的高墙，让听障幼儿在体育锻炼中快速融入新环境，享受运动带来的快乐的同时，交到好朋友，与朋友一起，合作完成游戏活动，彼此分享成功的喜悦。放学后，老师从果果妈妈那里也得到了积极的反馈，回家后的果果兴奋地向家人介绍自己在学校的见闻，以及与同学们一起玩篮球的经历，普通幼儿的家长则反馈，孩子在家当起了"小老师"，为爸爸妈妈讲解如何更好地与听障朋友交谈。

（二）案例反思

在反向融合教育过程中，最大程度挖掘每一节课的作用，让体育课的意义不仅仅停留在身体得到锻炼，而是从每一个细小环节入手，让幼儿身心协同发展。本案例的反思如下：

第一，借助体育课培养幼儿社会交往能力。听障幼儿的交往能力普遍较差，缺乏主动性和灵活性。通过体育锻炼，可以使他们的交往能力得到一定程度的锻炼，因为在体育锻炼过程中，他们进行不同的身体练习，必然会带来大量的身体接触；同时，不同的体育锻炼内容与生活中的经历往往不谋而合，生活中的琐事经常出现在其中，通过观察普通幼儿面对问题的处理方式，发挥同伴学习的作用，以人之长补己之短，共同发展，共同进步。

第二，借助体育课增强幼儿适应能力。幼儿一直处在被保护阶段，尤其是听障幼儿，与外界沟通较少，生活适应能力较差，经常参加体育锻炼则可以增强幼儿的生活适应能力。在体育锻炼过程中，场上的局势千变万化，需要在短时间内适应，这些都有利于幼儿适应能力的提高。此外，随着他们一起学习、生活，普通幼儿也会更加容易地与不同背景和能力的人沟通和合作，更好地理解和尊重不同的个体和文化，了解到世界的丰富多元。

第三，发挥体育课的隐形价值，促进幼儿心理健康发展，更好地塑造幼儿性格。根据埃里克森的心理社会发展理论，学龄初期（3—5岁）正是主动对内疚的冲突阶段，这一时期如果幼儿表现出的主动行为受到鼓励，幼儿就会形成主动性，为他将来成为一个有责任感、有创造力的人奠定基础。部分幼儿，尤其是听障幼儿，因为听力上存在的局限而自卑，遇事唯唯诺诺，小心翼翼，甚至为了讨好对方而不敢主动表达自己的真实想法，不懂得正当维护自己的权益。通过体育锻炼，在教师的引导下，他们可以重新认识自己。体育锻炼过程中，丰富的活动为幼儿提供了多种可能性，即使在这个项目上不行，但是在另一个项目上或许可以做到得心应手，借此引导幼儿们互相帮助、共克难关，帮助他们看到自己的长处、悦纳自己，进而达到心理上的健康和平衡。

总之，反向融合不是简单地将两类儿童安置到一起，而是通过开展多样的活动，让每一名儿童从中受益，双方共同成长。如何更好地拉近普通幼儿和听障幼的距离，让他们从不同中发现相同，如何让他们在融合过程中更好各展所长、得到成长，是未来工作的重心，需要老师进一步探究学习。

艺术实践触发分享与收获

◇ 姚一帆

一、案例背景

（一）个案情况描述

小童是一名6岁的听障幼儿，就读于石家庄市特殊教育学校附属幼儿园。虽然性格活泼、开朗，但经常为了引起别人的注意而抢风头。遇到困难时她虽会寻求他人帮助，但缺乏独立解决问题的能力。

小童所在班级有12名幼儿，年龄在5—6岁，其中包括10名普通幼儿和2名听障幼儿。由于小童听力受损，父母总以小童为中心宠爱着她。长时间在这种环境下生长，小童变得以自我为中心，认为一切都理所当然。

（二）个案情况分析

小童在与其他幼儿交流时因听力受损需要更多的时间来理解，会比普通幼儿慢一些，从而总是希望通过做不同的事情引起其他幼儿和老师的注意。小童抢风头和自我为中心的不良行为习惯可以反映出小童渴望得到他人认可和关注，希望通过这些行为方式来获得老师和其他幼儿的关注和赞扬。小童进入石家庄市特殊教育学校附属幼儿园后，在老师的引导下小童、老师与其他幼儿的相处越来越和谐。

（三）我们的思考

幼儿园时期，幼儿通常处于自我中心的阶段，他们通常会表现出抢风头和自我为中心的行为，这是幼儿表达自己需求和想法的一种方式。老师可以通过有目的的教育活动和日常生活内容来改掉幼儿的自我中心化的外在表现，培养幼儿自发的分享行为，让幼儿充分体验给予及被给予带来的快乐和满足以及人与人之间的温暖和爱。普通幼儿入园前对特殊幼儿缺乏一些基本的了解和尊重，通过课程使普通幼儿与特殊儿童互动，学会分享和包容、理解和尊重他人的重要性。老师应帮助他们建立更好的关系，并增强彼此的友谊。

二、案例描述

（一）第一阶段：观察与探索，寻找切入点

1. 个案观察

场景一："快乐池塘栽种了梦想就变成海洋，鼓的眼睛大嘴巴同样唱得响亮，借我一双小翅膀就能飞向太阳，我相信奇迹就在身上……"幼儿们在教室里排着队唱着跳着，充满了欢快的歌声。小童拿起雪花片丢到空中，跑来跑去。

场景二：活动课程开始了，老师和几个幼儿玩游戏"跳荷叶"。垫子左右错开摆放到操场上，班级里的幼儿们左右依次跳上垫子。就在此时，小童抽离其中一个垫子扔到了一旁……

2. 场景分析

在课堂上幼儿通过特殊行为来吸引小朋友和老师的注意，让自己在别人眼中更加突出，幼儿会认为这样的行为能够得到更多的关注和反应。幼儿小童缺乏自信心，在课堂中认为自己无法通过正常的方式得到关注和认可，因此采取了破坏规则的行为来引起注意，这种行为是试图提高自己的自信心和自尊心的一种方式。

3. 支持策略

（1）给予足够的关注和认可

关注幼儿的需求和兴趣，给予足够的关注和认可，让幼儿感受到自己的存在和价值。这样，幼儿就不需要通过坏行为来吸引别人的注意。

（2）建立自信心

帮助幼儿提高自信心，让幼儿意识到自己的价值和能力。这可以通过鼓励幼儿尝试新事物、给予正面的反馈和奖励等方式来实现。

（3）引导学习和行为管理

引导幼儿学习和掌握必要的技能和行为准则，帮助幼儿建立良好的行为习惯和自我管理能力。同时，也要给予幼儿适当的支持和帮助，让幼儿能够成功地控制自己的行为。

（4）需要给予足够的关注和引导

通过良好的沟通和合作关系，帮助幼儿建立良好的行为习惯和人际关系。

（二）第二阶段：改善与表达，跟进重倾听

1. 个案观察

场景一：随着春去夏至，我们的小小季节角也要赋予新的内容。今天我们的季节角的主题就是：池塘、荷花、小鱼还有小青蛙。刚说完小童拉起我的手走到了绘画桌前，让我看着他曾经的作品。我看到图画本上有着：蓝蓝的天空和小河，河里有一只大大眼睛的小青蛙坐在荷叶上。我反应了过来，原来她想表达上一次我们的"跳荷叶"活动。随后我拿起画笔也画了几只小青蛙剪了下来，贴在了她的小青蛙身旁。我举起了小童的画作，向所有小朋友展示并邀请小朋友们和老师一起画小青蛙。

场景二：制作过程中其他小朋友们不会画小青蛙来寻求老师帮助时，我向小朋友们推荐了小童。"今天由小童带领我们一起来画小青蛙！"小朋友们一窝蜂地围着小童。小童有模有样地带着小朋友们一起制作小青蛙，还专门为听障幼儿用小手指着青蛙的眼睛告诉他要大。小童很好地完成了她的任务，每个小朋友都完成了一只属于自己的小青蛙。

场景三：老师来布置草地、池塘，小朋友们用自己的画笔和剪刀制作了小青蛙。把制作好的作品绑一根皮筋带到头顶上，一屋子的"小青蛙"手拉手，有的跳上了荷叶，有的游入了池塘。作为小小季节角的主人，教师鼓励小童和其他小朋友一起邀请其他班级的同学和老师来做客。

2. 场景分析

艺术课程为小童提供了展示和分享自己创作的机会，创造了幼儿合作的环境，让幼儿学会与他人共同努力和合作共同完成作品，他们学会了倾听他人的意见，学会在集体中找到自己的位置并承担相应的责任。小童通过分享绘画经验和技巧，提高了与其他幼儿的交往能力，并且从社交和合作中获得了成功感。同时小童在艺术课程中为普通幼儿分享绘画的技巧，帮助普通幼儿明白分享的意义和重要性，鼓励普通幼儿自愿分享。老师通过提供积极的榜样，鼓励普通幼儿与特殊幼儿一起玩耍和学习、懂得分享。

3. 支持策略

（1）鼓励参与社交互动

鼓励听障幼儿参与和其他幼儿的互动，可以通过语言或使用图标等方式进行沟通。这样可以帮助他们建立社交关系，增加社交技能，提高自信心。

（2）强调个人的优势和技能

尽量引导听障幼儿关注并发展他们的个人优势和技能。他们在某个特定游戏中表现出色，也使他们拥有其他特殊才能。通过强调这些优势和技能，可以增强他们对自己的自信心。

（3）提供适当的支持和鼓励

对于听障幼儿，提供适当的支持和鼓励非常关键。这可以包括提供一对一的指导、解释游戏规则或技巧，或者是赞扬他们的努力和进步。这样可以帮助他们感受到他们的价值和能力，从而增加自信心。对于普通幼儿，在尝试分享的过程中对他们进行鼓励，他们可以从中学习到更多关于友谊、理解和包容的重要性。

（4）创造友好和包容的游戏环境

确保游戏环境友好和包容，促进听障幼儿的参与和交流。可以鼓励普通幼儿学习一些基本的手语或使用简单的表情符号来与听障幼儿进行交流。这样可以为听障幼儿提供一个支持和接纳的游戏环境，有助于建立自信心。

（三）第三阶段：社交与活动，建立自信心

1. 个案观察

场景一：元旦联欢会上，幼儿园全体小朋友参加节目《小跳蛙》，穿着绿色的青蛙服装，顶着大大圆圆眼睛的小帽子，一个个都是蹦蹦跳跳的小青蛙！一次次地排练，小童专注的小眼神努力学着老师的动作，她不仅仅可以完成动作，还可以主动帮助老师扶着其他小朋友纠正动作。

图5-1　节目《小跳蛙》表演

2. 场景分析

经过老师的课堂陪伴和指引，老师与小童一起玩耍、指导和鼓励他们发展运动技能或团队合作。幼儿在艺术或其他创造性领域小有成就时，老师应引导幼儿分享创意、提供技巧指导或鼓励一起尝试新的艺术形式。至今当其他幼儿在学习时遇到困难或需要帮助时，小童可以主动提供帮助，分享学习资源或与他们一起进行学习。

3. 支持策略

（1）实施个性化教学

了解每个幼儿的个体差异和学习风格，根据他们的需求和兴趣提供个性化的教学方法和资源。尽量根据他们的能力和兴趣量身定制学习计划，帮助他们更好地理解和掌握知识。

（2）利用游戏和美术

通过游戏和美术等趣味的活动，激发幼儿的学习兴趣和注意力。这样的活动可以帮助幼儿通过互动和身体参与来掌握新的概念和技能。

（3）督促和引导

在幼儿完成任务时提供正确的引导和指导。确保幼儿理解并按照正确的步骤进行学习和活动，同时避免对他们过度干预，给予他们适当的独立性和自主性。

三、案例效果与反思

小童的行为往往能够突出自己，而忽视了其他幼儿的感受和需要。这种行为可以获得一时的满足，但长期来看，却能导致失去朋友和伙伴。性格活泼、开朗的幼儿，表面看上去容易与其他小朋友相处，对新鲜事物有着强烈的探索欲望，喜欢参加各种活动，也经常得到成人的肯定甚至赞赏。但是，他们在活动中总是出现意想不到的行为寻求关注，这样"开朗"幼儿的内心却是敏感、懦弱不自信的。因此，我们千万不能忽视这些活泼幼儿，应及早察觉，并通过有效的教育影响，帮助幼儿克服不自信的心理障碍，树立自信心，形成健康、积极的个性品质。

在融合教育中，有时会出现一些抢风头和以自我为中心的行为，这样的行为会表现为过度表现自己，以吸引他人的注意力。这会打扰到其他幼儿，并造成课堂秩序的混乱。在融合教育中首先要注重增强幼儿的自我控制能力，通过培养幼儿的自我意识和自我管理能力，帮助幼儿更好地控制自己的行为，并减少抢风头和以自我为中心的行为。其次营造良好的课堂氛围，老师可以营造一个积极、开放和包容的课堂氛围，帮助幼儿更好地适应融合教育环境，并减少以自我为中心的行为。

律动节拍深化合作交流

◇ 朱雨彤

在日常的融合活动中，律动是教师经常开展的活动，简单的节奏、节拍搭配肢体动作，能够很好地帮助幼儿感知身体，融入活动当中，对于培养幼儿对身体的认知、情绪的稳定、美育的提升都有着重要的作用。但对于听障幼儿，对律动的感受性方面弱于普通幼儿，并且在双人搭配方面更是不足，针对此问题，石家庄市特殊教育学校校附属幼儿园开展了一系列综合的律动活动，帮助特殊幼儿和普通幼儿通过律动提升合作意识，在幼儿运动活动开展的过程中，教师为了培养幼儿的合作意识，可以引导幼儿找到固定的合作伙伴，共同进行律动练习。通过合作的形式可以提高特殊幼儿的合作精神，建立起与他人分享的好习惯。在合作活动的过程中，伙伴之间相互沟通交流，还能提高听障幼儿的交流意识和沟通技巧，帮助特殊幼儿更好地学会聆听，养成聆听的习惯。

一、案例背景

（一）个案情况描述

天天，男，听障幼儿，5岁1个月，双耳佩戴助听器，目前处于共融阶段。天天是典型的胆汁质气质类型，比较急躁，精力很旺盛，情绪发生迅速，会伴有一定的肢体冲突。由于父母工作较忙，导致天天的教育缺乏，没有一定的规则意识，行为以自我为中心，班内一起玩的小朋友很少。

天天在幼儿园5—6岁阶段，共有16名幼儿，其中包括15名普通幼儿和一名听障幼儿（天天）。在班内普通幼儿有时会想和天天一起玩耍，但是天天经常会发生抢玩具、争夺位置的情况，导致普通幼儿不敢亲近。

（二）律动情况分析

在幼儿园的音乐教学活动中，我们很容易就能发现：当幼儿演唱或进行简单的打击乐表演时，有时节奏看似统一但它们无力从内心去很好地跟随伴奏的韵律，更不用说细致地去体验表现乐句中的呼吸、音乐所要表达的某种情感。而且更多一线的幼儿园教师也只是停留在使幼儿对一首歌曲有大略把握而非精确表达的层面。他们放过了一些细节，忽略了对幼儿在情感流露与幼儿行为表现方面的融合性引导。而对于特殊幼儿，更多教师认为律动并不重要，对律动的重要性认知不到位，我认为是对于音乐的认知缺陷，是教师本身对音乐感知能力的缺陷。这带来的结果就是我们现在的音乐教学活动通常都不会去考虑音乐欣赏或是音乐演奏是不是首先感动了聆听它的人。也没有用心考虑过如何用简单的律动带动特殊幼儿和普通幼儿一起进行活动。

其实这种感动如果能沁入人心则将会转化为幼儿的一种主观意识。就像许多专业的演奏者或者舞者，在表演新作品时，她们会首先聆听感受前人对这一作品的诠释。这对于幼儿美育的提升有不可替代的作用，对于普通幼儿和听障幼儿合作分享更有着重要的意义。能够主动聆听和思考，被音乐本身感动才是先决条件，而表演的目的只是为了形成所谓表达的意义，产生更高层次的音乐感知能力，而不是将这种感知视为技巧纯熟的副产品。

（三）我们的思考

第一，班内普通幼儿对于听障幼儿天天不敢亲近，主要是由于双方沟通不畅以及天天的抗拒情绪，所以教师在其中就起到了非常重要的桥梁作用，需要在适时的情况下帮助普通幼儿和听障幼儿天天来进行沟通。

第二，律动的选择上应该更加符合幼儿年龄特点，教师自身应先能够理解好律动歌曲的意义，通过不同方式帮助听障幼儿天天融入班级活动中，从而更好地提升整个班级的聆听感受能力。

二、案例描述

（一）第一阶段：律动初步感知

1.个案观察

场景一：班级律动《红绿灯》，幼儿在进行律动围圈时，天天因前面的幼儿行动较慢而非常生气，想直接拨开前面的小朋友冲到教师面前，其他幼儿则一直跟教师告状。

场景二：在进行小组结伴过绿灯时，没有小朋友主动选择天天，而天天也不以为然，对于教师讲解的规则不了解，想直接进行其他活动。

2.场景分析

天天不适应集体的生活、同伴意识不强、以自我为中心、不主动聆听的这些行为跟家庭的教养方式以及自身的气质类型等都有很大的关系。而天天暴躁的行为表现使普通幼儿不敢主动接近。因此，教师一方面帮助天天理解律动游戏规则，吸引天天参与到游戏中；另一方面帮助天天找到愿意和他一起进行活动的幼儿，促进其社会同伴交往能力。

3.支持策略

（1）听障幼儿的个别化教育支持

①集中的个别化训练。在4—5岁幼儿阶段抓紧对航航进行语言康复训练的同时，跟个训教师协商沟通制定天天的基本沟通行为训练计划：眼神注视、轮替等待和基本的礼貌用语，并且在活动中单独再为天天讲解一遍游戏规则，时刻提醒天天注意遵守规则。

②日常化的集体性训练。在日常的保育活动中，帮助天天养成排队、等待、主动询问的习惯。

（2）全体幼儿与听障幼儿的律动合作教学

在幼儿运动活动开展的过程中，教师为了培养幼儿的合作意识，可以引导普通幼儿分别和听障幼儿天天成为合作伙伴，共同进行律动练习。通过和合作的形式可以提高幼儿的合作精神，建立起与他人分享的好习惯。在合作活动的过程中，伙伴之间相互沟通交流，还能提高幼儿的交流意识和沟通技巧。在开展律动活动"圈圈"时，教师可以开展角色扮演的方法，先由教师扮演其中一个角色，音乐响起时，教师找到听障幼儿天天进行合作律动，当音乐进行到某一处时，再让普通幼儿分别和天天进行合作律动。在反复练习之后，普通幼儿和听障幼儿会建立一种合作意识，并且在音乐响起的时候下意识地去找到合作伙伴，进行律动活动。　不仅可以提高幼儿的音乐节奏意识，还能在活动中培养普通幼儿与特殊幼儿的合作分享意识。

（二）第二阶段：在游戏中建立节奏感

1. 个案观察

场景一：音乐游戏"do re mi"中，对于击打身体节奏，天天明显反应不过来，如果跟上了，也是乱拍身体，不能跟着教师完整打完节奏。

场景二：经过一段时间的训练后，天天能够完成基本的社会性行为，也逐渐能够控制自己的情绪，但是对于与其他小朋友合作完成还是不够，配合不能延续到活动结束。

2. 场景分析

因为听力问题，天天对于教师提供的音乐不能很好地把握住节奏，没有办法听出重拍，所以对于身体击打也只能用眼睛完成。其次，整个活动没有能够完全吸引住天天，让他在后期依旧不能完成整个活动。

3. 支持策略

（1）听障幼儿的个别化教育支持

针对天天的个性特点继续对天天进行个别化教育支持，包括：集中的个别化教育训练和日常化集体性训练。针对天天的节奏感不强，首先我们要充分利用一切教具，例如：非洲鼓、节奏棒等。通过教师击打乐器，感受重拍和轻音的不同。其次，教师可以通过拍手来帮助幼儿感受拍手的力道来分辨重拍和轻音。

（2）通过游戏化活动促进全体幼儿对节奏的感知

教师在培养幼儿音乐节奏感时，要高度重视节奏与歌曲二者的密切融合，这样既能帮助幼儿更好地学唱歌曲，又能深化幼儿对乐感的体验与理解。加入游戏之后，幼儿对于整个律动的兴趣更高，更容易配合教师。

其中，歌曲和节奏相融合的方式如下：在学习《小鱼》这首乐曲时，引导幼儿根据音乐的节拍、节奏和速度等念出歌词，从而帮助幼儿更好地掌握音乐节拍、节奏等。与此同时，让普通幼儿扮演小鱼，在活动室中自由地游动，听着轻快的音乐，一边歌唱一边灵活、自由地游动。当听到重拍的节奏时，教师和特殊幼儿扮演鲨鱼，普通幼儿扮演的小鱼都要躲起来。感受歌曲所创设的意境，在乐曲伴奏之下鼓励幼儿发挥自身的想象力与创造力，并且体会各类节奏，由此实现对幼儿倾听、控制能力以及个性的培养。

此外还应借助生活中常见的乐器来训练节奏。比如，注重打击乐器的运用，在幼儿听完一首曲子之后，引导幼儿一边敲打，一边唱歌，并配合伴奏，深化幼儿对节奏美的感受。借助这种小乐曲的有效使用，既可以让幼儿感受各类乐器不同敲打方法所产生的音响效果，而且在这个过程之中不仅可以实现对幼儿节奏感的培养，还可以促进幼儿的音乐素养的提升。

（3）家园共育

①听障幼儿家长方面。教师可以和家长通过沟通来将幼儿园的律动带回家，在晚上的休息时间可以和幼儿一起玩律动游戏，一方面可以促进亲子关系，另一方面也可以提高幼儿的节奏感和聆听能力。

②普通幼儿家长方面。通过家校沟通微信平台或是个别家长沟通，告知幼儿在园所学以及需要家长配合的内容。

（三）第三阶段：充分发挥音乐表现力

1.个案观察

天天现在在律动活动中融入得越来越好了，对于熟悉的歌曲也能够基本完成下来，但是对于音乐的表达还是有待加强，现在普通幼儿也愿意邀请天天一起完成活动，他很想融入，但有时还是会有冲突存在。

2. 场景分析

天天现在对于班级集体活动，已经开始有意识地融入和完成了，但是对于不熟悉的歌曲还是不能很快地融入进来，和普通幼儿相比，不太敢表达自己。在集体活动中他虽然已经有合作意识，但还是不够。根据以上问题，教师准备要调动幼儿对音乐律动的参与兴趣，为幼儿创设相应的教学情景，提高活动的趣味性。

3. 支持策略

（1）听障幼儿的个别化教育支持

针对天天的个性特点继续对他进行个别化教育支持，教授他更多的沟通社交技能以及集体教学之前的一些先备知识，以便他能够在集体活动时更加自信、专注。通过一些贴画的奖励来帮助天天稳定情绪，提高参与度。

（2）全体幼儿互相接纳的律动教学

律动活动是让肢体运动和音乐有效地结合起来，通过肢体来带动学生的热情让学生对音乐充满兴趣。在开展律动活动之前，教师可以先了解幼儿的兴趣爱好，再根据这些因素构建科学合理的趣味情景，帮助幼儿快速地融入到音乐的氛围中，自觉参与到律动活动中，提高节奏意识，感受音乐的节奏与节拍。

例如教师可以以儿歌"小小蝴蝶"为背景开展趣味律动活动。为了提高幼儿的参与积极性，教师可以利用多媒体先播放一段动画视频让幼儿对律动有一定的认识。这是一首二拍的歌曲，教师可以帮助幼儿扮演成小蝴蝶，所有小朋友围成圈，第一拍起飞，第二拍降落，帮助幼儿一边感受节奏一边感受音乐特点。为了让整个律动活动的趣味性增加，教师还可以播放这首歌曲的相关音乐剧视频，瞬间点燃幼儿对这首歌的喜爱情绪，激发幼儿的好奇心和参与感。

在引导和示范的过程中，教师也可以选出节奏最稳定的"小蝴蝶"，增加活动的趣味性，同时鼓励天天主动为大家做示范，提高全体幼儿对音乐以及节奏节拍的认知，增强幼儿的韵律感和合作意识，也提高天天的社会交往能力。

（3）家园共育

①听障幼儿家长方面。鼓励家长多带孩子进行律动活动，多陪孩子一起完

成律动游戏，与班级里其他幼儿家庭互相走动，建立友好关系。

②普通幼儿家长方面。家长同样需要多给孩子陪伴和关爱，同时培养幼儿的包容、合作、共享的意识。

三、案例效果与反思

（一）效果分析

通过一个学期的融合，幼儿们已经逐渐适应了幼儿园生活，对音乐的感知能力也越来越深入了，天天也愿意融入小朋友们共同进行活动。幼儿们的合作意识明显增强。班里有很多家长反映孩子变得更加懂事了。

（二）案例反思

对于幼儿，因为其年龄的特殊性，教师应给予更多的关爱和帮助，作为教师应当站在幼儿的角度来看世界，理解他们的弱小，体贴他们的胆怯，帮助他们认识世界、感受世界，引导普通幼儿和听障幼儿合作交流、乐于分享的品质。

在幼儿音乐教学当中，为了增强幼儿的音乐感知能力，教师要大力开展律动活动。从幼儿的心理和年龄出发，不断优化活动形式，让幼儿在律动活动中，全身心投入音乐当中，强化节奏的体验感。同时，将肢体活动融入音乐活动中，可以提高幼儿对音乐的兴趣，深刻体会和感受音乐节奏美。

对于听障儿童，教师要更多地关注和理解，并且帮助他们融入日常生活中，关注到孩子的每个情绪变化，及时地给予回应和鼓励，注重与普通幼儿的合作与分享，达到共同成长的目的。

只有这样，家园共育才能使教育效果最大化，重视家庭教育，帮助家长建立教育意识和观念，及时沟通交流，帮助幼儿更好成长。

每个孩子都是地球上的一颗星星，这颗星星独一无二，或许有时他不够耀眼，但是他依旧努力地闪烁，教师作为发现星星的人，对每个孩子应采取平等的态度和独特的教育方法，努力发掘每个孩子的潜力，帮助幼儿健康快乐地成长。

教师篇 共生——自立、生长

规则意识培养自律自立

◇ 丁丽辉

一、案例背景

幼小衔接顺利与否将关系到幼儿未来的发展，帮助他们在"共生阶段"顺利地度过语言关、规则关尤为重要。"规则意识"的建立和语言表达能力的训练是5—6岁幼儿在共生阶段减小幼小衔接"坡度"的重要研究项目。教师如何在日常生活融入规则意识，如何处理听障幼儿在共生阶段出现的问题是我们研究的重点。

二、个案基本情况

小涵，女孩，6岁，先天性听力障碍，佩戴人工耳蜗，今年在石家庄市特殊教育学校附属幼儿园上"豆豆班"，已经经过了2年的个训、集体生活。但是由于听力受损，社会交往能力还欠缺，与同伴交往方式粗暴，社会常识缺乏，缺乏集体生活的规则意识，适应能力弱于普通幼儿；语言词汇量少，语言不丰富、不完整甚至不准确，影响其与普通幼儿的沟通，因此伙伴范围较为狭窄。加之是独生女、父母的掌中宝，家庭教养方式上多为包办，她在参加集体活动时自我管理能力不足，不愿意自己动手动脑，缺乏规则意识。

三、案例描述

（一）场景一：绘本书被撕坏了

1. 个案观察

幼儿园在世界读书日前，刚买来一批好看的绘本。课间加餐后，幼儿们坐到阅读区看绘本，很快"嘶啦"一声传来，紧接着便有幼儿大喊"老师——"，小张老师朝着阅读区望去，只见听障幼儿小涵和普通幼儿小明手里各拿着半本书抱在胸前，都毫不示弱怒视着对方。看着此情此景，教师迅速地放下收拾餐余垃圾的工作，赶紧三步并作两步地跑过去，但又立马理智战胜了冲动，先等一等看看两个幼儿的反应如何。就见小涵怒气腾腾地说："这是我先拿到的书，你凭什么抢？"小明也不甘示弱地说："我刚才和你说了，让我也看看这本书。"小涵听了，缓和了许多："你怎么就不能大声点说，我都没有听到。"小明听后，也感觉怪不好意思的，心想：是啊，小涵戴着耳蜗，但听话能力还是弱些，估计没听到。想到这里，他小声地问："我们俩把书撕坏了，怎么办呢？"两人都很惊慌害怕地低下了头。想了一会儿，小明说："我们去老师那里借个透明胶粘一下吧。"小涵抬起头来，觉得这也是个不错的好主意。他俩不约而同地朝老师看过来，观察老师的神情，看到老师也正看着他们，他们不好意思地慢腾腾地挪过来，试探着说："老师，老师，我们不小心把这个绘本书撕坏了，怎么办？"老师沉声问："你们说吧？"小涵轻声地问："老师，您有胶带吗？"小明也赶忙说："老师，能借借您的透明胶用用吗？我们去把书粘上。"老师会心地笑了："有啊，你们俩想出来的主意还不错，给你们吧。还要记着，咱们的图书角是有规则的，当小朋友正在看一本书时，自己也喜欢的话，怎么办呢？"随着老师的引导，他们俩异口同声地说："都喜欢一本书时，要排队等待。""对啦，真棒！咱们的图书角是有规则的，所有图书大家轮流看，一个一个轮着来！"老师边说边笑着拿出了透明胶和手工剪。俩人如释重负，扬起了开心的笑脸，坐在一起粘起书来，一个扯胶带，一个持剪刀，一个粘，一个剪，其乐融融。

2. 场景分析

在豆豆班这个小集体中，幼儿之间发生冲突是不可避免的。看到这种情境，教师往往会从潜意识中觉得听障幼儿是弱者，同理心驱使下低估听障幼儿解决冲突的能力，过早地或不合时宜地盲目介入、过度保护或代替他们去处理，会剥夺听障幼儿自己独立解决冲突的机会。

在这个案例中，当听障幼儿与普通幼儿出现明显的冲突时，教师并没有马上介入，而是静下来稳住心神，等一等，看一看，关注着事情的进一步发展。在这个案例中我们发现，在没有成人的情况下，幼儿们的协商、妥协、和解策略的运用频率明显高于成人介入时的情况，他们会用自己的方式独立解决冲突。在之后的谈话中，幼儿们也意识到自己行为的错误，想到了解决问题的方法，并准备对自己错误行为进行补救，明白了遵守规则在与人交往和参与活动中的重要性。[①]而在之后的补救过程中，两个发生冲突的幼儿，再次建立了同伴间的友好关系。幼儿主动学习规则，将意识内化到自己的行为中，逐步养成良好的规则行为。在同伴间互相交流中，小涵的语言能力也得到了运用和发展。

3. 支持策略

（1）等一等，当好"旁观者"

对幼儿的教育需要我们耐心，每个幼儿的发展有早有晚，反应有快有慢。听障幼儿由于自身障碍，某些方面的发展可能会比普通幼儿晚一些，反应慢一点。这时候教师适当的等一等，记录好孩子的情况，有时候会有意想不到的惊喜。

（2）给幼儿独立面对和解决冲突的机会

现代社会独生子女很多，家人对于他们的过度关注、过度溺爱，很容易造成孩子社会适应能力的减弱，影响孩子一些技能的获得。听障幼儿由于听力受限，生活经验缺乏，家人照顾更为细致，孩子独立面对、解决冲突的机会更少。在我们的幼儿园里，特教老师给予了孩子更多的独立面对、解决冲突的机会，让孩子在自在中自由发展，获得能力。

---

① 张月芬. 做学生成才道路上的引路人——《3—6岁儿童学习与发展指南》引领下幼儿教师作用的教育案例 [J]. 成才之路，2014（11）：56.

（3）在区角活动中建立规则意识

在普特融合幼儿园，普通幼儿的规则意识要比听障幼儿的规则意识要强，在活动中我们需要对听障幼儿进行规则意识的强化，使之更好地融入集体。

（二）场景二：鞋子终于穿对了

1. 个案观察

这一天，豆豆班的幼儿们的午休时间到了，刚刚美餐一顿的小涵随意脱下花鞋子，就跑到了小床上准备午休。老师注意到了她，观察着并在自己的"轶事记事本"上记录着："小涵很兴奋，鞋子一甩跑到了床底下，没守规则，鞋子脱后应放于自己的床前摆放整齐。"她等着一会儿看看小涵怎么办，一边记着一边盘算着对策。

这时老师想起自己和同样在幼儿园上学的女儿也都有一双差不多颜色的鞋子，于是老师把它们都带过来，混在了小涵的鞋子中间。

果不然，待起床后，小涵发现自己脱下来的花鞋子莫名其妙的不见了。"不是明明就脱在小床边了，怎么就不见了呢？"她一边狐疑的小声嘀咕着，一边跪着趴在地上一瞧，"咦，床下怎么好几双花鞋子？它们怎么就像自己长了脚一样不知怎么跑到了床底下去了呢？到底哪个是我的？""怎样才能拿到我的花鞋子呢？"小涵又嘀咕着重新跪在地板上，小手可劲地往床底下伸去，够了一会儿，但小胳膊还是太短了够不着，于是她将身体贴近床边，可还是没有够到。在一边观察良久的老师看到这情形就温和地提醒她："小涵，你想想看，能不能用个啥东西把鞋子弄出来呢？"小涵向休息区四周环视了一圈，也没有看到可以借用的东西。老师见她有点着急不知所措的样子，说道："到别的地方瞧瞧看呢？"恍然大悟的小涵立刻跑到离自己最近的"益智区"找来一根长长的绳子，趴下一试，奈何绳子是软软的，根本无法够鞋子。此时的她很明显有些不耐烦，趴着试图把自己圆圆的小脑袋伸进去，可是无奈脑壳太大了根本进不去。小涵一屁股坐在自己的小床上，皱着小眉头眼泪汪汪地有些懊恼。老师赶紧过去半蹲着鼓励她："小涵，你再想想看，还能请个什么东西来帮忙呢？再试一试，说不定就成功了呢！"又拍拍她稚嫩的小肩膀接着道："相信自己，你能行！"在老师的启发下，受到鼓舞的她又跑到益智区找了一圈，找到了一个塑料金箍棒出来，还非常开心地朝老师炫耀了一把说："老师，我有办法了，看我的！"她又一次趴在地上把金箍棒伸向小床底下，慢慢地一下一下把鞋子拖了出来，终于拿出了三双鞋子。可哪个鞋子是她的呢？她愁眉苦脸。老师说："你看看你的脚，再看看鞋子。"她想了一会儿自己试了试，把老师的鞋子剔除了。可是剩下四只怎么分辨呢？她观察了好久，这是老师提示她想一想自己的鞋子有什么特殊的地方吗？"对了，妈妈给我的鞋子贴过贴纸，妈妈说如果遇到一样的鞋子，就看看妈妈给贴的贴纸就找到了。"于是长出一口气的她如释重负般迫不及待地把鞋穿在自己的小脚上。一直站在一旁观察的老师给了她两个大大的赞，又摸摸她的小脑袋，说："孩子，你用自己的智慧解决了生活中遇到的难题，你真棒！以后遇到困难也要相信自己，你是可以的！再有，每次自己的物品要按规则脱放摆整齐，它们也有自己的家，也有自己睡觉的地方。"小涵点点头说："老师，我知道了！谢谢您！"老师此时也会心地笑了，说道："老师给你安排个小任务好不好？以后啊，你来当咱们班的监督员，每天睡觉前你来监督小朋友们的小衣服、小鞋子是不是都按规则放好了，行吗？"小涵开心地说道："好啊老师！保证完成任务！"她还举起小手敬起了军礼来。

2. 场景分析

在幼儿园生活中，当幼儿面对生活中的困难而茫然时或是运用某种方法无法解决时，教师要适时给予幼儿情感上的支持，鼓励他们换一种方法解决问题，或是给他们一些提示。

这个案例给幼儿园教师的"教"赋予了新的内涵，教师的密切关注、适时提示、耐心期待和热情鼓励对听障幼儿来说都起到了催化剂的作用。①当他们通过自己百般努力取得成功时，教师要绝不吝啬自己的语言给予听障幼儿积极肯定，因为任何成功都是在克服困难的基础上取得的。相信教师的表扬与赞许会让听障幼儿体验到成功的喜悦，树立自信心，增强其成功感和自豪感，使他们相信自己能做很多的事，自己应该做很多事并且能做好很多的事。②

在我们身边，无论特殊幼儿还是听障幼儿的父母，独生子女是父母眼中的"小王子""小公主"，大人们总觉得孩子还小，很多事情自己做不到，不敢让他们自己去尝试。这其实并不利于幼儿的成长。所以，我们在幼儿的保教中要家校共育，一定要让他们明白生活中处处存在规则，并遵守规则。当幼儿对规则有了初步的认识后，还需要在之后的活动中持续下去，让规则成为一种习惯。让幼儿之间互相监督，使规则意识深入人心，做规则的主人！

3.支持策略

（1）慢慢来，再试一试，你能行

等待一朵花开的过程是漫长的，教师要相信幼儿的能力，给予幼儿更多的鼓励和更多的试错机会，在不断的试错中成长起来。这样能更好地帮助听障幼儿建立信心、培养独立解决问题的能力。

（2）在幼儿遇到困难时教师适时提供必要的帮助

听障幼儿在独立解决问题时会遇到比普通幼儿更多的困难，这时候就需要我们的特教教师及时给予必要的指导，避免打击他们解决困难的积极性。

（3）在一日生活中融入规则意识的养成

学过即忘是很多听障孩子的特点。幼儿期是萌生规则意识和形成初步规则的重要时期。在这个时期我们要在每日生活中融入规则意识，并不断强化。

---

① 张月芬.做学生成才道路上的引路人——《3—6岁儿童学习与发展指南》引领下幼儿教师作用的教育案例［J］.成才之路，2014（11）：56.
② 金芝琼.从教师主导到儿童本位，玩转角色游戏——以角色游戏为主，探索养成大班幼儿遵守规则的策略［J］.科学咨询（教育科研），2023（1）：250-253.

（三）场景三：今天我来当妈妈

1. 个案观察

今天是豆豆班每周必上的孩子们最喜欢的角色扮演课，老师利用多媒体展示了一个宝宝生病了，妈妈焦急地带着她看病的情景。播放完后，老师巡视着大家问道："接下来，谁愿意当妈妈，谁愿意当宝宝完成看医生的角色扮演呢？"小涵一边快速而自信地高高举起自己的左手，一边说："老师，老师，我来，我来！"这使得老师第一个就注意到了她，她成功扮演了"妈妈"的角色。老师接着说："你选一个小伙伴当你的宝宝吧。"小涵开心地指着自己的好朋友小欢。小欢一直是她在豆豆班的"良师益友"，在三年的同伴交往活动中建立了深厚的友谊。小欢说道："好啊，和你一起玩这个游戏我很高兴，来吧，咱们开始吧！"话音刚落小欢就扮演了一个虚弱的闭着眼睛睡着了的生病的孩子。老师在一旁说："孩子妈妈，看上去你的宝宝好像生病了，快带她去医院看医生吧。"小涵听后立马跑过来抱起"宝宝"，带着"宝宝"辛苦地来到医院里接连完成挂号、排队、看医生。漫长的等待，"妈妈"看上去神色很焦急，不时拿出挂号单看看，又要随时关注"宝宝"的病情，看着自己难受的孩子，她多么希望能快点轮到她啊。小涵对"宝宝"说："孩子，就快轮到咱们了，你再坚持坚持！不能急。"俨然一个急切又慈爱的妈妈。这次，她并没有像以前一样不耐烦地插队。终于轮到"宝宝"看病了，她将"宝宝"放在病床上请医生检查，并焦急地说："医生，快看看我的孩子得了什么病？她都快睡着了，难受得一点力气都没有了！"在医生检查时，她的目光都没有离开过"宝宝"，老师扮演的医生说："孩子没什么大碍，就是受凉感冒了，需要按时吃药后多休息。"说着，"医生"开好了对症治疗的药方递给小涵这个"妈妈"。小涵如释重负般说："谢谢医生！我会照顾她按时吃药的，医生再见！"之后，小涵又拿着医生开的药方，去排队抓药，虽然抓药的队伍也很长，又是漫长的等候，小涵这个"妈妈"带着"宝宝"依然没有插队，角色扮演完成得很出色。游戏结束时，小欢这个"宝宝"感激地对小涵"妈妈"说：

"妈妈，您辛苦了！吃过药我感觉舒服多了！"当老师和小伙伴们向小涵报以热烈的掌声时，她也感到很开心，很自豪！

2. 场景分析

听障幼儿在一次又一次的角色扮演中亲身经历体验各种场景和规则，她虽排长队，很长时间还没轮到自己，为宝宝看不成病感到焦急，但克制住了自己破坏规则插队的欲望。能够先后两次遵守规则就能说明她在面对困难和自我挑战时，规则意识、规则情感和规则概念已逐步形成。

幼儿们在角色扮演中都很积极、快乐地参与游戏、主导游戏，并在关心他人的过程中体会到了游戏本身的快乐。这个角色扮演的游戏让听障幼儿置身于对别人的关心中，感受到给予是快乐的；让"生病"的普通幼儿也置身于别人的关心中，感受到了浓浓的同伴之情。当幼儿感受到被帮助人的感激之情时，他们自己就会体验到自身的价值，同时也提高了自己的规则意识。①

3. 支持策略

（1）缓一缓，坚持坚持，不能急

在不断的学习中，听障幼儿也会学会等待，学会坚持，学会忍耐，能和普通幼儿一起合作完成任务。因此，在日常的教育教学中我们除了给予幼儿爱，交给幼儿必要的方法，给予幼儿必要的指导外，做得最多的就是静待花开。

（2）角色扮演给予幼儿大胆表现自我的机会

著名幼儿教育家陈鹤琴先生说过："孩子的知识是从经验中获得的，而孩子的生活本身就是游戏。"②角色扮演的游戏是孩子认识成人世界的一面镜子。角色扮演能让幼儿学会换位思考，培养幼儿的观察、想象、思维的能力，提高幼儿解决问题的能力。

① 金芝琼. 从教师主导到儿童本位，玩转角色游戏——以角色游戏为主，探索养成大班幼儿遵守规则的策略［J］. 科学咨询（教育科研），2023（1）：250-253.
② 彭馨仪. 教育戏剧让课堂更鲜活——一下《动物儿歌》教学片断［J］. 小学教学设计（语文），2019（7）：35-36.

（3）在关心别人的同时，感受了快乐，并形成稳固而持久的规则信念

在角色扮演中，听障幼儿不仅体验了急、喜等情绪，丰富了情感体验，而且巩固了去医院看病的规则意识。

四、个案效果及反思

在豆豆班，先天失聪的小涵在石家庄市特殊教育学校附属幼儿园这个温暖的反向融合大家庭中每天进行个别化训练、集体干预、家庭干预，在学校提供的"无障碍融合教育环境"里，得到了老师们的真情呵护，小伙伴的共情互助，家长的细心陪伴，她的规则意识越来越强，情绪越来越稳定，遇到困难时能自己想办法解决，家长也更加放心，不再事事为她操心操办。我们在小涵的眼睛里、笑脸中看到了一个正在精彩绽放的童年，那么的独立、自信、开朗、能干。

在小涵的身上我们可以看到，我们的听障幼儿可以和普通幼儿很好地生活在一起，互帮互助。但是在他们的成长过程中，我们需要给予听障幼儿更多的耐心和鼓励，遇事不慌张，让幼儿先想办法解决，事后一起分析解决办法，并在生活中和角色扮演游戏中不断强化规则意识。反向融合对于我们听障幼儿规则意识的建立、语言的沟通交流、情感的发展、解决问题的能力等都起到了积极的作用。同时我们的普通幼儿也了解到了世界的差异性，了解到不同的思维方式会碰撞出同样精彩的火花，学会了同理心，学会了帮助别人，会以更加积极的态度去面对人生。

美国教育学家威廉・詹姆斯有这样一句格言："播下一种行为，收获一种习惯，播下一种习惯，收获一种性格，播下一种性格，收获一种命运！"[①]我们希望每一位在石家庄市特殊教育学校附属幼儿园都能养成良好的规则意识，

---

① 金芝琼. 从教师主导到儿童本位，玩转角色游戏——以角色游戏为主，探索养成大班幼儿遵守规则的策略［J］. 科学咨询（教育科研），2023（1）：250-253.

并能自觉遵守规则，成为一个全面、健康、快乐的孩子！

情绪调控加快性格完善

◇ 张雅洁

案例中的小琪是笔者曾干预过的一名听障幼儿，通过多种途径帮助小琪（化名）进行情绪管理，使得小琪的不良情绪与行为问题得到一定改善，逐步学会调控自己的情绪，加快了性格的完善，培养了与普通幼儿和谐共生的同伴关系。

一、案例背景

小琪，女，5岁半，干预时间为2017年3月13日。初入幼儿园时，小琪在集体课上，总是侧身坐在座位上，注意力不集中，在家中被妈妈宠溺，吃软不吃硬，对待老师的指令，第一反应总是拒绝，自己特别感兴趣的活动除外。受到外界刺激时，她容易情绪激动，大喊大叫，甚至暴跳如雷或跑去卫生间逃避刺激。她自我保护意识强，对自己的所有物有很强的占有欲，不允许他人碰触自己的物品，如课桌椅、零食等。课堂内外她总是独来独往，在听到幼儿A大声哭喊的声音刺激时，她甚至会动手打人。有时，小琪仅表现出一种情绪问题，更多时候，小琪同时表现出多种情绪与行为问题，且较为突出。小琪的情绪与行为问题持续出现，不仅影响到教学秩序，而且还引起班上其他幼儿的情绪变化，破坏良好的教学氛围。

二、个案基本情况

小琪2岁时被诊断为双耳重度感音神经性聋，5岁时刚刚植入人工耳蜗，语言发育迟缓。由于听力障碍的缘故，小琪一直未上学，在家被过分宠溺，想要什么必须得到满足，否则就会大发脾气，对家人哭闹甚至动手打人直至得到满足。据观察，小琪在课堂上极少说话，个性固执，总是拒绝老师的指令要求。她上课注意力不集中，喜欢玩弄手指或抽屉里面的卡片。她护物心切，自己的东西从不让其他人触碰，如果有人未经她的同意就触碰她的所有物，反应非常强烈。她喜欢小动物，在手工课或技能课上经常收集带有小动物的图画或卡片。

三、案例描述

根据观察可知，部分普通幼儿能够以比较平静的语气向老师描述刚刚发生的事，会尝试用积极策略解决生活中遇到的情绪问题。但面对同一件事，幼儿的情绪调控能力存在个体差异，有的幼儿以哭闹、发脾气、告状来宣泄不快情绪，有的幼儿会生闷气、握紧拳头、跺脚、叫喊等消极方式宣泄情绪，也有的会尝试通过交流、协调或自我安慰等调节不快情绪[①]。小琪由于表达能力不足，且自身情绪调控能力较差，所以遇事更多采用消极方式宣泄自己的情绪。

为此，班主任老师通过个案观察、场景分析、有针对性地采用多种途径，帮助小琪养成良好的情绪，促进其性格完善，与普通幼儿逐步建立起和谐共生的同伴关系。

（一）第一阶段：集体教学识别情绪，表达情绪

1. 个案观察

操场上在玩拍皮球的活动，其他小朋友都在练习，小琪拿着球，一动也不动，不一会儿就大哭起来了，不管老师怎么安慰都没有用。第二天，老师在和小琪妈妈沟通的过程中了解到小琪不会拍皮球，她害怕老师让她拍皮球，所以早上也不愿意来上学。

---

① 陶晓艳. 借助绘本活动提升大班幼儿调控情绪的实践研究［EB/OL］.（2022-05-09）［2023-09-13］. https://mp. weixin. qq. com/s/GT7j3ORZhO1hUkKwGwwrjg.

2. 场景分析

由于听力障碍一直未入学，在家也未能接受系统的学习，小琪不仅语言能力有限，还可能存在认知发展迟缓，因为无法有效地将自己当时的内心感受、情绪等用语言表达出来，所以小琪只能通过大哭或者一些异常行为来表现自己。

3. 支持策略

课堂教学是幼儿认识情绪的最佳途径。教师有意识地将心理健康、良好情绪的培养等内容引入课堂，让幼儿通过多种形式的集体教学来正确认识各种情绪，同时学会采用多种途径表达情绪。

（1）绘本教学认识情绪

选择适合本班幼儿的情绪类绘本——《我的情绪小怪兽》，书中将各种情绪概念由抽象变成了一个个具体的彩色小怪兽，教师通过集体课，用具象的色彩让幼儿感受不同的情绪，从而学会表达，合理控制自身情绪。一方面让全体幼儿知道快乐、伤心、生气、害怕、平静这五种情绪，并且能够把这五种情绪和色彩进行匹配；另一方面，也让普通幼儿了解到小琪和自己的情绪，学会并且愿意主动帮助小琪或其他幼儿调节不良情绪，保持良好情绪。

（2）儿歌教学调动积极情绪

利用幼儿们喜爱的儿歌，将一些简单的道理融入儿歌内。如在练习拍皮球时，教师察觉出小琪因为不会而害怕并且表现出情绪低落时，采用《小蚱蜢学跳高》这首通俗易懂的儿歌，并且配上动作表演提醒和鼓励小琪，让小琪学习小蚱蜢勇敢和不怕挫折的品质，从而慢慢变得坚强勇敢。普通幼儿共同参与，合作学习的氛围让幼儿们更加勇敢，其他一些畏难的幼儿也慢慢活跃起来，小琪也慢慢放开自己，加入儿歌表演中。等幼儿们情绪都比较高涨时，教师再一步一步教给小琪拍皮球的动作，其他热心的小朋友也会在一旁示范，小琪慢慢融入其中，不再害怕拍皮球。

（3）生活化教学练习表达情绪

在幼儿们学会分辨情绪，懂得调节情绪后，教师开始利用幼儿园的一日生活，让他们在各个活动环节练习表达情绪。如在进入幼儿园签到时，让幼儿自己用颜色记录下自己的心情；在上集体课前，让全体幼儿向教师说出自己的心情；在户外游戏结束后，通过游戏分享，让幼儿表达自己在游戏过程中的情绪。如果小琪无法正确表达，教师需要给予辅助，引导小琪用颜色或者情绪挂图表达出自己的情绪，同时辅助小琪主动向其他幼儿们分享自己的情绪。

（二）第二阶段：创设班级环境调控不良情绪

1. 个案观察

教室外施工噪声太吵，教室内幼儿A发出噪声。小琪坐立不安，情绪躁动，一会儿拍桌子，一会儿拍自己的腿。教师制止她，要求其安静。幼儿A继续起哄，模仿小琪拍桌子。小琪站起来大喊，提起书包，哭着跑去了卫生间。

2. 场景分析

小琪所在的教室位于学校新建教学楼施工场地的旁边，每天上课时会传来施工场地机器工作的噪声，使得教室内幼儿无法安心上课。再加上天气有些燥热，很容易影响幼儿情绪的稳定性。因此，这两方面的环境因素共同导致了小琪情绪的不稳定，以及逃避教学任务的行为问题等。

另外，教师在课堂上更多地教给幼儿技能，如学习唱歌、舞蹈、绘画以及手工等，但是对于情绪情感方面的教育比较少，使得幼儿们不能很好地调控自己的情绪。

3. 支持策略

幼儿园环境的设计能够对幼儿情绪起到潜移默化的作用。在该阶段，教师通过巧妙地设计班级环境，引导幼儿积极参与环境互动，帮助其产生积极的心态，培养其良好情绪，完善其性格品质。

（1）"情感互动转盘"

根据幼儿们喜欢的互动方式，与幼儿一起制作了一个"情感互动转盘"，张贴在教室门口。转盘上张贴有拥抱、击掌、碰脚、比心、鞠躬、握手、敬礼等文字和动作图画。每天早上入园时，幼儿们都会排队等待转动转盘，转到指针指向的文字和动作，可以选择和老师或是同伴进行亲密互动。小琪特别喜欢拥抱，每次转到拥抱时都非常开心，有效地帮助小琪转移了情绪注意力，缓解了小琪的入园焦虑。同时，该方法不仅增强了幼儿们上学的仪式感，同伴之间的亲密互动也增进了彼此间的情感。

（2）"情绪宣泄小屋"

班主任老师在教室一角搭建了一个小帐篷，作为幼儿的"情绪宣泄小屋"。当幼儿不开心了，老师带领幼儿走进小帐篷，揉一揉废旧纸团，将它用力丢进"情绪"垃圾桶中；当幼儿情绪低落时，允许幼儿走进去暂时远离令自己不愉快的事，也可以和里面的娃娃说一说悄悄话；想发怒了，就带着幼儿捶一捶里面的"小怪兽"抱枕。通过这样的途径，让幼儿感受到身体的力量和释放后的轻松，进而发泄出自己的不良情绪。慢慢地，有些普通幼儿自己生气时，其他小朋友会说："你生气啦，快去情绪宣泄小屋。"他们便会主动走进小帐篷；还有些情绪调控较好的普通幼儿在看到小琪情绪低落时，也会学着老师的模样，走过去抱抱小琪，领着小琪走进"情绪宣泄小屋"，和她一起揉纸团。

（三）第三阶段：持续家园共育培养良好情绪

1. 个案观察

场景一：小琪做操不认真，被老师点名并要求重新做，小琪还是没有好好做，旁边的小朋友看到小琪不好好做，就向老师告状，小琪便怒气冲冲地将椅子推翻，开始大喊大叫，情绪失控。

场景二：放学时，小琪看到幼儿小华手里拿着几张小动物的卡片，自己非常喜欢，就跑过去抢，幼儿小华一把抱住自己的卡片，小琪便准备用书本打幼儿小华，正好小琪的妈妈过来接她回家，及时制止了她，问她为什么打人，她不回答，小琪妈妈便夺过小琪手中的书本打向小琪。

2.场景分析

由于家中老人对小琪的溺爱，总是喜欢包办一切，促使小琪逐渐养成了任性、不满足就哭闹的坏习惯；同时，小琪妈妈急于纠正小琪的一些坏习惯，动辄喜欢大声斥责小琪或者动手打她，给小琪做出了不好的示范。

3.支持策略

社会学家认为，父母在家庭生活中的行为，尤其是情绪，是幼儿心理健康发育的直接影响因素。父母的行为是孩子的标杆，是孩子心理发育的影响指针。在一个家庭中，父母的言行举止，尤其是情绪的处理，直接影响了孩子身心健康的发展。[①]

（1）指导家长作良好情绪示范

向家长推荐与幼儿情绪相关的绘本，指导小琪妈妈在家与小琪共读绘本，如通过共读《生气也没关系》，小琪妈妈与小琪共同练习小恐龙控制情绪的小魔法。同时告诉小琪妈妈，当小琪表现出不良情绪时，家长要先冷静下来，接纳小琪的情绪，明白孩子有情绪是正常的；其次，在遇到情绪问题时，也要试着控制自己的情绪，如遇到自己发脾气时也可以使用绘本中的小魔法，让小琪感受到将不良情绪转换成积极情绪的方式方法，为小琪做出良好的情绪示范，从而使小琪能够潜移默化地学习到调控情绪的方式方法，促进其性格的完善。

（2）组织丰富多样的亲子活动

通过丰富多样的亲子活动，增加了家长与幼儿间的亲密时光，让幼儿感受到幸福感和安全感，同时也为不同家庭之间提供了一个分享和学习育儿经验的轻松氛围，如在亲子运动会上，小琪妈妈了解到小琪喜欢丢沙包，这为她转移小琪的情绪注意力提供了很好的思路，同时小琪的妈妈也观察到其他家长与幼儿相处的模式，也更加下定决心改变自己教育小琪的方式方法，其他家长看到小琪妈妈

---

① 娟子. 父母的情绪对孩子的成长有哪些影响［EB/OL］.（2023-05-08）［2023-09-13］. https://www.zhihu.com/answer/3018370045.

对小琪的付出时也非常触动，有的家长还会主动向小琪的妈妈分享自己的育儿经验，家长之间的友好互助潜移默化地为小琪和其他幼儿的共同成长营造了良好的环境。其他幼儿看到小琪丢沙包非常棒时，都抢着和小琪组队，不仅增加了小琪与其他幼儿之间的交往机会，而且帮助他们建立起了宽松、和谐的同伴关系。

四、案例效果与反思

（一）效果分析

在第一阶段，通过集体教学，采用幼儿喜闻乐见的绘本、儿歌帮助小琪和其他情绪调控能力较差的幼儿正确认识各种情绪，同时通过联系一日生活帮助他们在自然的生活情景中学会表达情绪，经过不断的学习和训练，小琪在遇到自己无法完成的任务时，能够主动拿起颜色卡向老师表达情绪；第二阶段，教师通过创设和谐温馨的班级环境，使得小琪不再抗拒上学，反而每天期待进入教室前与老师和小伙伴们的互动，尤其喜欢与老师抱抱，而且在自己不高兴的时候，也能够独立勇敢地走进"情绪宣泄小屋"，只听她在里面抱着布娃娃"嗯嗯啊啊"自言自语了一会儿后，便乐呵呵地走出来了；第三阶段，主要通过家园共育，共同培养幼儿们良好的情绪情感，一方面小琪抢夺他人物品、爱动手的坏习惯逐渐减少，与其他幼儿合作游戏的次数越来越多，另一方面小琪妈妈也更加积极配合老师，主动将小琪在家训练的视频反馈给老师，遇到问题也会主动和老师交流。

另外，有些情绪调控能力较差的普通幼儿，通过三个阶段的共同学习，也能够正确认识自己的情绪，主动向老师分享自己的情绪；还有一些能力较好并且热心的普通幼儿，也会学着老师的模样主动帮助小琪甩掉坏脾气，试着用老师的语气叫小琪表达自己的情绪。

（二）案例反思

1.遵循幼儿年龄特点，巧妙采用多种途径管理幼儿情绪

幼儿的学习是以直接经验为基础，主要在游戏和日常生活中进行的。而绘

本图案丰富、易于理解，儿歌通俗易懂、韵律感强，都能够最大限度地激发幼儿的学习兴趣。因此，在该案例中，教师采用绘本教学和儿歌教学，帮助幼儿正确认识各种情绪，符合幼儿的学习特点，也能取得较大的学习效果；同时，教师注重生活化训练，在日常生活主动引导幼儿表达自己的情绪。另外，教师还通过巧妙地创设班级环境，通过"情感互动转盘""情绪宣泄小屋"等游戏互动的方式，引导幼儿积极参与环境互动，帮助其产生积极的心态，培养其良好情绪，完善其性格品质。

2. 幼儿间同学习、共成长有助于培养和谐共生的同伴关系

5岁以后的幼儿，合作性游戏逐渐增多，同伴交往的主动性和协调性逐渐发展①。在该案例中，教师遵循幼儿游戏发展的规律，并没有仅针对小琪进行个案干预，而是发挥同伴的影响力开展集体教学、集体互动，在帮助小琪正确认识情绪、主动表达情绪、合理宣泄情绪的过程中，其他幼儿在情绪管理方面均有不同程度的进步。这些学习和进步都是自然教学情景以及生活情景中产生的，不仅让幼儿们感受到与小伙伴共同学习、共同玩耍的乐趣，而且为他们积累了愉快的交往经验。愉快的交往经验可以提高幼儿的自信心，而自信心的增强又会引发更强的主动交往性，两者相互促进，形成良性循环，②有助于听障幼儿与普通幼儿逐步建立起和谐共生的同伴关系。

3. 家园共育才能更好地帮助幼儿管理情绪，完善性格

家庭是幼儿生活的主要场所，宽松愉快的家庭氛围能够使幼儿经常处于积极的情绪状态中，让他们感受到安全感和幸福感。案例中，小琪不良情绪的主要原因之一就是家长的溺爱以及小琪妈妈不当的教育方式，教师通过与小琪妈妈的不断沟通，帮助小琪妈妈认识到小琪不良情绪背后的家庭原因，同时指导小琪妈妈尝试采用共读绘本的方式，控制自己情绪的同时帮助小琪调控情绪，

---

①② 赵菁. 幼儿园同伴关系的发生发展［EB/OL］.（2021-06-25）［2023-09-13］. https://mp. weixin. qq. com/s/gk91GUtmgvNFJc7Snz9_Fw.

还开展丰富多彩的亲子活动，发挥家长间的集体力量，让小琪妈妈认识到自己教育方式的不足，并从其他家庭中汲取有效经验。小琪妈妈的改变，为小琪创造了宽松愉悦的家庭氛围，进而更好地帮助小琪管理情绪，产生积极情绪，促使其性格逐步完善。

体育运动，助力自信生长

◇ 贾翠棉

《幼儿园教育指导纲要（试用）》健康领域中明确指出，幼儿园要"开展丰富多彩的户外游戏和体育活动，培养幼儿参加体育活动的兴趣和习惯，增强体质，提高对环境的适应能力"。在《3—6岁儿童学习与发展指南》中健康领域动作发展目标要求幼儿要"具有一定的平衡能力，动作协调、灵敏"。针对这一目标，《3—6岁儿童学习与发展指南》明确指出5—6岁幼儿要"能连续跳绳"。跳绳也是小学体育测试中的一个必测项目。它是一项全身性的运动，需要手、脚及身体的同时配合，伴随着绳索的环形摆动，手、脚、脑、眼并用，做出跳跃动作，达到锻炼四肢、增加踝关节和膝关节韧带的力量。通过跳绳测试可以检测出学生身体的协调性、灵敏性和动作的节奏感，除了这些以外跳绳也能反映出学生的心肺功能和腿部的肌肉力量。

一、案例背景

（一）个案情况描述

1. 班级基本情况

石家庄市特殊教育学校附属幼儿园的豆豆班为5—6岁幼儿，已经经历了反向融合的"共适""共融"阶段，由入园时的焦虑、隔离状态，成功度过了"共融"阶段，顺利进入了"共生"阶段。"自立"与"生长"是反向融合"共生"阶段的主要特征。幼儿的自我意识进一步发展，更倾向于去展现自己的个性。在一日生活中的重要环节进行独立能力训练，并为幼小衔接做好准备是当前班级内普通幼儿与听障幼儿的发展需求，也是双方最大限度地迈向小学生活的重要途径。

2. 班级幼儿基本情况

豆豆班共有10名幼儿，其中普通幼儿8名，听障幼儿2名，其中班级中普通幼儿能够与听障幼儿进行合作学习，互相分享。每个幼儿的个性特点不一样，有的活泼外向，善于表达表现，有的性格内向，怯于表达，普通幼儿与听障幼儿的游戏水平较高且有丰富的户外游戏经验，其社交能力、创造能力、合作能力等方面也都比小、中班幼儿有很大的提高。

3. 个案情况描述

小宇，男，6岁3个月，普通幼儿，小班就进入附属幼儿园融合班，对听障幼儿已经接纳，观察能力强，记忆力好，注意力集中，在学习方面有自己的方法，会用自己的思维方式解决问题，在与同伴的交往中，在教师的提示下能够遵守规则，喜欢与周围人进行交往，对运动有较大的兴趣，喜欢和小朋友们一起玩耍。

（二）个案情况分析

5—6岁幼儿是规则与纪律意识形成的重要时期，小宇喜欢进行户外活动，但在维持集体规则行动时稍微差些，会有违反规则的现象，会给集体活动开展带来困扰，遇到困难会有畏难情绪。

（三）我们的思考

我们要注意激发幼儿的学习兴趣，相信每一个幼儿——无论是普通幼儿，还是听障幼儿，都是积极主动、有能力的学习者。户外体育活动环节是一日生活的重要环节，也是幼儿发挥积极性与主动性的重要场域。户外自主游戏中离不开教师帮助，教师应充分发挥幼儿的主动性，努力为普通幼儿和听障幼儿营造自由、愉悦的游戏场景。

二、案例描述

（一）第一阶段：初步了解跳绳

1. 个案观察

场景一：一日生活皆课程，幼儿园餐点是促进幼儿发展的重要环节，是重要的教育内容。午睡之后，开始下午的加餐，孩子们还都比较安静，这个时间开个"茶话会"，孩子们边吃边喝边聊天。教师会指定一个谈话主题，幼儿可以针对主题发表自己的看法。比如："我要上小学了""我的周末生活""一件有趣的事"等。这种谈话比较随意，没有过多的要求，幼儿可以畅所欲言，每个幼儿都有发言的机会。

在聊到小学的生活时，比如说课间休息10分钟，这时候问题来了："你们在这10分钟里会干什么呢？"佳佳说："可以去厕所。"依依说："可以去喝水。"康康说："可以去图书角看书。"小宇说："我见过哥哥跳绳，我也想跳，可是我不会跳。"说完眼睛流露出失望的小表情，教师引导："跳绳很好啊，你们知道吗？跳绳是我国传统的体育项目，有着许多年的历史了，玩法多样，趣味性强，又能强身健体，是一项非常有意义的活动呢。"为了增强幼儿们对跳绳的兴趣，探索跳绳的更多玩法，一场围绕跳绳的活动就开始了。

场景二：前一天布置的作业是每个小朋友带来1根跳绳，班里10名小朋友，有7名小朋友能够认真倾听，按要求带来，有1名普通幼儿和2名听障幼儿没有按要求带来，教师与家长沟通，再次强调了对幼儿任务意识的培养。

带来跳绳的幼儿们分别得到了小星星的奖励，他们高兴极了，也充满了期待，总是"催促"着教师可以开展跳绳活动了。为了让他们对绳子有一个更好的认知过程，准备让小朋友们和绳子来一个亲密接触，在和绳子的接触中，幼儿们发现绳子的秘密互相交流着。

小宇（普通幼儿）对航航（听障幼儿）说："我的跳绳握的地方可自动调节，是橡胶做的。"航航说道："里面有一条白线。"

2. 场景分析

利用谈话主题展开幼儿们期待的体育活动，并有意识地对幼儿进行任务意识培养，及时将评价记录到"幼儿成长档案"中，教师通过观察，将融合班级内听障幼儿与普通幼儿的日常表现进行观察与记录，小宇在活动中表现得比较积极，也愿意与听障幼儿交流。

3. 支持策略

（1）利用谈话激趣法，激发幼儿想学习跳绳的兴趣

幼儿眼中的世界是五彩缤纷的，他们在共适阶段是渴望探索外面的世界，教师抓住幼儿这一特点，在谈话交流中鼓励幼儿畅所欲言，大胆想象，营造宽松的谈话环境，对于幼儿奇特的想法要给予肯定，激发幼儿探索新事物的愿望。

（2）代币奖励法，用小星星作为奖励，增强幼儿的好习惯

教师利用小星星奖励措施，表扬按时带来跳绳的幼儿，使幼儿更加清晰地理解遵守规则就会带来精神上的鼓励以及学习中的便利。

（二）第二阶段：学习跳绳技巧

1. 个案观察

场景一：借助绘本故事《欢乐的跳绳》，幼儿对朵朵在跳绳比赛中获得了快乐而开心，对跳绳产生了强烈的兴趣，纷纷表示也想去练习跳绳。时机成熟，教师带领小朋友们来到了操场，开始要大展"绳"手，可是一个个户外活动下来，孩子们纷纷表示："老师，跳绳太难了，我们根本就不会跳。"垂头丧气地到了教室，原本充满激情的跳绳充满了失落与抱怨，于是回到教室后我们开始讨论跳绳中遇到的问题。小宇说："绳子太难跳了，总是甩不起来，我也跳不过去，有时会拌到……我在跳绳的时候感觉绳子总是跳不过去，绳子一直会缠住我的脚，怎么样才能顺利地跳过去呢？我的绳子长，乐乐的绳子短，绳子老是会挂到我的头发……跳绳的时候我总是要断掉，怎样才能连续跳？我在跳的时候我的绳子总是会甩到旁边的小朋友。"峻峻（听障幼儿）说："我

不会跳。"教师适时引导，绳子长和短怎么解决呢？孩子七嘴八舌议论起来："可以剪一段，短的可以放长一些，要不就买个合适的呗……"我对孩子们的意见给予赞同，并把东东和乐乐的绳子调整到合适的长度。

场景二：　针对小朋友们这一系列的问题，我们进行了主题教学活动"跳绳并不难"，电子绘本视频放到班里的一体机进行播放，讲了兄妹俩练习跳绳的故事。绘本视频用可爱的图画详细介绍了从握住跳绳绳子的姿势，到跳绳的各种动作技巧，绘本中介绍了双脚同时跳、并脚前摇跳、并脚后摇跳、编花跳、双脚交替跳、双摇跳，每一个细节都有讲到，让小朋友们知道原来跳绳还有这么多方法呢，看完后小宇说："原来学习跳绳的第一步是要学会跳，摇绳练习也很重要，绳子落地后马上要跳起来，只要手脚配合好就能够跳绳了，跳绳的长度也很关键。"航航说："跳绳还有这么多玩法呢，我想试试。"小宇拉着航航的手，又重拾信心，准备再次挑战。

2. 场景分析

利用绘本故事与主题教学活动，激发起孩子们对跳绳的兴趣，并进行大胆尝试，给孩子们机会，体会到跳绳不是一件简单的事情，是需要技巧的，小宇能够在活动中勇敢表达自己的想法，并与同伴互相鼓励，再次挑战，有一种不服输的精神是可嘉的。

3. 支持策略

（1）幼儿活动式体验策略

对幼儿动作发展最直接的途径就是体验，只有亲自参与到跳绳活动中来，才能更直接体会到跳绳不是想象中的样子，为幼儿丰富经验，重新构建跳绳知识，为幼儿一生的运动发展奠定基础。

（2）利用绘本故事，引发兴趣

幼儿阶段，他们对绘本中的精美图片很感兴趣，能够激发他们的想象力以及审美感，在绘本故事中，我们运用引导性互动提问、追问式互动提问、层次性互动提问、启发式策略来进行引导。

（三）第三阶段：熟练掌握跳绳技巧

1. 个案观察

场景一：学习了跳绳的技巧，教师再次带领孩子们来到操场，一出来孩子们又开始尝试起来，教师观察到小宇和航航在手拉手练习跳跃动作，指导航航怎么摇绳，一手握着航航的手，告诉他握绳的姿势，另一只手做示范，等姿势正确了，再做跳跃的动作，航航经过学习，成功跳了一个，可还是连跳不起来，小宇也不气馁，一遍一遍地教着，只见小宇和航航在一起调整跳绳的长度后，航航已经成功跳了几个，小宇对航航伸出了大指，航航开心地笑了。这时朵朵过来找小宇说道："要不我们两个比赛吧，你先跳，我帮你数。"朵朵连跳了五个，小宇冲他伸出了大拇指，然后他们三个在一起比赛，他们三个开心地跳着，笑着。孩子们逐渐并感受到了跳绳的乐趣。

场景二：经过一段时间的练习，孩子们的跳绳水平得到了提升，为了持续强化孩子们的跳绳兴趣，经过与孩子们商量，我们决定来一场跳绳大比拼活动。确定时间后，孩子们中间形成了你追我赶的氛围，人人争当"跳绳小达人"。小宇妈妈发来信息，说孩子们离园后，相约去公园练习跳绳，铜铜、森森、峻峻、航航也加入了练习队伍，森森看到涵涵能够连跳五个了，也不服输，一遍遍地练习，终于超过了五个，佳佳也不示弱，能连跳七个了，小宇妈妈发来了跳绳练习视频，在视频中，我看到了普通幼儿和听障幼儿在一起，没有任何界线地在一起互动、游戏，完全没有障碍，家长们在一起聊得开心、热闹，这正是我们反向融合要达到的独立生长的目的。比拼的日子到了，孩子们伴随着欢快的音乐，在老师的带领下先进行热身运动，在比赛中使出了浑身解数，表现出了不凡的实力。挥动的跳绳如蛇飞舞，跳动的孩子如彩蝶纷飞，现场气氛无比高昂。孩子们的汗水和活力在运动中散发，评委老师们数得超级认真，专注，感染了在场的每一位老师。孩子们自信地展现了自己健康、活泼、积极向上的一面。小朋友坚持比赛的过程，是培养孩子坚持不放弃的过程，是提高抗挫折能力的过程。每一个孩子的努力与认真，都值得表扬与鼓励！接下来激动人心的时刻就要到了。老师们一起给孩子们颁发奖状，孩子们的脸上洋溢着灿烂的笑容。

2. 场景分析

部分幼儿在经历了几次失败后，慢慢产生了畏惧心理，为了进一步激发他们的跳绳热情，我和孩子们一同制作了跳绳计划，家长配合，每天记录自己的跳绳个数。孩子们每天在自己的计划表上记录自己的跳绳数量、完成情况及心情，时刻关注自己的进步，孩子们也热情高涨……为了进一步帮助个别能力较弱的孩子掌握跳绳的技能，我们和小朋友们立了一个小约定，给小朋友们建立一个奖励机制，同时在家每天都要进行跳绳练习打卡，家长们很配合地把练习视频发给教师，这样教师就能掌握每个幼儿的情况，来园后也会有针对性地进行指导，孩子们的跳绳水平有了明显的进步。

3. 支持策略

（1）同伴引领，普通幼儿和听障幼儿在一起，互相学习，共同成长

普通幼儿与听障幼儿的同伴接纳能够促进反向融合活动，孩子们之间的交流，会促进他们的技能学习，这样比老师单纯讲授，比家长的讲解效果要好一些。

（2）家园共育，家长参与，利用放学时间，结成小组练习

《幼儿园教育指导纲要（试用）》中指出："家庭是幼儿园重要的合作伙伴。"我们的活动要多赢得家长的支持和理解，家长也要参与到活动中来。如果家长给予支持和理解，幼儿在课下多练习，这些都会对幼儿跳绳起到一个较好的效果。

三、案例效果与反思

（一）效果分析

经过一周时间对跳绳活动的练习指导，本班幼儿基本能够掌握跳绳的技巧，并在一起交流不同的跳法，比如单脚跳，跳大绳，双手交叉跳等，小宇能

在活动中与听障幼儿一起参与，并给予指导，一起进步。

（二）案例反思

1.转变观念，助力反向融合教育全面发展

首先，教师在课程实施、活动组织的过程中要注意兼顾到普通幼儿和听障幼儿的发展水平，不要单纯地认为只有在语言活动中才能发展听障幼儿的语言表达能力，也不能片面地认为体育活动只能发展孩子的体育技能。

其次，教师应根据体育活动的实施，借助丰富而有趣的游戏，注重激励评价在跳绳活动中的重要作用，以达到提升幼儿运动的目的。

最后，教师要关注普通幼儿和听障幼儿的身心发展规律，激发两类幼儿学习兴趣，构建班级"运动目标共同体"，使每个孩子独立、自信地成长。

2.逐步递进，充分激发两类幼儿的兴趣

首先是在谈话中引出跳绳的话题，从孩子们嘴中说出来，证明他们是渴望学习的，通过观察跳绳和学习绘本，激发出孩子们强烈的学习兴趣，大胆地进行尝试，第一次尝试失败后，通过绘本视频知道，看似简单的跳绳运动也是需要技巧的，通过孩子们的讨论，掌握学习跳绳的技巧，教师再加以引导，示范，鼓励，使孩子们重拾信心。

其次是家园共育，家长配合，课下练习打卡，提高跳绳的熟练度。用绘画的方式记录成长过程，家长参与进来，更好地帮助幼儿掌握跳绳技巧。更需要孩子在实践中不断摸索领悟、自我调控、自我协调，在每天坚持不懈的练习中去习得。在这期间，老师要不断给予两类幼儿指导和鼓励，丰富孩子练习跳绳的方法，尤其要注重维持能力相对较弱的孩子学习跳绳的兴趣，变被动学习为主动学习。

3.同伴合作，提升社会交往能力

小朋友们在一起合作，是为了将来更好地适应社会，走向社会的需要。当我们为跳绳活动注入"合作"，幼儿由于认知经验、生长经历存在差异，家庭生活环境也不同，对跳绳的掌握程度也不一样，所以老师不能统一要求，而应该根据孩子们的情况而定，为他们提供适应的环境。在跳绳初期，运动技能好的孩子总是会先学会跳绳，还有一部分孩子跳绳相对困难。我们可以采取一对一帮扶的策略，让先学会跳绳的孩子当小老师去教能力弱的孩子跳绳。这样的形式使能力强的孩子更加有自信，能力弱的孩子有朋友的陪伴指导，能够更加积极投入地学习跳绳。这时，跳绳不仅发展了孩子们的合作精神，更加激发了孩子们自主学习的能力。

当孩子们学会了连续跳绳后，我们会让孩子们两人共用一根跳绳，鼓励孩子们合作跳绳。在这个过程中，孩子们就会协商，谁执绳谁跳，或者用怎样的方式合作跳绳。当一组小朋友学会了双人跳绳或创新了一种玩法，其他的小朋友就会争相模仿。发挥了普通幼儿和听障幼儿之间的合作互助精神，当我们把合作互助精神运用到生活、学习的其他方面，更有利于班级学习共同体的构建，实现个体学习到协同学习的转变。

4. 游戏情境，发展幼儿创新精神

我们采用视频教学的形式让孩子们直观地学习跳绳，也可以用手机录制孩子们练习跳绳的视频，帮助孩子们分析问题所在。还可以定期设置小型的跳绳比赛活动，如"一分钟跳绳""跳绳小达人"。

增加游戏情境，发展幼儿的创新精神的核心是鼓励幼儿自主创新跳绳游戏玩法。当老师创新一种玩法后，应及时鼓励幼儿也创新跳绳玩法，如"踩跳绳""绳操表演"等，鼓励幼儿将跳绳运动与体育器械结合，创新"绕障碍物跑跳绳""爬网游戏"等，鼓励幼儿将跳绳与其他类游戏结合，如"新编鱿鱼游戏""新编切水果"等。我们要认识到跳绳创新游戏活动创新的不仅仅是跳绳的花样，更是通过活动让两类幼儿更好地进行生长、融合，达到共生的目的。

5. 多种形式，注重问题解决能力

在跳绳活动进行的过程中，我们预设的活动并非一帆风顺，也会遇到很多的问题。我们的原则是孩子的问题交给孩子们去思考解决，从而提升孩子们解决问题的能力。

在跳绳活动中，经常会有小朋友来告状："老师，森森小朋友打到我了。"教师将孩子们发生安全问题的情况录制下来播放给孩子们看，让孩子们自己分析打到小朋友的原因：跳绳初期原地跳缺乏稳定性，站位间距太小，场地因素，个别幼儿随意走动等。然后教师让孩子们一起商讨解决的办法：在规定的点位跳绳，操场上跳绳要拉开间距，别人跳绳时要绕道而行，走廊跳绳时面对面站等。跳绳长短问题、创新游戏规则的设定等问题，我们均采用商量、讨论的形式让孩子们自己去发现问题、解决问题。

共生阶段的幼儿跳绳活动的开展充分表明，教师在平时的教育教学当中要善于发现幼儿感兴趣的事物，积极引导幼儿投入活动当中，留心观察幼儿在活动中的表现，鼓励幼儿勇敢表达出自己的想法和感受，进行师幼之间的互动分享。让所有孩子都参与其中，普通幼儿和特殊幼儿能够互相帮助，互相鼓励，人际交往、身体素质等方面都得到锻炼，促进幼儿在游戏中阳光自信，快乐地成长。

在科学探索中收获成长

◇贾翠棉

《3—6岁儿童学习与发展指南》指出："幼儿的科学学习是在探究具体事物和解决实际问题中，尝试发现事物间的异同和联系的过程。幼儿在对自然事物的探究和运用数学解决实际生活问题的过程中，不仅获得丰富的感性经验，充分发展形象思维，而且初步尝试归类、排序、判断、推理，逐步发展逻辑思维能力，为其他领域的深入学习奠定基础。"本篇案例将探索幼儿常见的几种材料及在生活中的作用，最后让幼儿根据不同的材料进行垃圾分类。

一、案例背景

（一）班级情况描述

1. 班级基本情况

石家庄市特殊教育学校附属幼儿园的豆豆班为5—6岁幼儿，已经经历了反向融合的"共适""共融"阶段，由入园时的焦虑、隔离状态，成功度过了"共融"阶段，顺利进入了"共生"阶段。"自立"与"生长"是反向融合"共生"阶段的主要特征。幼儿的自我意识进一步发展，更倾向于去展现自己的个性。在一日生活中的重要环节进行独立能力训练，并为幼小衔接做好准备是当前班级内普通幼儿与听障幼儿的发展需求，也是双方最大限度地迈向小学生活的重要途径。

2. 班级幼儿基本情况

豆豆班共有10名幼儿，其中普通幼儿8名，听障幼儿2名，其中班中普通幼儿能够与听障幼儿进行合作学习，互相分享。每个幼儿的个性特点不一样，有的活泼外向，善于表达表现，有的性格内向，怯于表达，普通幼儿与听障幼儿的各种能力比共适阶段、共融阶段的幼儿有很大的提高。幼儿们已经掌握了一些基本的语言和沟通技能。他们可以简单表达自己的需求、兴趣和感受，与教师和同伴进行简单的交流。幼儿们已经具备了一定的学习和认知能力。他们可以初步理解新知识、掌握新技能。

（二）个案情况描述

峻峻，男，6岁5个月，听障幼儿，小班就进入附属幼儿园融合班，对普通幼儿已经接纳，喜欢和班里的小朋友一起玩耍，观察能力强，在学习新知识中，有自己的方法，会用自己的思维方式解决问题。有较强的学习能力，接受新知识较快，乐观向上，喜欢与人交往，不畏惧困难和挑战，有较强的独立性和自我保护意识，能够适应不同的环境。

（三）个案情况分析

共生阶段的幼儿喜欢问问题，小脑袋里经常出现各种各样的奇怪想法，还很活跃，喜欢自己动手解决问题，在解决的过程中容易体验到成功的快乐，还喜欢和别人分享成功的快乐，喜欢让别人夸奖，获得幸福体验。他们在解决问题的过程中常常需要同伴的支持与帮助，喜欢结交朋友。

（四）我们的思考

我们要充分激发幼儿对新事物的兴趣，为幼儿提供一些研究工具，教师用积极行为来带动幼儿，用行动来带动幼儿的求知欲。认真对待幼儿的问题，可以巧妙地用一些方法来引导幼儿们进行探索，必要时给予帮助，能够允许幼儿们在过程中的一些破坏性，对服装、道具允许有弄脏、乱放的行为，活动后教给幼儿要养成收拾整理的习惯。想办法多为幼儿选择一些常见材料或废旧材料，让幼儿们通过观察能够感知到常见物品是什么材料做成的。

二、案例描述

（一）第一阶段：创设情境，引出问题

1. 个案观察

早晨，幼儿们来到幼儿园后，在活动区角自由玩耍，峻峻和小宇在玩着积木城堡游戏，佳佳和航航在玩毛绒玩具过家家，康康和乐乐在一旁玩抛球游戏。另外一组在玩着折纸游戏，其他幼儿也在玩着自己喜欢的玩具，我这时候对他们提出了一个问题："你们知道玩的这些玩具是用什么材料做成的吗？"

2. 场景分析

著名心理学家皮亚杰曾提出了"儿童的智慧源于操作"的这样一个观点，而区域活动中幼儿的动手操作是幼儿通过对材料运用、摆弄而建立起自己的认知结构的过程。教师根据区域活动场景，适时提出问题，引发幼儿们的思考。

3. 支持策略

（1）加强环境创设，形成科技教学氛围

环境的创设，对幼儿进行科学启蒙教育，同时兼顾实用性原则，进行整体设计，幼儿园多个功能室，比如乐高室、木工室、美术室以及科技探索室是我们的硬件环境设施，同时加强教师的科学探究能力，树立教师的科学思维，提升教师自身的科学素养。

（2）合理给予材料支持，设置玩具投放的位置

幼儿活动区域的设置要根据幼儿们的年龄以及兴趣和学习水平来确定，并且注意材料的放置是以丰富性和实用性为主。

（二）第二阶段：初步感知常见玩具的材料

1. 个案观察

场景一：小宇边玩边说着："我知道这些积木是木头做的，然后再染上漂亮的颜色。"另外的一边，佳佳对航航说："我知道这个毛绒玩具是布做的。"孩子们激烈地七嘴八舌地议论起来了："皮球是橡胶做的，这个小汽车是用铁做的，乐高积木是塑料做的，放大镜上有玻璃有塑料，书是用纸做的，可是纸是什么做的呢？"

2. 场景分析

区域活动中，玩具的摆放是有规律的，本次活动所用材料是老师根据孩子们的认知特点设置的。教师在了解幼儿认知基础上，以本班幼儿的阶段培养为目标，有针对性地选择、配备、使用材料，使玩具及物品的材料和幼儿发展的实际水平相匹配，力求使常见材料能够满足幼儿认知及使用的需要。

幼儿对玩具的材料有最直接的经验，有的一眼就能看出来，幼儿对教师的问题总是能够展开想象，有着刨根问底的特点，教师应该保护幼儿的求知欲，鼓励幼儿进行积极探索。

3. 个案观察

场景二：幼儿的观察目标已经不局限于幼儿的区域活动中，迅速扩展到了整个教室。峻峻指着桌子说是木头做的，又指着窗户说是玻璃做的。小宇跟他说："窗户框可不是玻璃的。"峻峻又说门是铁做的，小宇说："咱们教室的门是铁门，有的门可是木头做的哦。"幼儿们说书包是布做的，椅子是塑料做的，书架是木头做的。教师请幼儿从家里带来不同物品，进行观察操作。

4. 场景分析

幼儿喜欢探究，喜欢动手动脑感知、操作，体会发现的快乐。在互动中幼儿能提出奇特的问题，并迁移到更大的空间，普通幼儿能运用语言来描述看到的物品是由什么材料做成的，听障幼儿看到的只是物品表面的材料，经过探究，用手触摸，利用以往的经验，也能够明白有的物品不是由一种材料做成的，对教师的问题也能够进行深入思考。

幼儿在找到了相关物品的常见材料时，教师适时地在黑板上画出表格来记录下来，增加幼儿的识字量和强化记忆，培养幼儿整理的好习惯。

5. 支持策略

第一，各班的科学区域为不同能力的幼儿提供了不同的材料选择，鼓励幼儿相信自己有能力完成任务，比如有的幼儿能够很快找到探究区域的材料，有的幼儿需要提醒等。

第二，重视幼儿的自由探索，给予自同的空间。

第三，教师不应该局限于某一固定的区域进行教学，应该为幼儿创造更大的空间，从活动区域到整个教室，到整个功能室，甚至整个幼儿园，让幼儿在科技探索中展开手脚，教师应与幼儿多进行沟通，多对幼儿进行肯定。

（三）第三阶段：了解废旧物品材料的分类

1. 个案观察

场景一：教师准备了几个贴有"塑料""纸""金属""玻璃"标签的箱子，孩子到教室后纷纷围观。峻峻指着其中一个箱子开始念："纸。"小宇对他说："这几个你认识吗？它们是塑料、金属、玻璃。"转身又问教师："这是做什么用的呢？"教师笑道："昨天咱们认识了教室里物品的材料，你们能按物品材料来分别把它们放进对应的箱子吗？"幼儿一听，开心地当起了搬运工。

场景二：峻峻把纸盒子放进了贴有"塑料"标签的箱子里，这时小宇边说边拿出来："你放错啦，这个纸盒子是用纸做的，应该把它放进这个箱子里。"峻峻看看我，挠了挠头，又拿起矿泉水瓶，放进了贴有"金属"标签的箱子里，佳佳说："又错啦，应该放到贴有'塑料'标签的箱子里。"后来，峻峻拿起玻璃水杯轻轻地放进了贴有"玻璃"标签的箱子里，小朋友们都对他竖起了大拇指。

2. 场景分析

峻峻一开始不能准确地给常用物品分类，原因可能是他不认识上面的字，也有可能是他确实不知道这个包装精美的纸盒子是用纸做的还是塑料做的，后来又放错了一次，在小朋友们的帮助下，他慢慢可以给物品分类了，这次的分类是在上次的按属性分类的基础上又增加的一个难度，首先要明确常用物品的材料，再根据材料进行分类，难度增加了，部分普通幼儿动手动脑能力好一些，又能够积极主动帮助听障幼儿，在他们的示范引领下，听障幼儿也能够进行区分，这就是幼儿反向融合的意义所在。

3. 支持策略

进行科学原理的渗透，当幼儿对一些材料的认识不足时，教师抓住机会进行渗透，给予相关科学原理的知识讲解。

幼儿在深入探索的基础上，对于各种材料的特点进行分类总结，了解材料的特性，增加知识储备。教师在已掌握常见物品的材料后，适当提出挑战，激发探索动机，提供开放性的问题，进行更加深入的探讨，提升普通幼儿和听障幼儿的能力，为将来更深一步学习打下基础。

三、案例效果与反思

（一）效果分析

经过了两天的认识生活中常见物品的材料，大部分幼儿能够准确说出来，对于由两种以上材料组成的物品，他们只能说出直观看到的大面积的材料，对一些装饰品的材料不是太了解，只能说出来他们熟悉的材料，这也为升入一年级做了准备，有待于升入小学后进一步探索。两类幼儿在探究过程中能够参与到活动中来，普通幼儿接收的信息多，他们会适时提醒听障幼儿，扩充知识面，而听障幼儿的观察能力强，能够观察到不同的材料，他们互相提醒，动手感知，体会到了发现的快乐。此次活动让两类幼儿都有机会参与尝试，支持、鼓励他们大胆提出问题，发表不同意见，还让他们学会了尊重别人的意见，提供了勇于表达自己想法的机会。

（二）案例反思

第一，在活动中注意鼓励幼儿与同伴进行交流，积极发表自己的看法和感受，为每个幼儿提供表达的机会。

第二，由本次给常见物品材料进行分类，可以延伸到生活中的垃圾分类，可以找一些关于垃圾分类的小视频给幼儿看，让幼儿从小树立起爱护环境、保护环境的意识。

第三，家园共育。幼儿回家后，可以把活动内容延伸到家中，把家里的常见物品材料进行分类，并且充分发挥自己的想象力，提高动手能力，给家中垃圾进行分类，适时进行劳动教育。

第四，通过这次活动，培养了幼儿的观察和比较能力，增进了幼儿对材料的认识，了解生活中最常见材料的分类，简单地知道常见物品的一些用途。同时提高了幼儿对自然科学的兴趣。增强合作学习意识，注重对知识的迁移，鼓励幼儿多进行互动交流，启发智慧。

第五，通过此次认识常见物品材料，并尝试分类的活动，我们看到了普通幼儿和听障幼儿在一起互相帮助，互相学习，共同探索科学世界，一起准备步入小学生活的美好画面。

共同努力，一起生长

——共生阶段听障幼儿与普通幼儿劳动实践的个案研究

◇ 郑娟

共生阶段的幼儿，已经完全适应了幼儿园的集体生活，融合班级的听障幼儿和普通幼儿之间也已经可以进行日常的交流。本案例运用观察法、访谈法、跨学科研究法和经验总结法等方法进行研究。基于石家庄市特殊教育学校附属幼儿园融合班内听障幼儿和普通幼儿的基本情况，根据幼儿发展规律，运用相应的教育策略，对班内全体幼儿进行适当的回应和支持，从而引导听障幼儿与普通幼儿进行共同参与的劳动实践活动，进而达到和谐共生的思想意识。

一、案例背景

（一）个案情况描述

1. 班级基本情况

石家庄市特殊教育学校附属幼儿园的共生阶段幼儿已经历了反向融合的"共适""共融"两个阶段，"共生"是幼儿要在共生阶段学习、生活的一个重要成长环节。如何让这个阶段的幼儿达到"共生"这一教育目标，就从"观察""体验"和"内化"三个阶段来实现。

2. 班级幼儿情况

将班级内的听障幼儿和普通幼儿分组合作完成任务，分组原则是：1—2名听障幼儿和2—4名普通幼儿一组。通过分工合作来完成小组任务，进而体会每个幼儿都有各自的工作内容，但只有这些工作内容都完成的基础之上，再结合到一起才可以完成整个小组工作任务。

3. 个案具体情况

在经过了反向融合教育的前两个阶段之后，听障幼儿和普通幼儿之间已经可以进行简单的日常交流，但是要小组成员合作完成工作任务却有着一定的难度。首先，对小组任务的内容理解是否一致，即达到的最终效果是否有统一的具体目标；其次，如何分工，既能发挥小组成员的特长又要小组成员欣然愿意；最后，小组中如何促进小组成果的进度以及保障其质量，以及出现困难时的解决之道。

（二）个案情况分析

以班内其中一个小组为例。小组成员为一名听障幼儿朵朵，三名普通幼儿甜甜、轩轩和东东。这四名幼儿在园内的日常表现：朵朵的动手能力和绘画能力在小组内是公认的出色；甜甜的理解能力和表达能力较为优秀；轩轩的灵活度较高，而且常常指挥他人；东东的力气较大，为人憨厚。

表 5-8　个案具体情况表

幼儿姓名	年龄	性别
朵朵	4岁6个月	女
甜甜	4岁8个月	女
轩轩	4岁11个月	男
东东	4岁7个月	男

（三）我们的思考

自己动手的教育理念将儿童独立个性的培养融合在劳动活动与幼儿生活之中，形成丰富的劳动课程，这些课程让幼儿学会了生活的必备的技能和勇于尝试新鲜事物的勇气，形成不给他人添麻烦的意识。[1]分工到人就是基于上述考虑。与此同时，"共生"阶段既要个人的生长也要共同合作，因此，以适宜渐进的融合式课程和活动为中介，促进听障幼儿和普通幼儿学习和实践向同伴发出邀请、友好地提出请求、维持良好的同伴交往关系等进而达到反向融合的目标。

二、案例描述

（一）第一阶段

1. 个案观察

将劳动实践课程和绘画课程相结合设计和实施主题为"这是什么？"的绘画课程。教师设想：在此前基础绘画的练习的基础上，观察班内火龙果幼苗盆

---

[1] 罗向东，张小林. 日本幼儿劳动教育的案例、特征与启示［J］. 甘肃高师学报，2022，27（3）：77-81.

栽的样子并画到纸上。首先按照分组原则进行分组；再次以师生问答的方式来共同观察盆栽的样貌；最后回顾绘画盆栽所需的绘画技巧。最终由小组成员推选出最优秀的作品贴到班内的顶端进行展示。

实际场景：第一步，分组较为顺利。第二步，在师生问答环节中，因教师要求先组内讨论，再由一个组内成员代表回答问题。在此次环节中，大部分是由普通幼儿来代表组内成员进行回答。第三步，学习绘画技巧。由于幼儿前期进行过类似的绘画创作，所以在此阶段幼儿都兴趣高昂，创意无限。第四步，在推选组内优秀作品时出现了分歧，主要原因是对于优秀的理解不同。最终，组内以投票的方式进行选拔优秀作品。

2. 场景分析

教师在集体教学活动中，将每个小组就近落座的原则进行座位安排，与此同时，充分讲解了本节课的课程要求和活动合作任务。然而，由于听障幼儿朵朵对活动的参与程度并不高，导致整个个案小组的合作效率低下。因此，提高听障幼儿朵朵对课程活动的参与程度，是提升个案小组合作水平的重要前提之一。与此同时，实际教学活动中，在师生问答环节和推选优秀作品这两个环节中，都需要教师适当的介入。

通过反思，教师将原因总结为以下两个方面：首先，是听障幼儿听觉受限、认知滞后，与此同时表达方式也受限。所以听觉受限和表达方式受限是听障幼儿所面临的现实问题，认知发展的滞后也影响了听障幼儿对教学内容的回馈与反应。其次，由于认知发展的滞后，在教学中需长时间、多次数、多种方式来引导听障幼儿逐步理解课程内容，从而提升听障幼儿的兴趣，进而激发学习动力。最终，培养听障幼儿良好的学习习惯，并减少集体教学活动环节中经常处于游离状态的时间和次数，促进其参与和提升专注的时间和强度。

3. 支持策略

教师通过教研活动，围绕个案小组中听障幼儿朵朵对课程活动参与程度不高的原因分析，制定相应的干预策略对其进行回应与支持：开展个别指导活动补偿听障幼儿朵朵认知发展的滞后性。

首先，在进行个别指导之前，由负责语训的老师和本节课教师对课程内容进行梳理，根据听障幼儿朵朵目前的发展水平和个体能力的基础，总结其发展需求相适应的训练内容作为个别语训指导的前期准备。其次，结合从家长处了解的朵朵近期在家的表现。两者相结合作为此次个别语言康复训练的基础。最后，和朵朵进行思想交流，了解其当时课堂的思想动态，为日后课堂上的教学活动做好铺垫。

观察既是自我成长的学习方法，也是体悟他人的一个开端。"共生"不仅是听障幼儿和普通幼儿对自我感知，也是相互之间的了解和体会，更是对于生命的感悟和深思。

（二）第二阶段

1.个案观察

通过劳动教育课程结合科学活动课"这是我，这是我，这也是我"前期设计：在课前准备，将火龙果的种子单独提取，再将火龙果在成长过程中的视频、图片准备好。

在实施中，第一步，教师按照火龙果的成长顺序，逐步展开火龙果各个部分图片，接着教学环节时设置了"猜猜看"问答环节，要求每一位幼儿根据图片逐一回答"这是什么"。在回答过程中，教师观察到，个案小组内的普通幼儿甜甜、轩轩、东东的发言都较为积极，而听障幼儿朵朵虽然在前期都在关注同伴的发言，却极少主动参与。并且，普通幼儿甜甜、轩轩、东东在讨论的过程中更为关注自身的发言，很少顾及组内其他成员的发言。尤其是听障幼儿朵朵，常常在参与讨论时，因为语言不准确、逻辑混乱等问题，而被其他成员插话，进而失去表达的机会。第二步，观看火龙果的成长视频，理解火龙果在成长过程中的变化，以及每一张图片对于完整的火龙果的意义。第三步，让小组内幼儿分工用捏橡皮泥，制作火龙果的各个部分，最后再组装到一起。第四步，将成品放置班内橱窗进行展示。

2. 场景分析

虽然经过上次活动后长期的个别指导和家长在家不断的练习，听障幼儿朵朵已经有些进步，有时会主动参与到小组活动中。但因为听觉受限和表达受限，难以在短时间内得到全部的解决，所以还未达到理想状态。这就需要教师适当运用教学策略进行再次干预。

通过反思，教师将原因总结为：首先，虽然听障幼儿朵朵在主动参与性方面有些进步，但是在语言表达的准确性和逻辑性还需大量的指导和练习。与此同时，教师需要适当的引导普通幼儿帮助听障幼儿逐步成长。

创造是学习的应用场景之一，也是体会劳动成果不易的必要过程。只有自己动手体会劳动的乐趣，才更能体悟到享受劳动成果是的欢愉。每一个生命都是大自然创造的奇迹，每一个生命都有开端和结束。在生命的过程中，每个阶段都有不同的美，劳动教育就是让听障幼儿和普通幼儿都能体会到生命过程中的美好。

3. 支持策略

通过集体教研活动，教师就听障幼儿朵朵在问答环节中表现出的难得的主动参与，就表明前期长时间大量的个别指导和家长经常性地有针对性的配合在家练习，两者同时起着关键性的作用。同时，表达能力中的准确性和逻辑性还需要相应的原因分析，制定相应的干预策略，并着手进行开展行动，进行干预。同时，如何引导普通幼儿帮助听障幼儿也可以在这个阶段进行初步规划。

（1）关注听障幼儿多多语言表达的准确性、逻辑性

听障幼儿朵朵在问答环节的主动性参与虽然通过个别指导有所改善，但是学习是螺旋上升式的，所以在日常的教学中还需通过多次的不同方式对其进行鼓励和表扬，从而巩固听障幼儿朵朵的主动性。表达中的准确性和逻辑性还需进行大量的指导、帮助和固化。因此，只是单单依靠个别指导活动是无法有针对性、高效率的解决。因此就需要承担集体教学活动的教师，需要对当下出现的问题同时合力进行及时解决，给予听障幼儿朵朵以正确的反馈。因此，在之

后的课程活动过程中，相关的全体教师密切关注听障幼儿朵朵的情况，鼓励其在讨论中表达自己的想法；再出现表达不准的问题时，对其予以纠正，要求听障幼儿及时重复正确的语言；在听障幼儿出现逻辑混乱时，借助提问的方式，引导听障幼儿朵朵反思后，主动理清逻辑，并有条理的完成自己的表达。

（2）鼓励同组其他幼儿关注并支持听障幼儿朵朵的语言表达

在语言的学习中，学习动机一直被认为是第二语言学习的一个关键因素。[①]加德纳（Gardner）和兰伯特（Lambert）区分了两种不同类型的动机：一类称之为"融入性动机"，另一类称之为"工具性动机"。有"融入性动机"的学习者喜欢并欣赏所学的语言以及与所学语言相联系的文化，他们希望自己更像目标与社会中的一个成员，并能为目标与社会所接受。而且，部分研究者认为，"融入性动机"比"工具性动机"对语言学习更有促进作用，也是预示语言学习成功与否的更好因素。因此，普通幼儿也可以促进和提升听障幼儿的表达的主动性和准确性。

与此同时，很多研究者，如斯温（Swain），认为单纯的语言输入对语言习得是不够的，学习者更应该有机会使用语言，语言的输出对语言习得也同样具有积极意义。她还强调：只有输入没有输出，语言习得是不能成功的。学习者通过口、笔头等输出方式可以巩固其先前习得的语言知识，也可以检验其已获得知识的质和量。因此，园内全体教师努力为听障幼儿的语言表达，创设良好的氛围与情境，确保听障幼儿一定质和量的语言输出机会。[②]

具体策略为：通过课堂提示全体幼儿"每一位小朋友都要发言"，若有幼儿还没有发言，幼儿之间可以互相提醒要积极表达自己的想法；在听障幼儿朵朵出现表达混乱时，引导普通幼儿耐心听取听障幼儿表达的完整，并合理猜测

---

① 吴文华. 创设英语习得环境，激发学生学习动机［J］. 福建论坛（人文社会科学版），2007（S1）：120-121.

② Swain. Problems in Output and the lognitive Processes They Generate: A Step Towards Second Language Learning［J］. Applied Linguistics, 1995, 16(3): 371-391.

其想要表达的意思；之后，鼓励普通幼儿对听障幼儿进行正确示范，并及时引导听障幼儿进行模仿和巩固所学。

（三）第三阶段

1. 个案观察

在劳动实践活动"火龙果，我来啦！"中的设计：准备好火龙果的种子、泥土和花盆以及种植火龙果的视频和图片解析。实施中，教师在设计教学环节时重点设置了"种植火龙果的图片解析"。

实际场景：第一步，认识火龙果的各个部分。第二步，观看种植火龙果的视频，并将图片发到每个小组成员的手中。第三步，了解所需工具。第四步，小组内分工。在这一步发现个案小组内的幼儿因为分工发生矛盾。幼儿都愿意在最后给火龙果的种子浇水，都不愿意挖土。教师只好合并步骤，让每个小组的同学根据组内座位安排小组内成员的任务。第五步，将部分种子作为课后作业，可以让幼儿种在自己的家中进行观察。

2. 场景分析

虽然在课堂上按照"每一位小朋友都要发言"的设计进行，但在分工时出现了问题。个案小组内幼儿缺少解决矛盾的策略和方法。"共生"关联着小组中的每一个成员的思考与行动，个体差异也是出现矛盾时考虑的因素之一。矛盾的出现是阻碍了小组合作的进度，也是小组成员成长的契机。而如何将这个契机转变为成长的机遇，就需要教师从专业的角度进行思考和研究。

通过反思，教师将原因总结为：听障幼儿在表达方式上的准确性和逻辑性需要大量的练习，这既需要个别指导的针对性，也需要实践的累积才能逐步让听障幼儿内化；个别化指导具有的针对性是不容忽视的，还将继续；幼儿相互之间的互动还是需要教师及时地采取适当的方式进行干预；幼儿对于情绪的掌握也还需要慢慢练习。

劳动过程是创造劳动成果的必然阶段。劳动的每个阶段都需要听障幼儿和普通幼儿合力才能形成成果。合作，既可以促进劳动的成果，也可以体会不同生命之间合作的默契与美好。"共生",虽然每一个生命都因为肌肤之隔成为个体,但同样是因为追求美好生活这一共同目标而成为保护大自然的一员。"共生"在现阶段是听障幼儿和普通幼儿之间的交流与生长。与此同时,这个阶段"共生"的种子将埋藏在这些幼儿的心中成为日后努力、奋斗、成长过程里一个思想意识。"共生"既是人与人之间共同生长关系,更是人与自然和谐"共生"的关系。

3. 支持策略

教师在集体教研活动中,根据个案小组在互动中出现的矛盾与争执,进行相关问题的原因分析,制定出相应的干预策略,并在之后的集体教学活动中积极应用。

(1)为个案小组内的幼儿提供矛盾解决策略

矛盾产生的原因具有多样性,然而解决矛盾的策略却有统一性。在幼儿园教师的共同努力下,本研究整理了常见的幼儿同伴协商的策略:通过调整自我意愿和改变他人意愿来达到融合双方意愿,即尝试兼顾双方意愿为基础,协调观点和物品,也可找老师帮忙。

教师可以根据个案小组幼儿的具体矛盾提供具体的协商的策略,引导幼儿使用策略解决矛盾,进而推动合作的继续进行。同时,让幼儿学会处理矛盾的方法。

(2)为个案小组内的幼儿使用策略提供示范

考虑到个案小组内的听障幼儿朵朵在听觉受限、认知滞后和语言表达方面存在一定困难。教师采用绘本《鳄鱼爱上长颈鹿》《我才不会放手呢》等解决矛盾的绘本故事,和全体幼儿进行讨论,进而拓展幼儿解决矛盾时的策略和方法以及学习如何调整自我的情绪。例如:通过语言"如果我……,你能不能……""这一回……下一回……""你可以帮帮我吗?";或是肢体语言拉拉手,握握手,拥抱一下等解决矛盾。

三、个案效果与反思

（一）效果分析

经过一个学期的观察、研究和干预，个案小组中的成员都有了不同程度的成长，当然这些成长一定是在共同的环境中，相互促进、共同帮助中完成的。从认知滞后到不明白就问，从表达不清时的干着急到体会了他人主动帮助的善意，从单打独斗或消极的放弃到自己也可以试一试的勇气等，这些成长都是在幼儿同伴中相互合作的过程中逐步形成的理解、鼓励和帮助。不论是听障幼儿还是普通幼儿都在逐步成长，增强"我能行"的自信，树立正确的价值观和人生观。

（二）活动反思

个案小组幼儿互动中的合作需要教师及时地进行适当的干预和具体的指导，这是反向融合教育实践的重要组成部分，由此引发了教师的几点反思：

1. 小组成员之间的互动是发展良好同伴关系的重要途径

小组成员之间的互动不仅有助于学习具体技能，并增强学生的实践能力，而且有助于增强学生的社会沟通能力和培养责任感。因此，良好的同伴关系既是幼儿时期成长中必要的关系，也是成人之后必要的关系。如何拥有良好的同伴关系？从幼儿时期就需要学习的必备技能，也是教师如何帮助幼儿茁壮成长的必要思考和研究的内容。

2. 劳动教育有助于提升反向融合教育的质量

中国历来都是一个崇尚劳动的国家，中华民族自古以来就是一个劳动民族。劳动就是实现人的身心健康发展的重要载体。因此，既然爱劳动是传统文化的美德，那么劳动教育必然是学校教育不可分割的一部分。将劳动教育渗透到幼儿的日常生活之中是必然。并且学校作为幼儿生活的主要活动场所，就要根据幼儿发展规律以劳动教育为抓手来促进幼儿的成长。

结合石家庄市特殊教育附属幼儿园共生阶段幼儿的具体情况进行了探究，我们发现劳动教育在取得良好成效的同时，也进一步促进了听障幼儿和普通幼儿的"共生"效果。

家长篇

得师如此，三生有幸

◇ 明明家长

转眼，孩子送入石家庄市特殊教育学校附属幼儿园已经两周了，他也已经适应了幼儿园的生活。在朵朵班全体教师备至的关怀中，孩子一天天长大，孩子的各方面也都有了很大的进步，我们真切感受到了他一点一滴的变化，真是高兴在心里，感激在心中。

孩子入园以来，老师们以极大的爱心、耐心、责任心关心他、爱护他，用鼓励、赏识、参与等科学的教育方法帮助他，把爱传递到他幼小的心里。现如今，明明的小脸上时常挂着开朗自信的微笑，语言表达能力更是有了明显提高。几位老师不仅对孩子关爱有加，对家长也周到热情，同家长保持良好的联系沟通，及时把孩子的进步和接下来仍需要提高的地方告知我们，方便我们家校合作，为孩子的成长共同努力。

明明本来是一个腼腆、内向、不自信的孩子，经过在幼儿园半个月来的成长，他逐渐变得活泼外向起来。作为家长的我惊喜地发现，孩子正在点点滴滴中慢慢地成长，具体有以下几点：

一、变得礼貌了

入园前，明明是很害羞的，不善于表达，很少跟街坊邻居打招呼，"爷爷、奶奶"这些最简单平常的称呼，他都张不开口。看到明明的这些表现，我们确实很头疼，我们尝试着引导他，做示范，用各种各样的方式带动他，但是效果却微乎其微。直到入园之后，他天天跟老师们入园离园，慢慢地打招呼成了生活日常里信手拈来的一件小事，他甚至可以与见到的熟人进行流利的对话，这在之前是我们很难想象的事。不得不感慨幼儿园老师和保育员给孩子们营造了生动和谐的学习氛围，正因如此，孩子们才会有这些良好习惯的形成。

二、敢于主动表达想法

入园前，孩子几乎不主动表达自己的想法。需要家长主动询问孩子，才能知道孩子的内心想法，甚至有时需要家长说出几个答案供他选择。现在孩子可以在自己的认知范围中准确地表达出自己的想法，让我们在以后的生活中更加清晰地了解孩子的想法与意愿。入园后，我时常能听到孩子说出标准的普通话，使我不得不佩服老师扎实的职业素养和功底。

三、吃饭态度的改变

入园前，孩子挑食严重，只吃胡萝卜、土豆、西葫芦，这严重影响着孩子的健康成长。作为家长我也常常担心孩子会不会在幼儿园挑食不吃饭。没想到在老师正确与科学的引导下，孩子开始尝试并喜欢上了其他食物。听到老师夸奖孩子在幼儿园餐桌上乖巧的样子，我甚至怀疑是不是家里的饭太难吃了。

四、懂得自己拿主意

身为家长时常不知道该怎么和孩子做游戏。可现在不用担心了，孩子会把在幼儿园学习到的游戏等娱乐方式教给我们。现在孩子是我们的小老师，我们听从孩子的指挥。

五、孩子更有耐心了

入园前，孩子做什么事情时遇到困难做不好就会马上发脾气摔东西，然后就知道哭，爸爸、妈妈、爷爷、奶奶轮番上阵也哄不好。自从入园后，明显感觉到孩子有耐心了，自己做不好也不会发脾气，最起码会听从家长的劝说。之前给宝宝买的拼接玩具，他拼不上就会把玩具用力扔到地上，现在孩子有了耐心，每当遇到困难的时候也会求助他人。对孩子的耐心而言，真是很大的进步，希望他能继续保持！

六、有了平等的意识

入园前，孩子身为一名特殊的家庭成员，尽情享受着他人特殊的关爱，潜移默化中认为自己在这个家里拥有独一无二的地位，时常在家里对他人一言不合就大发脾气。入园后，经过一段时间与园中小朋友的相处以及老师们的悉心教导，孩子认识并学习到了应与他人平等相处，在家不耍小祖宗脾气了，也会把自己喜爱的零食分享给他人了。

我们单纯作为家长，其实对这些反向融合教育知之甚少，能直观肉眼可见的就是我的孩子进入幼儿园哭不哭、闹不闹、合不合群之类的，能不能听懂老师的指令，能不能做到老师的具体要求，然而这些都是表象。通过学校举办的家长课堂，幼儿园老师们为我们家长普及了一些关于反向融合教育的理念，尤其听了一些教育工作者的感触后，我们更加坚定地认为这个幼儿园肯定能对孩子习惯的培养乃至性格的养成有深远的影响，幼儿园老师们营造了良好的人文环境，让孩子们萌发了学习知识的小幼芽，引领孩子们在以后的学习生活中发挥自己的巨大潜能和优势。

幼儿园为孩子们创造了一个健康、快乐、充满温馨的学习环境。我们对幼儿园的课程设置非常满意，在幼儿园的每个班级里，都会有对应的教学计划，孩子们能够有计划地学习各种知识和技能。这些教学内容不仅丰富多彩，而且也非常实用。我们作为家长非常喜欢看到孩子比如说整理玩具、自己去厕所、珍惜食物等举动，孩子在活动中养成了良好的习惯和规则意识。

我们对幼儿园的师资力量也非常满意。幼儿园拥有一支充满活力且热情的师资队伍，每个老师都有自己的专业知识和教学经验。老师们善于发现孩子们的特长和兴趣爱好，并充分尊重孩子们的个性特点，给予他们适宜的指导和帮助。不仅如此，老师们还特别注重每个孩子的情感需求，常常安慰鼓励他们，帮助他们建立自信心和自尊心。我们家长可以非常放心地把孩子们交给幼儿园。

幼儿园生涯是孩子一生中接受的最为重要的启蒙教育。在人生第一站中，孩子能遇到各位认真负责的老师，是孩子一生中最幸福的事。千言万语倾诉不了对各位老师的感谢之情，我们很开心，我们很欣慰，我们很荣幸，孩子在起步阶段有幸进入到富有责任心、爱心和有奉献精神的幼儿园。我们相信，孩子的明天会更加美好！

感恩，遇见你们

◇ 小宇家长

2021年5月10日，小宇小朋友开始了新的人生篇章——石家庄市特殊教育学校附属幼儿园之旅。

记得入园的那天早晨，我们早早起来，孩子除了兴奋还有期待，我们是第一个到幼儿园的，教室里各种书籍、玩具、新鲜事物吸引着他，我们办完手续离开时，小宇忘记了对爸爸妈妈的不舍，高高兴兴地和我们说了"再见"。下午回家后，他还兴致勃勃地讲着幼儿园的各种新鲜事物。

第二天早晨，小宇依然是高兴地入园，据老师说，中午睡觉的时候他就开始哭了，开始想妈妈了。第三天入园，孩子开始闹情绪，不想上幼儿园，各种不适应和哭闹，开始了每天早上入园时与家人的难分难舍。每天想着孩子入园时撕心裂肺地哭声，作为家长的我，也是整天在忐忑中度过。

孩子这种情绪大概持续了一周时间，后来也就慢慢适应了幼儿园的生活，到如今，孩子每天都能高高兴兴地去幼儿园，有时候早晨还没睡醒，一听说该去幼儿园了，就迷迷糊糊地起身穿衣服。从孩子的表现中能看出，他喜欢这里的每一位老师，喜欢幼儿园的生活。

我想说的是：一切变化的来源，都是因为这里有着一群有着无比耐心和爱心的老师们。在孩子情绪最糟糕的那一段时间，园长陈老师和我分享着孩子的各种变化，班主任白老师每天都会和我交流孩子的在园情况，生活张老师叮嘱孩子衣食住行，老师在旁边安抚孩子，孩子会抱着老师的大腿睡觉，还有后来来园的小张老师、小朱老师、小闫老师、小赵老师、小杨老师还有那些临时帮忙或者实习的老师以及我叫不上名字的老师……这里的每一位老师都像妈妈一样，在用真挚的爱关心着孩子、用无私的爱慰藉孩子幼小的心灵，发自内心地对孩子好……作为家长，我内心深深感受到：这里的每一位老师的耐心细心，应该都要远远超出普通幼儿园老师的耐心细心，特殊教育学校的老师们心中更有大爱！虽然我们孩子上的是融合班，但是老师也一样注重关心孩子的心理成长，关注孩子的情绪背后隐藏的东西，细心关注到孩子生活中的点点滴滴，所以既是老师又是家长的我，发自内心地感谢感恩遇见你们———一群心存大爱的老师！是你们让我的孩子在他的童年时代快乐地享受幼儿园的美好时光，快乐地生活、健康地成长。

几年来，每一堂课，每一次交流，我们都在感受着老师们的付出和用心良苦以及孩子点滴积累的变化。

在这里，孩子开始懂得遵守规则。例如：幼儿园里吃饭、玩游戏、睡午觉都是要排队的，小宇从刚开始不知道该怎么做，到能够自觉地排队。虽然他在家时我们也强调：玩具玩完之后要送回家，书籍看完后要放回书柜，但是孩子的意识却没有那么强。入园后，规矩意识从无到有或者从有到加强再到习惯形成，逐渐增强。

在这里，孩子学会了分享与合作。平时在家中，玩具是他自己的，很容易养成以自我为中心的想法，独占意识很强，缺乏与人分享的意识。入园以后，在老师的引导与教育下，孩子愿意在活动中与同伴协商、谦让或合作，他们知道许多事情只靠一个人的力量是不够的。同时，也愿意将好吃、好玩的东西与同伴分享，当同伴有困难时愿意伸手相助，开始表现出合作意识。

在这里，孩子自理能力逐渐增强。入园前，孩子有时候自己吃饭，有时候大人看着着急就给喂了。孩子衣服穿得慢，大人就帮忙给穿衣服；孩子鞋子穿反了，大人就帮忙纠正了。入园后，小宇在老师的引导下、协助下，开始学会自己独立吃饭，独立穿衣服、穿鞋子。还在老师的指导下，学会了叠衣服，把物品摆放整齐等。

在这里，孩子的性格更开朗了，他更懂礼貌了。入园前，孩子与陌生的小朋友交往有些怯生生的心理；入园后，会主动向想一起玩的小朋友打招呼，还会大方地向老师问好。孩子喜欢自我表达和表现，例如：每周的小小播报员，孩子总是很期待；每周做值日生帮老师摆放碗筷，孩子总是乐此不疲。

在这里，孩子的动手能力更强了。就拿折纸来说，之前在家里接触得较少，在老师的示范和指导下，孩子学会了折叠小狗等简单的手工作品。

在这里，孩子更加懂得感恩了。有时候吃饭的时候，他会给我们唱老师教的"感恩歌曲"，还会将好吃的东西拿给爸爸妈妈分享，去帮助妈妈做简单的家务……

在这里，孩子还学到很多很多，他接触大自然，认识大自然，学习做人的道理，学习《三字经》，学习各方面的知识……成长中的孩子还有很多调皮之处，每次老师也都会耐心教诲，细心沟通……

需要特别提出的一点是：作为回族，因为饮食习惯原因，我们需要每天给孩子送午饭到校门口，保育员每天都要到校门口给孩子单独取饭。从园长到各位老师都非常尊重我们的民族生活习惯，尊重我们的"与众不同"。每天早晨，因为我上班时间早于幼儿园入园时间，也是张老师每天不辞辛苦提前出来接小宇。每天我下班接孩子晚，还是老师们耐心陪着孩子。作为家长，我们眼里看到的是点点滴滴，心里是无限的感激……

就这样，在幼儿园反向融合教育理念之下，作为幼儿园的第一届幼儿，我们已经走过了将近两轮的春夏秋冬。其实在刚入园的时候，有人提醒我：普通幼儿会不会受到听障幼儿的影响，这会不会对普通幼儿成长不利？我倒是认为：这是一件好事，让普通幼儿在这种反向融合环境中，学会接受、尊重、理解和宽容，尊重个人差异的存在，让普通幼儿从小就种下善良的种子，去帮助需要帮助的小朋友，何尝不是一件好事！更何况，这里有着那样一群心怀大爱的老师们！作为家长和孩子，我们何其有幸——感恩，遇见你们！

感恩有你，携手共行

◇ 妮妮家长

2022年10月17日我家的宝贝第一次入园了。对于为什么选择进入石家庄市特殊教育学校附属幼儿园，其实也是一个偶然。我是无意间看到了该幼儿园的招生简章，想到家里的宝贝，从而主动联系了陈老师。刚开始由于对反向融合教育了解得不是很清楚，内心多少还是有些顾虑的，但在参观幼儿园的过程中，陈老师的耐心讲解使我们家长打消了顾虑。而入园的这半年左右的时间里，我看到了孩子身上发生的变化，这些变化除了来自我们家长的陪伴，更多的是来自老师们的教导。

感恩家长的用心陪伴。在孩子入园之前，我和孩子一起度过的宝贵时光中，已早早做好充分的入园准备。我和孩子每天共读《你好，幼儿园》绘本，向她讲述幼儿园里的生活，并告诉她，在幼儿园里遇到任何困难，都可以在老师的帮助下解决。同时因为要进入的是一个"反向融合"的幼儿园，针对这些我们也做了一些准备，像观看一些影片、一些绘本之类的，让孩子懂得尊重个体之间的差异，认识个体间的不同，接纳不同的个体。同时在孩子入园的第一天，我和爸爸陪着孩子去了她的班级。孩子刚开始有些害怕，紧紧跟在爸爸妈妈身边，但是进入教室后，孩子却主动走了出来。因为这里有一些玩具她玩过，有一些书本她看过，还有其他熟悉的物品。而这些都让孩子充满安全感和熟悉感，所以孩子很自然地开始融入新的环境。看到孩子在教室里玩得很开心，我们也就放心地悄悄走了。我们悄悄走后，小朱老师也向我们反馈说孩子情绪很好，现在都可以完成区域游戏和基本活动了。听到老师这么说，我们倍感欣慰。

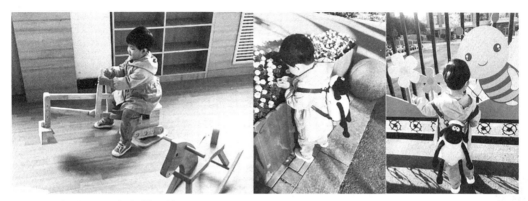

图 5-2　在幼儿园，妮妮快乐的一天

感恩老师们的用心付出。因为老师们的认真负责，孩子在园中改变很大。

性格上变得更自信，在表达自己想法方面更加流畅。我以前从未看到过孩子这样从容不迫地表达自己。我了解到，在幼儿园里，老师鼓励孩子自己思考问题，并鼓励孩子提出问题，让每个孩子的思维都得到了激活。

品德上有了很大的进步。孩子在幼儿园期间不仅学到很多的知识和生活技能，同时在品德上有很大的提高。关于在幼儿园里所学到的品德，孩子在吃饭前给我们背了《感恩诗》。

感恩诗

感恩天地，滋养万物；

感恩国家，培养佑护；

感恩父母，养育之恩；

感恩老师，辛勤教导；

感恩同学，关心帮助；

感恩农夫，辛勤劳作；

感恩厨师，做出的美味饭菜；

感恩所有付出的人！

这使我深深感到心灵的温暖，也让我很感激幼儿园的老师们，让我的宝贝培养了如此积极向上的品德。

老师们会认真地对待每一节课，奉献出了丰富多彩的课程，像"传统文化活动之墨吹莲藕""世界水日，节约用水，从我做起""中方水墨与西方波点""颜色的秘密""叠衣服从我开始""欢乐音乐""户外课"……还有小白老师的健康活动"保护眼睛"，小朱老师的音乐律动"病毒走开"，小赵老师、小张老师的亲子游戏"你扔我接"，小张老师的美工课"美味的爆米花"，闫老师的语言课"老爷爷的帽子"，小白老师的音乐律动"摆臂歌"，小朱老师的体育课"一起来运动"，小赵老师的科学课"会跳舞的小豆子"，闫老师的美工课"丰收的秋天"，小白老师的手指游戏"左左右右"，小朱老师的绘本课"我不知道我是谁"，小赵老师的美术课"我和我的朋友"，小朱老师的体育课"健康操"……每一节课程她都感到非常兴奋。在这个过程中，孩子们不仅学习了知识和技能，还学习了如何在团队中合作。

图 5-3　幼儿园里，妮妮与小伙伴一起开心地玩耍

在入园后的教育中，孩子们逐渐建立了友谊和互信。每天放学后，我都会和孩子交流一下她在幼儿园的日常和班级同学之间的互动情况。孩子告诉我，她喜欢在班级里和小朋友一起玩耍。她告诉我小朋友的名字：小宇、源源、墨墨、峻峻、原原、朵朵、佑佑、叶子、东东、旦旦、二宝……而这种友谊和互信的建立也是融合教育的一部分，而且它带给孩子们无限的欢乐、学习能力

的提高和童年的愉悦。在这个过程中，孩子们也学会尊重别人的差异，包括文化、性别或人格差异等。这使孩子们了解到世界的多样性，并且也让他们在班级中学会了相互理解和支持。

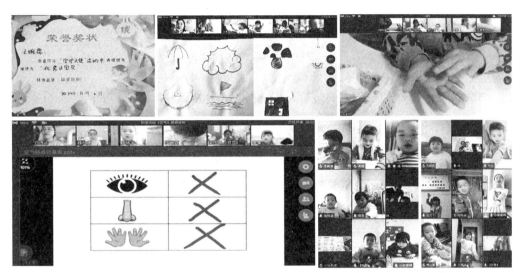

图 5-4　妮妮与小伙伴们共成长

作为家长，我非常感激老师和幼儿园对孩子们反向融合教育的重视和付出。孩子入园后的反向融合教育让我们非常感动。

图 5-5　妮妮在温暖的融合班级里学习、生活

最后，孩子入园后的反向融合教育给我们带来的不仅仅是知识和科技，还让孩子们有了更加开阔和全面的人生视野。我深深认识到，反向融合教育是一种深远的教育理念，它将继续影响孩子们今后的学习和生活。我们更应该秉承反向融合教育理念，为孩子们提供良好的教育和成长的环境，让每个孩子都能够发挥自己的巨大潜力，我们也要努力配合老师们的工作，一起携手共进！

家园共育待花开，携手并进向未来

◇ 源源家长

2021年9月1日，在源源刚过完三周岁生日后的第一天，我将他送入石家庄市特殊教育学校附属幼儿园。记得刚入园的第一天，我是那么的忐忑，对于一个一直在父母身边而且年仅三岁的孩子来说，让他独自一人去面对一个陌生的环境，去和老师、同学在一起学习、生活，开始他人生的一个新起点，我们做父母的是那么地激动与高兴，却又充满着不安和担心。

一、爱一直在延续

作为一个孩子的家长，我深知照料幼小孩子的艰辛，开始我也很不放心，可是正是幼儿园各位老师的细心和耐心让我真的放了心，我看见了你们是怎样百般耐心地安抚新入园的孩子，看见过你们带孩子活动，你们一手抱着新入园大哭着的孩子，一手牵着依恋老师的孩子，嘴里还不停地招呼着四处乱跑、不听话的孩子。源源会给我表演老师教的儿歌，会说老师拍着他睡觉，说还会给他讲睡前故事，孩子谈起老师时的口气，亲切、自然，好像说起家人一样，这让我们深深地觉得，老师们是在用爱浇灌这些小苗苗。老师们的表现让我这个孩子家长自愧不如，也让我真的彻底放了心。

一位教育家曾说过："如果所有孩子都受到一样的教育，那么他们的命运就决定与其禀赋的多少。"孩子生下来的时候都一样，人如同瓷器一样，小时候就形成了他一生的雏形。幼儿时期好比制造瓷器的黏土，给予什么样的教育就会形成什么样的雏形。"儿童是成人之母。"此言确实千真万确，我们谁都无法否认，成人的基础是在小时候形成的。所以，对孩子的教育必须尽早开始，越早取得的效果就越显著。幼儿园老师可以为孩子们创造良好的教育环境，这点让我们非常放心。

二、教育需要包容和爱，包容的教育更能成就未来

我一直相信教育需要包容和爱，包容的教育更能成就未来。这种包容可以小到同班同学，大到社会国家。反向融合教育从来不是嘴上说说那么容易，而应该是站在同理心的角度思考，自然而然地去接纳。这种接纳并不是一味的纵容，而是在孩子们出现问题行为时能够不歧视，并且帮助他们一起纠正。

老师们以极大的爱心、耐心、责任心关心他、爱护他，用鼓励、赏识、参与等科学的教育方法帮助他，把爱渗透到孩子幼小的心里。不知不觉，源源在幼儿园精心的照顾下，已经开始了他入园以来的第四学期的学习，每天去幼儿园成为他最高兴的事情，小脸上时常挂着开朗自信的微笑。现在他已经具备了一定的学习能力，生活中能够自己吃饭，收拾玩具，自己刷牙、洗脸、洗袜子；同家长主动沟通，讲一些园里有趣的事情；和小朋友活动中懂得谦让、合作、帮助、宽容；在见到长辈时能主动鞠躬问好。他还拥有更为可贵的语言表达能力、想象力与创造力，好奇心与进取……这一切的一切都归功于幼儿园的老师。

三、孩子的转变我们看在眼里，开心在心里

回想这一年多的时间以来，孩子从大哭大闹着不肯入园，到今天他无比高兴地融入幼儿园快乐的集体生活，甚至每次放学都不愿意回家，希望能在幼儿园多玩一会儿、再多玩一会儿，多少的酸甜苦辣，多少的焦虑迟疑，是幼儿园各位老师一直在陪着我们见证着孩子的成长。从他穿着开裆裤，经常尿湿裤子，吃饭要人追着喂，到现在的生活基本能自理，甚至还能教育我们"不能乱扔东西""吃饭要洗手"，会做许许多多的手工，教会我玩各式各样的游戏，尤其是当我看见他在舞台上晃着小脑袋表演"三字经"节目时，我激

动地掉下眼泪，连着看了八遍，我知道在这些背后幼儿园的各位老师付出了太多太多。

学校还安排了网课，刚开始我是觉得多余了，但当我陪孩子上完几次课后，觉得幼儿园安排的网课太重要了，每一位老师都精心准备教学内容，同时让孩子们团结在老师的周围，一直记得他们是一个集体，乐在其中地学习。当我把网课的情况分享给同事时，同事竖起了大拇指。

我深深明白孩子的点滴进步得益于陈园长和老师们的共同努力，老师对家长周到热情，经常同家长保持良好的联系沟通，非常感谢陈园长和各位老师。有时我们忘了给孩子剪指甲，孩子说老师给他剪指甲了，我们真感动，老师真细心。你们十分辛苦，但你们毫无怨言，总是满面笑容地把快乐带给孩子，是他们的"好妈妈"，非常感谢你们——陈园长、白老师、朱老师、小张老师、大张老师……

四、总结

人生之所以宝贵是因为不可以重来，孩子的成长经历同样也只有这么一次，为了能够让他们在成长的道路上受到良好的学校教育，作为家长的我们需要努力为孩子选择优质的上学环境。荀子曰："学不可以已。"教育之路上没有所谓的捷径可走，唯有不断地学习，不断地实践，不断地总结，最终才能获取一定的成效。我相信，通过辛勤灌溉，注入了心血的树苗终将会结出累累硕果，愿孩子们能在学校的幸福阳光下苗壮成长起来。老师的知识和认识对孩子向什么方面发展，成为一个什么样的孩子，做一个什么样的人，是非常关键的。每个孩子的优秀都是有原因的，在早期教育中老师将教育化为有心而无痕，在潜移默化中带给孩子深远持久的影响，非常感谢幼儿园的老师们，看到孩子越来越好，我们做家长的心里充满了开心和感谢。

最后，我们全家希望石家庄市特殊教育学校附属幼儿园越办越好，我们也相信接下来我的宝贝会在本园生活得开心快乐。家园共育待花开，携手并进向未来，感谢，感激，感恩！

看得到的曙光，摸得到的未来

◇ 佳佳家长

3月3日那天在特教学校了解了石家庄市特殊教育学校附属幼儿园的反向融合教育模式以后，我们果断地让我儿子去这里上学了。

两年以前我儿子做了人工耳蜗，后来就一直四处奔波于康复教育机构进行康复训练，可是两年过去了孩子还是没有多少进步，不但说话不清楚，而且听觉习惯也不好，因为在康复机构上学的孩子们大多数都不会说话，这就导致孩子们即便在一对一的课上学会了，课后因为没有整体的语言环境和氛围还是得不到课下锻炼，没有语言环境这是一个特别严重的问题。

自从来到这个反向融合幼儿园，在老师每天不厌其烦地一遍遍指导下，孩子一些发不清楚的音，能够发清楚了，这对于父母和孩子都是莫大的鼓舞。尤其是在反向融合幼儿园里有很多普通幼儿，一对一课后就能够跟他们一块儿上课、做游戏，孩子慢慢地在发音上有了改善，之前不认识的林氏六音也基本能说清楚、认清楚了，真的发自内心地感谢老师！看着孩子一天天进步，我们打心眼里感到欣慰，下面就将我的几点感悟和心得分享给大家。

一、包容的环境更能成就未来

感谢孩子生在了一个最好的时代，如今融合教育受到国家和政府的大力支持，融合教育也逐渐走进大家的视野，这也为听障幼儿创造了与普通幼儿一起学习、玩耍和生活的机会。因为身后有国家的支持，我们作为家长更加有底气和自信去把孩子送到石家庄市特殊教育学校附属幼儿园这个反向融合教育的大家庭里。自进入幼儿园以来，处处可以感受到学校"用爱传递快乐，用心成就未来"的宗旨，在学校融合教育的氛围中，孩子每天都有让我们惊喜的进步，孩子对自己的变化也很满意，看到他开心，我们更加欣慰。更值得一提的是，幼儿园内设有特色的多功能活动室，可以让幼儿们寓教于乐，在游戏与活动中回归自然本真，我认为这一点对于我儿子现阶段是很重要的。我和孩子爸爸都认为把孩子送到石家庄市特殊教育学校附属幼儿园这一决定是非常正确的，我们不再担心孩子人生的第一颗扣子会扣不好，也不会再担忧今天孩子在学校是否有进步。因为我们心里清楚在这样的融合环境下，孩子会越来越好。

二、尊重和理解是最好的帮助

非常感谢学校老师们以及和我儿子同班的小伙伴们，他们给予了我儿子最大的包容和帮助。儿子每天下学回来都会告诉我几个新朋友的名字以及今天在学校和哪个好朋友一起做了什么事情。在还未上幼儿园之前，因为孩子自身的听力问题，很少能和同龄小朋友玩到一起去，这也是我和他爸爸一直很担心的问题。来到幼儿园后，园里的普通幼儿都对我们家孩子展现出了极大的包容和耐心。也许在大人的世界中可能存在一些偏见，或者一般来说，对别人的感情都是有一定前提的。但是，小孩子的世界是很单纯和美好的，对于小孩子们来说对自己的朋友有耐心和包容是一件没什么大不了的事情。你帮助我，我帮助你，我们都是好朋友。在孩子上幼儿园前，我和孩子爸爸担心过孩子的适应问题，我们会考虑孩子在幼儿园能否与其他小朋友们相处愉快，能否适应幼儿园的生活。入园一段时间后，我们心中的疑问逐渐有了答案。我和孩子爸爸认为反向融合教育不仅需要教育环境的支持，也需要每个人的努力。人心中的成见是一座大山，如果仅仅提供反向融合的环境但内心却仍有芥蒂，那么这样的反向融合不能说是完全没有意义，只能说是还有要努力的空间。而我认为反向融合教育最大的意义是让每个人内心深处都能包容别人的不同甚至残缺。发生不同寻常的事情是正常的，重要的是，我们用什么样的眼光去对待。幼儿园的其他小朋友们充分给予我家孩子尊重和理解，我想这就是对他最大也是最好的帮助。

三、爱是教育的基础

我和孩子爸爸始终认为，爱是教育的基础，有爱才有好的教育。我儿子在幼儿园老师的耐心教导下，在发音方面有了明显的进步，也更加爱和我们进行沟通了，每天放学后，在接他回家的路上，孩子开始愿意和我们分享今天在幼儿园发生的有意思的事情。比如今天老师表扬他什么事情，或者和同学们今天一起做了什么游戏，说了什么话。以前孩子因为自己发音的问题其实很少愿意和我们进行沟通，把孩子送入幼儿园后，我们都明显感觉到孩子变得越来越活泼和外向了。我知道孩子一点一滴的变化都与老师谆谆教诲密不可分，所以我们家都非常感激学校和老师。

最后，感谢学校提供的反向融合环境和支持，感谢老师们的无限热情和耐心教导，感谢普通幼儿们的理解和帮助。希望石家庄市特殊教育学校附属幼儿园的反向融合教育越办越好，为更多的特殊幼儿谋发展！

小变化，大进步

◇ 峻峻家长

我的孩子在石家庄市特殊教育学校附属幼儿园上学已经有两个多月了，时间过得可真快啊，看着现在这么喜欢上幼儿园的他，我发自内心地高兴。这一切的一切都离不开幼儿园老师的辛勤付出和关心照顾。同时更加让我觉得把孩子送到这个幼儿园是一个明智的选择。

2022年10月13日峻峻开始上幼儿园，一开始让峻峻走进幼儿园就是一大难题，每天早上入园都不愿意去，然而现在下午去接都不愿意回家，孩子的变化是非常清晰可见的。

说实话，在峻峻刚入园时，我对孩子的期望不是很高，甚至没有期望，因为他在入园前不会自己吃饭，不会自己上厕所，只会简单地表达自己的想法。我想他去了之后，能不能自己吃饭，会不会和小朋友建立良好的友谊，能不能适应幼儿园的集体生活呢？会不会待几天就想回家了呢？没有想到，我的种种担心最后都会被孩子优异的表现打消。那么孩子身上究竟都发生了什么变化呢？

首先，孩子的思想状态转变了。一开始上幼儿园，哭闹不想去是家常便饭，孩子需要爸爸抱着才进幼儿园，有时还要给他一些玩具，他才肯从爸爸怀里下来。但是现在他非常愿意去，都不用我们催促，每天拉着我们的手，蹦蹦跳跳地就去了。到幼儿园门口，他还会自己喊着老师，给老师打招呼，非常开心地就跑进去了，这和之前打滚不愿意去学校的孩子判若两人。现在孩子每天起床很早，高高兴兴地坐车去幼儿园。这足可以看出来我们的幼儿园是一个充满快乐的地方，不然怎么会有如此大的吸引力呢？

其次，孩子的饮食起居更有规律了，身体也是棒棒的。现在峻峻每天几乎都是6点10分左右起床，高兴地穿衣服，从来不耍闹，晚上9点左右就主动去睡觉，读个故事，很快就能睡着。峻峻吃饭也有规律了，以前吃饭挑食，还不定时，随时想吃就吃，没有一个好的饮食习惯，对身体也有很大的伤害，但是现在峻峻吃饭都很准时，也不怎么挑食了，吃的也多了，身体棒棒的，几乎不生病，到现在没有请过一次假。还有非常让人惊喜的是，峻峻居然开始睡午觉了，从他睡眠时间变得规律开始，就没有睡过午觉。不管我用什么办法，都不能让他睡午觉。我也默认他晚上早早睡，一天也能睡够时长。但我深知睡午觉的好处而无能为力。没想到现在他可以很有规律地睡午觉了，这大概就是集体生活的好处吧。孩子生活能力也提高了，以前上厕所都要家长帮忙，现在基本上都能自己上厕所了。

再次，孩子的精神面貌改变了很多。峻峻在入园以前经常看电视，看手机，有时还会对我们的劝说发脾气，但他自从入园以后看得就少了，而且在老师的悉心教导下，他学会了很多首儿歌，每天都会哼一哼，有时还会让我们陪他一起唱，虽然峻峻还不会系统的舞蹈动作，但是音乐一响，还是可以非常开心地蹦呀蹦。峻峻现在也懂礼貌了很多，在学校经常对老师说"老师辛苦了"，在家里也经常对我们说"爸爸妈妈辛苦了"。峻峻见人很有礼貌，"谢谢""对不起"也经常挂在嘴边，小区里的叔叔阿姨见到峻峻后都夸。

最后，孩子懂得了秩序规则。之前峻峻遇到事情就着急、喊叫，玩具、书籍经常乱扔，不知道收拾和爱惜。虽然我们也教育，但效果不理想。现在，峻峻遇到事情都会向我们寻求帮助，我们也告诉他怎么去处理这件事情，他就会按照我们的要求去做并做好。他也知道收拾玩具、书籍了，以前玩了玩具以后不会收起来，看了书以后也会乱放，现在他经常将这些摆放得整整齐齐。峻峻有时也经常和妈妈一起叠衣服，把自己的小衣服放好。

其实，每一个发生在孩子身上的变化，我都看在眼里。看着孩子从一个不懂事的小朋友，逐渐成长为一个有礼貌、乐于助人的小朋友，看着孩子一天天地成长进步，一天天地变得更好，我们从心底感到开心！同时我们也更加感谢幼儿园的各位老师和领导，把我们的孩子从一棵小草培养成一棵健康的小树苗，我们的孩子在这样的环境下一定可以健康快乐成长，在这里收获许许多多的好朋友。

对于孩子的变化，我们看在眼里，暖在心里。同时我也对幼儿园反向融合的理念有了新的认识和了解，反向融合能让幼儿们理解各自差异，打破完全隔离的状态，更好地和同伴建立良好的友谊和信任，这对于听障幼儿和普通幼儿来说都是一笔宝贵的财富。幼儿时期是孩子发展的关键期，所以给幼儿良好的教育对幼儿以后的发展非常重要，打好基础才能节节高。

入园两个多月的时间，孩子能有这么多变化，我们感到很欣慰，当然了说到底还是离不开幼儿园老师的教育和培养，是老师用辛勤的付出和无微不至的关心照顾换来的，在此衷心地感谢老师们对孩子的付出，以及不厌其烦的教育，感谢你们对孩子的照顾和培养，感谢你们以和蔼可亲的态度、高度负责的精神滋润着孩子幼小的心田，你们就是孩子人生起点的导航之星，点亮孩子的前程，谢谢你们！

每天去幼儿园是孩子最高兴的事情，作为家长，我们深刻了解孩子的点滴进步和老师辛勤的付出是分不开的，作为家长，我们也会密切配合老师们的工作，支持老师，做好孩子的后勤保障工作，共同助力孩子的健康成长，让孩子在幼儿园快乐生活，快乐学习。

一步一脚印，一行一进步

◇ 涵涵家长

作为父母的我们，每当看到孩子在石家庄市特殊教育学校附属幼儿园的点滴变化时，我们都会为之感动和欣喜。入园前，我曾怀疑我的选择是否正确，也会担心孩子在幼儿园中能否得到很好的成长和发展。当放学后听到孩子告诉我："今天学会了一首儿歌，会跳了一支舞……"又或者在不经意间听到孩子说出像"小大人"一样的话，看到她说话时丰富多变的小表情和小动作，孩子的种种变化无一不让我觉得之前的怀疑和担心是错的，让我觉得来到这个幼儿园是一个正确的决定！在这里，我的孩子涵涵发生了令人欣喜的变化，以下就是她在入园后具体发生的变化。

一、能够自主进食

我认为一天最令我头疼的问题就是涵涵的吃饭问题，在没有入园时涵涵是需要家长追在身后喂饭的。作为家长的我知道"追着喂饭"的这种行为习惯是不利于幼儿各项发展的，很希望尽快帮助涵涵改掉这种不良进食习惯，但确实也不知道该从何下手去纠正这种不良进食习惯。入园一段时间后我惊奇地发现经过老师的教导后涵涵的进食习惯发生了巨大的转变，现在的涵涵已经变成了一个不挑食、不会浪费食物，可以独立吃完整餐的乖宝宝了。

二、学会讲道理

入园前的涵涵会通过哭闹来让我们满足她的需求，而且往往是不达目的不罢休的。通过和幼儿园小朋友的相处并加之老师的耐心教导，现在的涵涵学会了沟通，懂得如何体贴身边的人：会在爸爸妈妈不舒服的时候照顾爸爸妈妈的心情，给予爸爸妈妈关心。涵涵的这种行为让我心里感到暖暖的，也让我觉得她成为更温柔的小宝宝了。

三、动手能力和逻辑思维能力增强

入园之后，涵涵在老师的带领下，动手能力明显增强，也变得更加有耐心。具体表现为涵涵到家之后会帮爸爸妈妈做一些简单的家务了，不会像以前那样只会给爸爸妈妈添乱了，会在爸爸妈妈晒衣服的时候帮忙拿衣架，扫地的时候帮忙挪凳子。同样，涵涵也能够逻辑清楚地和我们复述在幼儿园中学到的内容，在家里讲话也越来越流畅，越来越头头是道了。现在的涵涵是一个动手能力强、思维清楚、能说善辩的聪明宝宝了。

四、主动结交朋友

涵涵入园前是有一些以自我为中心的，她的独占意识很强，缺乏与人分享的意识。入园之后，在老师的引导与教育下，涵涵愿意在活动中与小朋友协商、谦让、合作，知道了许多事情只靠一个人的力量是不够的。涵涵也主动结交了许多好朋友，他们会一起在幼儿园里开心地玩耍。放学之后涵涵还会开心地对我们讲在幼儿园中和小朋友做了什么游戏，一起完成了老师布置的什么任务。涵涵也会和别人分享了，从独占好吃的食物到会与小朋友、家人分享好吃的食物了。看到她与小朋友们开心地玩，分享她的东西，我都觉得我的涵涵是一个开朗懂事的好宝宝了。

五、变得有计划，会按时睡觉

入园前涵涵是一个极其不爱午睡的小朋友，不过她在入园后就形成了良好的午睡习惯。放假在家的时候，涵涵不用爸爸妈妈催促也会乖乖爬上自己的小床去午睡，这与之前大不相同。同样，涵涵还学会安排自己的事情，并且可以逻辑清楚地向爸爸妈妈表达自己的诉求与计划。她会根据事情的重要程度来决定做事的顺序，对待老师布置的作业，她总是在回家后的第一时间完成，知道"完成作业后，才可以去玩"。因此，家中很少因为孩子的作业问题出现"鸡飞狗跳"的场景，对此，我们感到非常欣慰，这也让我觉得涵涵是一个有计划、让爸爸妈妈省心的懂事宝宝了。

以上就是孩子点点滴滴的变化和提高，对于孩子的变化，作为家长的我们看在眼里，这些变化无不使我们深深地为之感动，同样我也深知孩子的这些变化离不开老师的努力和付出，把孩子交到你们这些富有爱心、耐心和责任心的老师手里我们感到十分放心。

幼儿园是孩子走出家庭、走向社会的第一步。在这里，老师播种爱，收获爱。在这里，孩子播种信念，收获品性。我相信老师一定会引导孩子在爱和光明中前行，平安快乐地让孩子度过幼儿时代；孩子也会留下关于老师、关于学校、关于生活，最初的也是最深刻的，温暖且美好的回忆。在这里，我衷心地道一声"老师们辛苦了"，感谢你们无私的奉献和付出。我们家长也会尽全力去配合老师的工作。

用心培养，静待花开

◇ 童童家长

有人总以孩子的先天不同，否定孩子的一生，但我始终觉得，这对于孩子是不公平的，即使一个孩子不能长成花，不能开出娇艳的花朵，但或许你不知道他有长成参天大树的潜质。所以，对任何一个孩子，无论他们起点如何，我们都要用心培养，静待花开。

我的孩子和别人相比是不同的，但我从不觉得这是不幸的，好在我也遇到了和我一样觉得一切都有希望的幼儿园和老师。在孩子进入石家庄市特殊教育学校附属幼儿园后，经过一系列的康复流程，我见证了幼儿园对孩子康复做出的一系列指导。老师还指出了我们孩子的性格特点较为内向，语言较为贫乏，为了帮助孩子更好地康复，要努力让孩子多讲一些话。学校为孩子营造了良好的康复环境，想办法丰富幼儿们的语言。

首先，我要感谢老师们的帮助，经过一年半的努力，在老师多种干预方式的引导下，孩子终于出现了第一声的仿音，这对于我们家长而言是莫大的欣慰，我知道我的孩子在慢慢地进步。虽然孩子没有进行自主表达，但他这一仿音的出现，这一小步的出现，让我很清楚他的认知理解能力在慢慢提高，词汇量也在慢慢地积累起来，这在我们看来小小的一步，对他来说却是大大的一步。

其次，老师们为了更好地给孩子进行康复训练，使得康复效果最优化，指导家长可以学习和使用听觉口语法的教学技巧。所以在日常生活中，我十分注意这一方法的学习和使用，久而久之，结合自身的实践，我发现了最适合孩子的康复方法。日常生活中，我最常用的教学技巧就是自言自语和平行谈话，通过讲述自己正在做的事情或动作，描述他人所做的事情或评价孩子正在做的事情，进而对孩子产生语言刺激。在陪伴孩子和孩子相处的过程中，无论自己和孩子进行了什么活动都要结合孩子的语言水平说出来。同时家长也可以结合现实生活的不同场景对孩子进行语言刺激，这样孩子对于话语的印象会更加深刻且影响长久。即使孩子在现场没有给予家长反应或家长看不到时下的即时性回报，只要家长长期坚持语言输入，孩子的词汇积累量就会慢慢提高，久而久之就会出现各种家长意想不到的惊喜。

三年间，我陪伴儿子在石家庄市特殊教育学校附属幼儿园慢慢学习和掌握各种康复训练技巧。这一路走来，有心酸，有焦虑，更有意外的惊喜和收获。

在老师们的悉心陪伴和耐心教导下，我和儿子在学习进步的道路上慢慢前行。下面站在家长的角度里，我结合自己的实践，简单谈一下学习体会。

首先，身为家长的我们需要有足够的耐心，帮助孩子打好基础，为孩子创造良好的康复条件。从进入康复中心到儿子两岁半一共一年半的时间里，孩子的状态就好像无论我怎么给他进行语言输入，他都不能给我正向的回馈，即使有一定回馈也和没有进行干预前的状态没什么区别，干预效果也是不明显的，而且孩子一直没有出现仿说和自主表达等行为，这使我和孩子的其他亲属非常焦虑迷茫，我们不知怎么做才能确切地帮助到孩子。就在我们一家人质疑"这样的干预真的有必要吗？""我的孩子在这样的干预条件下能有效果吗？"的时候，老师给我指明了方向：一是坚持给孩子进行语言输入和听觉康复训练，让孩子在游戏中学习；二是家长要从自身的性格特点进行分析，老师指出了我的性格过于内向，应该适当改变自己的行事风格，平时在孩子面前多讲些话，更好地对孩子进行语言刺激，即使当下孩子在现场没有给予家长反应，但是只要家长长期坚持语言输入，孩子的"词汇库"就会不断扩充新词，久而久之就会带给家长惊喜。在儿子的听障康复之路上，我很清楚我在诸多方面还有很多的不足，在有些情况下会出现懈怠和不耐烦，但好在我有幸能得到康复指导，可以定期参加康复技能指导培训等，这些成功的案例和实用的经验，都给予我新的学习动力。在此我真心感谢老师们对我和儿子的帮助和支持，我们会继续努力向前。

我们曾如此渴望命运的波澜，到最后才发现，人生最曼妙的风景，竟是内心的淡定与从容；我们曾如此期盼外界的认可，到最后才知道，世界是自己的，与他人毫无关系。经历了世间的风浪，也悟得了生命之本色，任凭清风沁入五脏六腑，看云卷云舒，心若柳絮，飘然纷飞。我想很多时候，我埋怨上天不公夺走我孩子的健康，但也许他此生本不该经历我们常人所该忍受的蹉跎和彷徨，不如就让花成花，让树成树，在能力范围内努力地生活，不再过分追求生命本身快乐之外的东西，用心培养自己的孩子，在万千道路中选择最适合他的一条，人生一趟，他快乐就好！

种下爱的种子

◇ 康康家长

三周四个月，我的宝贝正式开始了在石家庄市特殊教育学校附属幼儿园的生活。由于家中老人不方便接送，爱人工作很忙，所以我们一家选择了离家很远，但是离我工作单位很近的石家庄市特殊教育学校附属幼儿园。入园前我有深深的顾虑，每天会不会让孩子起得太早了？每天我还要准备早饭，对于大部分时间独自带娃的我，会不会太累了？来回坐车，对于小小的她来说是不是太辛苦啦？从二月份入园到今天将近两个月的时间，我看到了有爱、有责任心的老师们，看到了孩子身上一天天喜人的变化。现在觉得，这个幼儿园值得我们多付出一点点。

入园记事一：有爱的幼儿园

我们的幼儿园有点特殊，因为有一群"特殊"的孩子。他们戴着人工耳蜗，在陈园长和老师们的帮助下咿呀学语。通过了解，我们才知道这叫反向融合教育。作为普通孩子的家长来说，我很赞成这种教育方式，因为每个孩子都有享受同等教育的权力。每当在网上看到听障宝宝佩戴人工耳蜗后，孩子第一次听到声音发出啼哭声，我都觉得很感动。感谢这个时代，感谢科研人员，让他们可以完整的感受这个世界。

这些孩子虽然特殊，但很幸运。他们有爱他们的家长，有爱他们的老师。每天放学接孩子时我都会看到，陈园长手拿作业，走向一个个家长，认真地布置作业并向家长提出在家训练的不足。幼儿园的老师都会用简单的手语和他们交流，普通孩子也和他们一起玩耍。反向融合教育这种形式在我们幼儿园得到了充分的体现，这一教育形式也给这些孩子带来了更多的可能性，给这些家庭带来了希望。这是一种对特殊人群的大爱，在有爱的幼儿园，每个孩子心中都被种下了爱的种子。

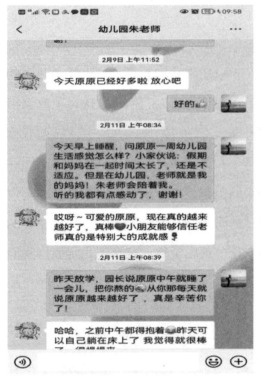

图5-6　有爱的老师

入园记事二：有爱的老师

还记得第一次参观幼儿园，懵懵懂懂的她第一次松开我的手，走进了一个全新的环境。入园第一天，她不哭不闹，我以为她就是那个"天使宝宝"。第二天，她醒过神儿来了，大哭大闹。直到第三天、第四天，在将近半个月的时候她才渐渐缓和。孩子的情绪也让我焦虑起来。但是，老师每次都会从我手中接过她。老师的一个拥抱平复了孩子和我两颗焦虑的心。

每天我都会和孩子闲聊，上面这段对话真的超乎我的想象。现在孩子放学经常说"妈妈，你知道吗？老师可爱我了，我们老师可温柔了"等类似温暖的话。

这是一个有温度的幼儿园，老师们每天早晨温暖的拥抱、每天放学和家长交流情况、每天精美的小视频，填满了我们的每一天。原原从哭闹到喜欢幼儿园、爱上老师，只用了短短一个半月的时间。老师们对孩子满满的爱，也让我们的分离焦虑在这短短的时间被治愈。老师用心，孩子开心，家长才安心。

入园记事三：有爱的孩子

自从上了幼儿园，我觉得我的宝贝每天都有成长。因为幼儿园丰富的课程内容打开了好多全新的世界。随着孩子的成长，我们家的生活也在发生着变化。

现在我们家吃饭仪式感满满，吃饭前要念感恩诗。

感恩诗

感恩天地，滋养万物；

感恩国家，培养佑护；

感恩父母，养育之恩；

感恩老师，辛勤教导；

感恩同学，关心帮助；

感恩农夫，辛勤劳作；

感恩厨师，做出的美味饭菜；

感恩所有付出的人！

每当念到"感恩天地，滋养万物；感恩国家，培养佑护"时，我体会到老师向孩子传递的不只是父母之爱，而是上升到感恩天地、感恩国家、感恩万物的大爱之上。感恩诗中的温暖诗句，感染着我们每一个人。小孩子也要拥有大爱之心。

3月8日妇女节时，老师教孩子们制作贺卡，布置任务，为妈妈捶背、洗脚。我第一次收到贺卡，并且第一次享受到她为我洗脚的一条龙服务。看着小小的她蹲在那里认真仔细的模样，洗完后冲我灿烂地微笑，我一下晃了神，突然感觉她长大了！

图 5-7　制作贺卡

　　现在每天我也非常期待她放学，因为每天都会有新鲜事。今天做手工小章鱼，明天画手指画，后天吹泡泡画。作为家长我都羡慕她的幼儿园生活。老师们精心制定的教学计划，让每天的生活都丰富多彩。

　　最后，我要感谢我们的陈园长和老师们。感谢他们将反向融合教育落地落实，给更多的听障孩子及家庭带来了希望。感谢他们心怀大爱，给每颗幼小的心灵种下爱的种子。经过三年的幼儿园生活，我相信每个孩子都拥有一个金色童年，为今后的成长打下良好的基础。

　　爱的种子在等待中绽放，我的宝贝在充满爱的幼儿园中一天天成长！

耕肥沃土壤，开成长之花

◇ 杨建勇

　　有人觉得，结果总是比过程重要，过程里一切的美好就都可以舍去。在不曾仔细观察过浩坤之前，这也是我对世界的偏见，直到我把目光落在浩坤身上，我才终于明白，过程的重要十万黄金也无法比拟，这更使我体会到似乎只要结果是非常不完美的。

　　自始至终我都不否认浩坤是一个活泼好动的孩子：他喜欢动手操作、拼装玩具，有时候会把家里的玩具拆散重新组装成新的玩具；他也喜欢超轻黏土，把它们捏成各种玩具的形状；他有时候还用油画棒或者水彩笔在纸上画出玩具的形状。之前我时常以成年人要遵守的规则来要求他，限制他的活动，限制他的天性，但自从我让孩子来到学校附属幼儿园之后，自发现园中小宝贝们身上的"小美好"之后，我反而开始期盼他的活泼好动、他的精力充沛，即便地上散落的全是玩具、黏土、纸屑，但看到孩子玩得不亦乐乎，我的心里还是会非常高兴。尤其让我发现了反向融合教育大家庭里听障幼儿虽然听力受限但动手能力更强更专注，注意力比我们家这些普通幼儿更细心时更令我深深震撼，当上天为"折翼的小天使们"关上一扇门时，定已为他们打开了另一扇窗。在之后的很多日子里，这一点也潜移默化地影响着我们家浩坤，他越来越能坐得住，越来越细心了。

　　我不能忘记孩子第一天来学校附属幼儿园上学，当时的我多么地忐忑和不安。我很担心他会哭闹，给老师们带来麻烦；或者由于他的活泼好动，不小心伤到其他小朋友。可当他走进教室，看到很多小朋友一起在桌子旁玩玩具时，他很轻松地松开我的手，径直走向其他小朋友，和小朋友们在一起玩了。看着我的孩子能够和他的小同学们融洽相处，能够如此快地适应到新的环境中去，我感到很欣慰，我想他一定能很快适应幼儿园的新生活。而且学校注重幼儿园整体"回归儿童本真"文化大环境的设置，幼儿园老师对教室的布置和安排也十分精致，大到桌椅的陈设，小到水杯的摆放都十分用心，很能抓住小朋友的眼球，使小朋友更加喜欢学校，喜欢上学。温馨舒适的学习生活环境能够极大缓解小朋友对陌生环境的紧张感，有助于小朋友更快地和自己的同学、老师建立亲密关系。自己的孩子能够顺利入园，很大程度上也能减轻家长的心理压力。浩坤说自己很喜欢幼儿园，下午我去接他时，他对我说的第一句话就是"爸爸，我很喜欢这个幼儿园，明天我还要上幼儿园"。

　　幼儿园每天都有美术课和手工课，这些课程给予孩子很大的发展空间，孩子每天都能带回来一张图画，图画上的表现形式五花八门，有时候是彩笔画的，有时候是铅笔描的。孩子还学会了简单的造型捏造，有时候是橡皮泥捏的，有时候是用超轻黏土捏的。孩子学会了很多黏土造型，家里摆放的黏土造型也越来越多，孩子对画画和黏土也越来越有兴趣了，这也丰富了浩坤的课余生活，浩坤在家里的时候也常常开始自己坐在那里画画或者捏一些花草、小动物，一方面练习了课堂所学技巧，另一方面也锻炼了浩坤的手部灵活度，并且幼儿园老师很注重对小朋友兴趣和动手能力的培养，手工课上十分关注孩子的进度，不让任何一个小朋友掉队。有人说："兴趣是孩子最好的老师。"有了兴趣，孩子们才能很好地成长。

有一天，我接孩子回家，孩子对我说："爸爸，我想要本迷宫书，给我买几本迷宫书好吗？"这使我了解到我们学校附属幼儿园学认数字的教学设计以培养学生发散思维为主要教学目标，数字的认识和积累多以图片的形式呈现，有时候是以数字迷宫的形式呈现给小朋友，孩子们在玩耍中学习，老师们寓教于乐，幼儿的能力在不知不觉中得到提升。

幼儿园有名著导读兴趣课，这丰富了孩子的词汇量，开阔了孩子的眼界，提升了孩子的基础文学素养，幼儿园老师给小朋友讲了《西游记》的故事，从那以后浩坤就喜欢上了看《西游记》动画片，还让我给他买了《西游记》故事书，每天晚上睡前念两三遍。老师每天还会教孩子们学习词语并进行看图对话，孩子回家后也经常会给我念他学过的词语和对话，孩子的词汇量越来越大，给我带来了不少小惊喜。

幼儿园的户外活动课很多，孩子身体素质不强健，可能会引发很多疾病。学校开展丰富多彩的户外活动课，在一定程度上达到了帮助孩子们强身健体的目标。活动场地也非常宽阔，有滑梯等娱乐设施，也有小跑道等体能锻炼场地。浩坤从小体弱，容易生病，进入幼儿园后，经常进行户外锻炼，这也让他渐渐摆脱了吃药的烦恼。所以，学校活动课的开设，在我看来十分棒，不仅能够提高孩子的抵抗力，还可以培养孩子的团结意识，不仅孩子生病的次数少了，也锻炼了他们的意志，进而形成良性循环。

孩子可以更好地成长，得益于幼儿园老师的用心培育、精心照料和耐心陪伴；得益于幼儿园优美温馨的环境布置和回归儿童本真的美观完善的设施；更得益于反向融合教育模式下，听障幼儿小同伴们的影响，这些使得孩子更具同理心。

总之，孩子们在幼儿园的每一天都是美好的开始！希望他们能够在这个有爱的反向融合大家庭里一起快快乐乐地成长！

我和我孩子的特教之缘

◇ 宋艳霞

二十一年前，大学刚毕业的我怀着忐忑、憧憬、兴奋的心情，迈进了石家庄市特殊教育学校的大门。和所有普通人一样，我对这群特殊孩子的认知是：他们太可怜了！我怎么和他们沟通啊？没想到一切那么顺利，推开教室的门，每个孩子的脸上都洋溢着热情的笑容，这笑容融化了我的胆怯，我勇敢地走近了他们。那时我对手语的掌握还很生疏，既无法用手语表达我想说的，也看不懂他们表达的。但他们是那么善解人意，在黑板上、本子上写下一行行的字与我沟通，那时我不禁感慨，这就是教育的力量！是教育，让这群听力有障碍的孩子们拥有了与普通人用文字沟通的能力。

和面对陌生的正常的孩子一样，当我们俯下身来，带着和善与他们沟通时，他们必回报以和善，沟通就是这么简单。随着时间的流逝，我和学生熟悉起来，我不仅记住了他们的外貌，了解了他们的家庭情况、脾气性格，还走进了他们的内心。他们是一个个鲜活、富有朝气的生命，他们有理想、有追求。他们爱父母，为了减轻家庭的负担，他们不怕吃苦，利用假期打零工。他们努力学习，梦想走进大学的殿堂，接受知识的洗礼。他们或平凡，或优秀。距离我第一次接触听障儿童已经过去了二十年，我发现随着经济、医学的发展，人们对于孩子教育的重视程度越来越高，也有越来越多的听障幼儿早早就接受了人工耳蜗手术，开始了语言训练。他们像我们一样流利、清晰地说话，我太高兴了，也不禁感叹现在的孩子真幸福！古人云："四十不惑。"现在的我已年过四十，虽仍有许多困惑，但对于这群特殊的孩子也有了一些新的认知。人生际遇各不相同，或平坦，或坎坷，虽身体上的障碍无法改变，但这毫不影响我们的学生成为正直、善良、品德高尚、精神生活丰富多彩的人，成为自带光芒、照亮自己、照亮他人的人！

2020年，我家老二到了上幼儿园的年龄，老大刚上幼儿园时，那撕心裂肺的哭喊仿佛还在耳边萦绕，上小班时经常生病让我们焦头烂额的往事仿佛还历历在目。我不免担心老二的幼儿园生活会重蹈老大的覆辙，不过我了解我们的幼儿园，熟悉我们的老师，知道我们幼儿园教具种类丰富、硬件设施先进、教师团队优秀、专业水平高。因此我便萌生了让老二在我们学校上幼儿园的想法，正值学校大力发展幼儿园的反向融合教育，我向学校提出申请后，很快得到了批准。就这样，老二成为我们学校幼儿园的一名学生，他也像他的妈妈一样与特殊教育结缘了。也许是对妈妈工作环境的熟悉，也许是内心清楚妈妈也在这座楼里，知道妈妈离他很近，总之老二的幼儿园生活一切都很顺利，没有哭闹，每次都高高兴兴地入园、欢快地离园。我希望孩子能按照自己的方式自然地和小朋友相处，所以从没刻意和孩子说过，幼儿园里有些小朋友身体上有一些障碍。我认为最大的尊重就是平等相处，而不是带着怜悯之心的相处。你有不便的时候，我帮助你；我有困难时，你帮助我。我喜欢你，你喜欢我，来，我们一起玩吧。就这样老二和小朋友们一起听老师读绘本故事，在老师的指导下做小手工，画色彩丰富、线条简单的画，学儿歌，玩各式各样的玩具，一起做各种运动，到户外滑滑梯、骑小车、追跑打闹，到大操场上围成圆圈一起做游戏，一起吃饭，一起睡觉。日子一天天过去，每当看到老师发到家长群里关于孩子们的一个个小视频，看到孩子们灿烂的笑容，听到孩子们叽叽喳喳的声音，我都不由得跟着他们一起开心。我想反向融合教育的目的不只是让有听力障碍的孩子和没有听力障碍的孩子在一起学习、玩耍、生活，还让他们互相走进对方的心里。每当听到老二说，今天又交到了一个新朋友，想快点上学，想快点和小朋友一起玩，我就会想这才是成功的反向融合教育吧。有听力障碍只是孩子的一个弱项，他还会有很多其他强项，有很多闪光的地方。我记得小朋友们一起玩过一个在桌子上吹乒乓球的游戏，一个有听力障碍的小朋友玩得特别好，一次就吹到了桌边的杯子里，其他小朋友们都兴奋地鼓起了掌，大喊着"你真棒"。那个时候的他就是闪闪发光的。

我相信，随着社会经济的发展、文明程度的提高，反向融合教育会越来越成功，我们的学生也定会更好地融入社会，为国家的发展贡献他们的一份力量，书写更圆满的人生！

最好的陪伴，从这里开始

◇ 程月利

幼儿园是人生的一个重要起点，孩子从这里开始了真正的社会生活和学习生活。幼儿园是引导幼儿认识世界、理解世界的重要场所。它最珍贵的不是让孩子学到多少知识，而是让孩子从中建立健全的三观，让孩子从小就体会到世界的丰富多彩与美好。我为我的女儿选择了我校的附属幼儿园，因为这里有最好的陪伴。

这里有最好的陪伴——老师们的陪伴。老师们不仅在课堂上陪伴着孩子学习知识，更在生活中陪伴着孩子成长，帮助孩子们建立正确、健全的三观，培养独立的品格。这里的每一位老师都很认真负责，有的老师从事幼儿教育事业长达十六七年之久，即使是新来的老师也都有着极高的专业素养。他们专业水平高、思想素质过硬，充满了爱心、责任心，把孩子交给他们真的让我很放心。

老师们认真陪伴孩子上好每一节课，展现出丰富多彩的课堂，像"传统文化活动之墨吹莲藕""世界水日，节约用水，从我做起""东方水墨与西方波点""三原色到底是什么呢？红黄蓝在一起是什么样子？"……孩子每天放学都会带给我惊喜，绘本故事的复述、生活常识的讲述、一张美术作品……就连线上课程也精彩纷呈，白老师的健康活动"保护眼睛"和音乐律动"摆臂歌"，朱老师的音乐律动"病毒走开"，张老师的美工课"美味的爆米花"，闫老师的语言课"老爷爷的帽子"，赵老师的亲子游戏"你扔我接"……这些专业、科学的课程设置，让孩子在玩中学，受益匪浅。

老师们的陪伴，让孩子在德、智、体、美、劳方面全面发展。他们不仅仅注重学科、生活知识的培养，更注重孩子心灵的发展。这里的教学环境好，设施设备一流，活动室面积、户外活动场地面积、绿化覆盖率均达到甚至超过省级示范园标准，不仅可以为孩子探索大自然奥秘提供条件，还能锻炼孩子的生活技能。这里有各种的功能室，除了五大领域课程外，幼儿园还设有木工坊、科学探究室、美术室、舞蹈室、乐高教室、感觉统合训练室、绘本室、陶艺室等多功能活动室，这让孩子可以全面发展。

好多家长可能会担心普通幼儿和听障幼儿在一起会受到影响。其实，对于孩子来说，反向融合教育带给他们的好处也是多方面的。在和同伴的比较中，他们更认识到自己的责任，当他们在自愿地教授、辅助听障幼儿学习时，他们自己的技能和理解能力都会提高。比如在活动时，老师下达指令后，他们会立刻行动，但是听障幼儿可能还要老师说第二遍才能听清楚，而他们的示范能让听障幼儿很快明白老师的指令；美术课上，他们很快完成老师留下的任务，还能帮助听障幼儿去完成。这种自愿的同伴学习和互动帮助，可以避免以自我为中心，促进双方的发展与进步。

我家垚垚在幼儿园学习的时间里，各方面能力都有了极大的提升，再次感谢老师们的陪伴与付出。

一、交际能力的提升

垚垚入园前的活动范围主要是家和小区，接触的孩子不多，交际能力相对较弱。刚开始送入幼儿园时每天都会哭，甚至拉着我的衣服一边哭一边说："妈妈别走，妈妈别走……"但是一个星期后，垚垚每天都会很开心地入园，而且每天下午放学接她时，她都会主动给我讲述今天干什么啦，和哪位小朋友成了好朋友啦等一些关于园中的趣事，她的性格变得更加活泼开朗。入园两个星期之后，她还认识了别的班的小朋友，会讲述别的班的小朋友在活动时有怎样的表现，还知道自己班里的小华是另外一个班的小明的弟弟。

二、独立能力的提升

垚垚入园时是两岁九个月，会自己穿鞋但经常穿反，不会拉衣服的拉链，不会系衣服扣子。但是入园后，垚垚的独立能力越来越强，可以认清楚鞋的反正，学会了拉衣服拉链，自己给衣服系扣子，午睡后会自己叠被子，还会帮助小朋友叠被子，自己会从大水杯里倒出水喝，每天回到家先洗手，晚上睡觉前自己洗脸洗脚，自己整理衣物……有时她看到哥哥乱扔衣物就会说："老师说了，衣服脱完要叠整齐放好！"

三、合作与尊重意识的提升

幼儿园是孩子的第二个家，垚垚在这个"家"里面成长得非常快。在这里她找到了自己的小伙伴，开始与小伙伴们分享自己喜欢的东西，开始有了合作意识。更重要的是，在园里活动时，虽然她是与听障幼儿在一起，但是老师并没有出现偏心举措，而是对他们一视同仁，老师的态度、行为极大地影响了垚垚。这让孩子理解了什么是平等、什么是尊重，学会了接纳和包容。同时在与听障幼儿共同学习、相处的过程中，垚垚培养了善良、友爱、理解他人、乐于助人等很多优秀的品质，提高了个人素养，这也为成年后对多元世界的理解包容打下了良好的心理基础。

垚垚的幼儿园生活很开心，不仅锻炼了技能，培养了良好习惯，更重要的是培养了她积极乐观、相互接纳的心态，提升了自信，还为她的终身发展打下了良好基础，让她在今后的学习和成长中变得更加自信，更加有责任心，并且更有激情。

感谢幼儿园老师们的陪伴，感谢小伙伴们的陪伴！感谢石家庄市特殊教育学校附属幼儿园在成长路上的最好陪伴！

二宝的成长日记

◇ 刘艳红

我是学校的一名教师，家中没有老人帮助照顾小孩，所以二宝两岁半就被我送到我们石家庄市特殊教育学校的附属幼儿园，下面我来分享一下孩子成长过程中的一些点滴：

首先是二宝非常快地适应了幼儿园的集体生活，并没有出现大哭大闹不想去幼儿园的情况，相反每天最想去的就是幼儿园，甚至不想离开。

情景一：第一天上幼儿园的时候，二宝还没有明白过来上幼儿园是个什么概念，到了幼儿园之后他发现这里的玩具又多又新奇，很多都是自己没见过也没玩过的，这里的老师又温柔又漂亮，看到这一切他非常地高兴。第二天放学我去接他的时候，他居然不愿意回家，还对我说："妈妈我们住在这里吧，这里舒服！"我在一边惊讶他这么说的同时，一边也很高兴孩子能够这么快适应幼儿园的生活，这一方面说明老师在照顾孩子的时候确实非常用心，非常细心，另一方面也说明幼儿园的环境布置让他内心里有安全感，有舒适感。

其次就是二宝的生活技能和自理能力都得到了很大的提高，在入园之前，很多的事情都是我们帮他完成的，但是现在他已经变成了一个非常自立的小大人了。

情景二：二宝当时上幼儿园的时候还太小，才两周半，穿衣服、穿裤子这些基本的生活技能他还不会，我当时很担心他会不会在幼儿园上厕所不及时，会不会尿裤子。后来我发现是我自己多虑了，我给他在幼儿园的备用裤子都没有用过，而且有一次在家里我要给他穿裤子的时候，他就是调皮不穿，过一会儿之后跟我说："你去客厅吧。"我就去客厅等他，过了一会儿他自己穿得整整齐齐地来客厅找我，我说："谁给你穿得裤子呀？"他说："我自己呀。"我还特意看了看他的"小内内"，竟然自己穿得好好的，他还给自己穿上了鞋。对于孩子的表现我非常地惊讶，孩子居然这么快就在幼儿园里学会自己照顾自己了。

还有就是二宝学会了感恩，感恩父母，感恩老师，感恩所有付出的人，并能够大方地表达。

情景三：二宝上幼儿园已经有两个月的时间了，最近回家后嘴里经常咿咿呀呀地说："感恩天地，滋养万物；感恩国家，培养佑护；感恩父母，养育之恩；感恩老师，辛勤教导；感恩同学，关心帮助；感恩农夫，辛勤劳作；感恩厨师，做出的美味饭菜；感恩所有付出的人！"虽然有的字发音不太清晰，但是大概内容仔细听还是能听懂的。幼儿时期是孩子发展过程中的关键时期，在幼儿成长的过程中发挥着至关重要的作用，老师们在孩子们的幼儿时期就重视感恩教育，对于孩子们来说可谓是一辈子的宝贵财富。现在有很多独生子女，爷爷奶奶和姥姥姥爷都非常用心地帮忙带孩子，生怕孩子受委屈，以孩子为中心，但是爱不是溺爱，爱孩子的同时也要注重孩子的情感教育，羊跪乳、鸦反哺，每个人都应该从小怀有一颗感恩的心，不能忽略感恩教育。

在幼儿园生活一段时间之后二宝变得更有礼貌了，每天放学他都会在幼儿园玩一会儿才肯回家，走的时候还会对老师和朋友说："再见，明天见哦！"在路上他还会问我："我明天还能来幼儿园吗？"由此可以看出，幼儿园的教育是很成功的，再次非常感谢幼儿园的所有老师的谆谆教诲和辛勤付出。

最后就是孩子变得懂事听话，有规则了，懂礼貌了很多，能够帮助妈妈做家务收拾房间，收拾自己的东西了。

情景四：有一天中午我做完饭从厨房出来，一出来就看到客厅满地的乐高零件。我说："二宝这都是你弄的吗？"他说："是呀，妈妈你不用管我，我一会儿会收拾的。"我根本就没当回事，就继续回厨房做饭了，他说："我就再玩一会儿。"过了一会儿我们要吃饭了，我说："二宝你该收拾了哦，我们要吃饭了。"我端饭的工夫，他还真的把那些散落在地上的乐高积木都收拾到他的积木箱里了！在震惊之余我对孩子提出了表扬，这都是在幼儿园养成的好习惯，一定要给孩子点个赞！二宝现在还会帮助我一起分担一些家务，尤其喜欢和我一起洗衣服还有晾晒衣服，我们就像一个团队一样，我把脏衣服抱过来递给他，他一件一件地塞进洗衣机里面。洗完之后我们一起晾晒衣服，他手里拿着晾衣架，一个一个地递给我，然后我把衣服挂好，完成一切之后他总是会非常高兴地用手指比个耶，嘴里说："耶，任务完成！"

随着时间慢慢流逝，就这样我慢慢地看着二宝在幼儿园里学到很多的东西，回到家再将学到的东西应用到实际生活中，在短短两个月的幼儿园生活中他学会了很多很多的生活基本技能，学会了感恩，学会了团队合作，我在心底里暗暗佩服他们朵朵班的朱老师、杨老师和闫老师，非常感谢各位老师的辛勤付出和不懈努力！

成长的足迹

◇ 刘文彩

人们常说，父母的陪伴是对孩子最好的关爱，也是对孩子最好的教育。林林的爸爸是一名军人，很少有陪伴孩子的机会。为了给孩子更多的陪伴，我把林林送到了我们石家庄市特殊教育学校附属幼儿园，让他每天和我一起上学，一起回家。

在林林上幼儿园之前，我也充满了担心。他会不会哭，会不会跑着出来找妈妈，是我每天晚上都在焦虑的问题。但真正把他放到幼儿园，我才发现其实孩子的适应能力比我们预想得好。

一、每天想着去幼儿园

记得第一天刚到幼儿园的时候，本来要妈妈抱的林林一下子被这里优美的环境吸引住了，要自己下来走，一路走，一路看，一路摸。

教室的花、教室的马、教室的鼓、教室的书、教室的积木等都吸引着他，他都没有时间搭理妈妈。下午去接他时，我问他明天还去吗，他说还去。我问为什么，他说："幼儿园有很多好玩的玩具，还有很多小朋友，我喜欢上幼儿园。"

就这样过了一周，林林每天都想着去幼儿园。回家跟我交流他交到好朋友了，这个是峻峻（听障幼儿），那个是小宇，就算是暑假，也吵着还要去上幼儿园。

二、交到了新朋友

作为班里最小的幼儿，老师们和同学们对林林都特别照顾。每天林林到了幼儿园，老师都会给林林一个爱的抱抱。当林林遇到困难时，小伙伴们都喜欢帮助他，尤其是峻峻和小宇。

记得刚去幼儿园的时候，林林动作还不太协调，总是跑着跑着就摔倒了。是峻峻和小宇一左一右带着他慢慢跑，摔倒的时候快速扶起他。排队回教室的时候，他们也拉着林林一起走。林林每次带了新玩具，都会跟他的好朋友一起玩，有时候也能一起拼积木。

虽然他和峻峻在语言沟通上会有一些障碍，但这并不妨碍他们之间的交流和互帮互助。

三、学到了新知识、新技能

在幼儿园里，林林最喜欢的是园里开设的彰显传统文化魅力的特色课程和能够实际动手操作的陶艺课程。记得有一天放学回家，林林一路上一直絮絮叨叨嘴里念个不停。仔细听，原来他在背《静夜思》，居然能全部记住，真的出乎我的意料。他还说："我要给妈妈捏个杯子，让妈妈喝水用。"我的眼泪瞬间就止不住了，被孩子关心的感觉真好。

前几天在公园里玩耍，我发现林林上下坡道的速度快了很多，原来是幼儿园经常让孩子们参与到户外活动中，在坡道上奔跑，而且看到了幼儿园的小朋友，林林会主动找小朋友玩耍。

在幼儿园里，林林不只学到了知识，也学会了关心、爱护他人。还有一些基本技能像如何上厕所、如何洗手、如何穿脱衣服等也都不用教，林林跟着小伙伴自己就学会了，而且会主动要求上完厕所去洗手。

之前林林对攀爬这类游戏特别害怕，每次见到总是犹豫不前。在幼儿园的这段时间，他在老师的帮助下、伙伴的鼓励下，已经能够独立攀爬滑梯、绳梯等，能自己过独木桥。林林变得越来越勇敢。

四、变得越来越开朗

记得一岁多的时候，林林特别怕人。就算是熟悉的人也不让动，还特别爱哭鼻子，去哪里都要拉着妈妈。

经过幼儿园一个学期的生活，他变得越来越开朗。笑容每天都挂在脸上，见到老师会主动打招呼，见到妈妈的同事会叫阿姨叔叔，有时就算一个人在校园里玩耍他也不会哭……

在幼儿园中，所有的老师都特别有爱，充满了耐心，每一天都元气满满。他们会给幼儿爱的抱抱，会用眼神给予幼儿鼓励，会时刻记得哪位幼儿需要特殊照顾，会精心准备每一堂活动课。在这里林林收获的是满满的快乐。身为母亲，作为教师，面对琐碎的生活、繁多的教学任务，我难免会有急躁、沮丧的时候，可以看到林林每天能在幼儿园里开心快乐地生活，这些情绪很快就被治愈了。

孩子的心最纯净，感受力最强。在石家庄市特殊教育学校附属幼儿园里，林林和所有的幼儿在不同中认识差异，在不同中互相接纳，一起进步一起成长。我想这将是他们一生中最宝贵的财富。

致石家庄市特殊教育学校附属幼儿园的一封信

亲爱的石家庄市特殊教育学校附属幼儿园的老师们：

你们好！

随着你们展开信笺，我的记忆也回到了2021年5月31日，我的女儿豆豆第一天进入石家庄市特殊教育学校附属幼儿园时的情景。陈园长牵着她的小手有说有笑地走向教室，她没有号啕大哭，只是向我摆摆手。而我却悄悄地在学校门口流眼泪。因为我担心她，担心她会不会想妈妈，会不会吃不好，老师会不会不爱她……然而，是我想多了。

从入园第一天到小班结束，她没有哭一次，而是每天晚上问我什么时候去上学。她爱她的幼儿园，爱她的白老师和张老师，还有她的小伙伴们。

很幸运能进入这所幼儿园，又结识了热情的白老师和有爱的张老师。每个家长为孩子选择幼儿园的要求和期待不同，有的人奔着良好的环境，有的人看重学的知识，有的人冲着营养的饭菜，而我最想让我的女儿在认知世界之初认识"老师"这个角色。我深知一位她喜欢的老师将会影响她的一生。

因为我和我老公的工作原因，在我女儿上中班的时候给她转了幼儿园。除了开学第一天她没哭，几乎每天她都是哭着进幼儿园，每天回家就念叨着要回以前的幼儿园，想张老师、白老师、陈园长还有好朋友毛豆了。看着女儿每天因为上幼儿园不开心，我心里挺内疚的。我想孩子之所以喜欢去幼儿园，是因为那里有充满安全感的氛围、真实平等的亲密关系、儿童友好的环境，他们相互信任，相互喜欢，一起生活，一起开心，一起玩耍，看见彼此，一起成长。后来，我决定向公司申请调整了我的工作时间，又把女儿送回了幼儿园。当我告诉她这个消息的时候，她开心极了，欢呼着："我可以去我以前的幼儿园了！"就这样，我们在盼望和期待中迎来了开学。

因为理解老师的辛苦，所以平时我们不想过多打扰老师，与老师没有过多联系，也不知道这个像猴子一样爱蹦跳的豆豆有没有给你们带来麻烦和苦恼。在此，感谢你们的包容和疼爱。

在幼儿园的时光里，给我最深的印象，就是你们永远用热情的笑脸在幼儿园门口等待和迎接孩子们的到来，手牵着手一起走向教室。这背后一定是靠对工作认真负责的态度和对孩子无私的爱心来承载的。

有一次放学回家的路上，豆豆主动抱抱我，亲亲我，并温柔地对我说："妈妈，我爱你。"我当时觉得：孩子怎么突然冒出这句话？作为成年人，我们太习惯用各种外化的结果去衡量一切，就连"我爱你"都必须有一个符合逻辑的理由，我们习惯用"脑"思考，却忘了用"心"去感受，而孩子们认识这个世界的方式却是用"心"最多。于是我转念想：这么美好而温暖的话语和举止是怎么主动发出的？我想，一定是因为这些在学校时常出现。当从她小小的口中听到有力量的话语时，我深切感受到了"良师"的力量！

还记得刚开学不久就是豆豆的生日，老师们和小朋友们给她过了一个难忘的生日，让她体会到了除了爸爸妈妈的爱还有其他人的爱，那份纯纯的爱无比感动。回到家，她把在幼儿园的快乐分享给我，还画了一幅过生日的画，她把自己真实的内心都展现出来了。知识可以教授，能力可以培养，唯有感情只能熏陶。感谢你们，让这些暖暖的话语和思考慢慢渗透在孩子们的生命中。

现在的教育如此"内卷"，而幼儿园的老师们则是顺应儿童的身心发展规律去引导孩子，启发孩子，并以孩子为中心，探究学习方式和教学项目。孩子们有丰富的活动、充足的户外活动和实践机会，时刻在发现真实和有趣的问题，从真实生活中学习。幼儿园让孩子们学到更多可贵的"看不见"的东西，保护了孩子们的好奇心和探索求知的欲望。这让我看到了豆豆对任何事情的积极性，更让我相信了她有无限的潜力！

今年，我公司的项目竣工了，我们又回老家江苏上学了。其实，或多或少我心里是有些难过的。因为豆豆又一次离开了心心念念的幼儿园，离开了可爱的你们，又要开始一个新的阶段。对于稚嫩的她来说，或许不明白分离的意义。她或许会伤心，会难过，也可能很快就会忘记。可作为家长，我不会忘记你们的付出，真的很感谢你们！这段旅途为豆豆难忘的成长经历画上了一个美丽的休止符，也让她满怀期待，走向成长的另一个新乐章。

今天，我想代表这个稚嫩的生命表达：

感谢老师们无限的热爱、无限的耐心，真挚地陪伴这些孩子成长，让他们用眼睛发现了美，用耳朵欣赏了音乐，用心灵理解了真，让他们感受到了生活的善意、世界的美好！

感谢老师们多年如一日的悉心照顾，润物细无声地影响着他们，使他们积极向上，能量满满！

感谢老师们的传道授业解惑，让无知的小生命在探索求知的道路上，习得知识，养成习惯！

也感谢老师们对家长的理解和包容，这也提高了我对孩子教育的认知。曾经，我对幼儿教育很失望，觉得孩子们在学校就像机器人一样，丧失了儿童的天性。但遇到了你们，我想说："啊，原来还有这样真正爱孩子、信赖孩子、充满热情的老师啊！"

我们的幼儿园就像《窗边的小豆豆》书中讲到的巴学园一样，因为在巴学园，放学后孩子们也不愿意回家，而且第二天早晨，孩子们又眼巴巴地盼着早一点到学校去。我们的幼儿园像巴学园一样是一所充满魅力的幼儿园。

豆豆妈妈　敬上

2023年3月28日

图 5-8 豆豆在幼儿园的开心瞬间

参考文献

[1]蔡蕾.学前融合教育理论与实务:第二版[M].郑州:河南大学出版社,2022.

[2]雷江华,刘慧丽.学前融合教育[M].北京:北京大学出版社,2015.

[3]左志宏.幼儿园班级管理:第二版[M].上海:华东师范大学出版社,2023.

[4]王敏,蔡蕾.学前融合教育游戏支持策略[M].郑州:河南大学出版社,2021.

[5]邱学青.学前教育观察法[M].北京:高等教育出版社,2020.

[6]毛荣建,刘颂,孙颖.特殊幼儿学前融合教育[M].北京:知识产权出版社,2019.

[7]桑德尔,施瓦茨,等.学前特殊需要儿童融合教育实用手册:第二版[M].王燕华,曾
    松添,赵红梅,等,译.北京:北京大学出版社,2018.

[8]邓猛.融合教育实践指南[M].北京:北京大学出版社,2016.

[9]深圳市深投幼教运营有限公司.幼儿园一日生活组织与实施[M].北京:北京师范
    大学出版社,2016.

[10]王辉.特殊儿童教育诊断与评估:第二版[M].南京:南京大学出版社,2015.

[11]昝飞.积极行为支持:基于功能评估的问题行为干预[M].北京:中国轻工业出版
    社,2013.

[12]周念丽.学前融合教育的比较和实证研究[M].上海:华东师范大学出版
    社,2008.

[13]陶保平.学前教育科研方法[M].上海:华东师范大学出版社,2006.

[14] 中华人民共和国教育部.幼儿园教育指导纲要（试行）[EB/OL].（2020－
    08－24）[2023－05－21].https://www.eol.cn/zhengce/guizhang/202008/
    t20200824_1769076.shtml.

[15]李季湄,肖湘宁.幼儿园教育[M].北京:北京师范大学出版社,1997.

[16]张瑶,卢瑶瑶,张玲.学前听障儿童融合教育言语支持特征及策略[J].中国听力语言康复科学杂志,2022,20(4):263-265.

[17]田兴江,李传英,涂玲.在绘本教学中促进幼儿深度学习的策略[J].学前教育研究,2021(2):89-92.

[18]Howard C, Powell A, Pavidis E, et al. No effect of a musical intervention on stress response to venpuncture in a neonatal population[J]. Acto Paediatr, 2020, 109(3):511-517.

[19]李诗.特殊儿童随班就读的实施策略[J].新课程研究,2019(S1):124-125.

[20]任加艳,张新立.融合教育环境中听觉障碍幼儿同伴关系现状及其改善策略[J].学前教育研究,2016(4):44-55.

[21]刘慧敏.融合教育中健聋儿童良好人际关系的共建[J].现代特殊教育,2015(9):57-59.

[22]袁振国.当代教育的五大使命[J].上海教育,2015(13):70-72.

[23]吴梦嘉,李伟亚.幼儿园开展融合教育物理环境准备度的质性研究[J].幼儿教育,2013(Z2):88-92.

[24]刘颂,钱红,付传彩.北京市学前融合班级中普通幼儿对残疾的认识与接纳态度[J].中国特殊教育,2013(10):3-8.

[25]韩立福.小组合作学习概念重构及其有效策略[J].教学与管理,2009(10):3-6.

[26]李幼穗,赵莹.4—6岁儿童分享行为的特点及培养策略[J].学前教育研究,2008(2):39-41.

[27]孟海英,阳德华.有关儿童同伴接纳状况的策略探讨[J].现代教育科学,2007(12):7-8.

[28]王鉴.合作学习的形式、实质与问题反思——关于合作学习的课堂志研究[J].

课程·教材·教法,2004(8):30-36.

[29]魏玉桂,李幼穗.不同移情训练法对儿童分享行为影响的实验研究[J].心理科学,2001(5):557-562.

[30]陈云英,华国栋.合作学习与随班就读教学改革[J].特殊儿童与师资研究,1995(1):7-11.

[31]庞丽娟.同伴提名法与幼儿同伴交往研究[J].心理发展与教育,1994(1):18-21.

[32]管琦.小空间班级区域活动中的教师指导现状及对策研究[D].扬州:扬州大学,2022.

[33]李深意.小组合作学习中的教师指导策略研究[D].济南:山东师范大学,2022.

[34]陈舒琦.利用社交绘本干预促进轻度智力障碍儿童同伴交往能力的个案研究[D].上海:华东师范大学,2022.

[35]郑晓安.学前融合教育背景下轻度智力障碍儿童的入园适应研究[D].武汉:华中师范大学,2020.

[36]林娴.运用绘本改善被忽视幼儿同伴交往状况的行动研究[D].淮北:淮北师范大学,2020.

[37]蔡荣蓉.幼儿园园本课程建设背景下主题活动开展的个案研究[D].福州:福建师范大学,2020.

[38]郑雪清.促进普通学生对身心障碍同伴接纳的行动研究[D].南京:南京师范大学,2020.

[39]徐风娜.任务重复和正强化对农村小学五年级学生英语学习焦虑及英语成绩影响的实验研究[D].赣州:赣南师范大学,2019.

[40]慕蝉蝉.听觉口语法促进学前听障儿童语言康复的个案研究[D].武汉:华中师范大学,2019.

[41]罗昕.支持个性化学习的数学校本微课设计与应用研究[D].福州:福建师范大

学,2019.

[42]李超慧.幼儿分享观念研究[D].郑州:河南大学,2018.

[43]谢婷.主体性的寻获[D].长沙:湖南师范大学,2018.

[44]赵培.4—6岁幼儿分享意识与分享行为的现状对策研究[D].新乡:河南师范大学,2016.

[45]杨晓峰.幼儿园中华文化启蒙教育环境创设探究[D].济南:山东师范大学,2013.

[46]易超.5—6岁幼儿分享行为的发展现状研究[D].沈阳师范大学,2013.

[47]刘淑凤.5岁儿童社会认知与同伴接纳的相关研究[D].大连:辽宁师范大学,2013.

[48]陈更娟.以家庭为中心的孤独症幼儿积极行为支持研究[D].大连:辽宁师范大学,2013.

[49]汪涛.3—6岁幼儿分享行为和分享观念的跨文化研究[D].武汉:华中师范大学,2012.

[50]范秀辉.普通幼儿对身心障碍同伴接纳态度之干预研究[D].重庆:重庆师范大学,2012.

[51]刘洋.随班就读课堂教学中合作学习策略的研究[D].武汉:华中师范大学,2010.

[52]顾颖颖.5—6岁听力残疾儿童与健听儿童绘画的比较研究[D].南京:南京师范大学,2007.

[53]许耀凤.幼儿园教育评价的多元化[EB/OL].（2010-08-19）[2023-05-27].
https://www.docin.com/p-72276554.html.

[54]孙喜斌.听力障碍儿童听觉能力评估标准及方法、语言能力评估标准及方法指导手册[M].北京:三辰影库音像出版社,2009.

后 记

  《共适·共融·共生——学前反向融合教育研究与实践》是河北省教育科学研究"十四五"规划课题《融合教育背景下反向融合对幼儿同伴交往能力的实践研究——以石家庄市特殊教育学校附属幼儿园为例》的主要研究成果。在研究过程中，在课题开展理念方面得到了高建华博士的指导，打造出学前反向融合教育"共适、共融、共生"的基本模式，总结出学前反向融合教育的主要价值，即特殊儿童在与普通儿童一起学习和生活中，健全了人格，变得更加自信与阳光；普通儿童在与特殊儿童的沟通交往中，学会了尊重和宽容，变得更加有爱心和耐心，并为未来理解与包容多元化世界打下了良好的基础；特殊儿童与普通儿童共同成长，一起种下了平等、善良、友爱的种子，成为推动社会文明进步的力量！ 在高博士的悉心指导下，课题研究得以顺利开展，也使得这本书的撰写得以顺利进行，在此表示衷心感谢。

  石家庄市特殊教育学校建校于1957年，是一所涵盖听障、视障、培智、自闭症四个残疾类别，集学前教育、基础教育、职业教育为一体的综合性特殊教育学校。2012年学校成立了七彩阳光幼儿园，开始融合教育的探索。起初很多幼儿都是一边在外面康复，一边在学校上课训练；也有一部分幼儿在度过学前教育这个重要阶段后回归普通学校，或者部分幼儿在普通学校度过学前教育后回归特殊教育学校。经过十多年的融合教育探索，2020年，学校七彩阳光幼儿园设立普通班招收普通幼儿并安置具备条件的听障幼儿就读，学校本着"尊重特殊，育残成才，为学生的幸福人生奠基"的办学理念，不断组织各部门进行育人理念、教学方法等方面的研究。"共适·共融·共生"的学前反向融合教育研究与实践就是我们学校探索特殊幼儿成长的一项重要研究课题。

在本书撰写过程中，我们编写组全体成员围绕"特殊幼儿反向融合"这个着力点，寻找专家的指导，查阅书刊等文献，确定研究方向，开展研讨活动，设置反向融合课程，将课题研究与幼儿园的日常教学工作相结合，解决幼儿反向融合中遇到的诸多问题。经过几年的实践研究结出了许多硕果，我们都在本书中一一呈现。从融合教育的概念到学前反向融合教育的概念，从反向融合课程的设置到教学实践，从教师到学生和家长，我们共同学习、共同成长。

全书由李灿策划，李薇明确了成果定位，高建华确定了全书框架、制定了写作体例。全书执笔者有罗先桂(第一章)，李薇、高建华(第二章)，李薇、刘改(第三章)，陈晓伟、白博涵、安慧蕾(第四章)，丁丽辉、贾翠棉、陈晓伟、安慧蕾、白博涵、姚一帆、张倩、曹文、张雅洁、郑娟、程月利、赵一晗、朱雨彤(第五章教师案例)，程月利、宋艳霞、杨建勇、刘艳红、刘文彩及其他十位学生家长(第五章家长案例)。高建华负责全书初稿的统稿、修改和定稿。

一路风雨，一路繁花，在此非常感谢学校所有为了课题开展和撰写而付出努力的教职员工。《共适·共融·共生——学前反向融合教育研究与实践》一书的一线素材主要来源于石家庄市特殊教育学校及其附属幼儿园教师的工作实践，其中课题组主要成员陈晓伟、白博涵、赵闪等协助开展了大量的组织、实践工作，并提供了大量研究素材、成果，也非常感谢在课程成果梳理过程中提供帮助的赵宏钰、张一卓、闫茹等教师。在学生案例部分，部分家长提供了大量宝贵素材，出于保护隐私目的，我们连孩子和家长的名字也没有完整体现，在此表达诚挚谢意。众人拾柴火焰高，可以说本书的研究成果是集体智慧的结晶。

在某种程度上，《共适·共融·共生——学前反向融合教育研究与实践》一书丰富了全国特殊教育界学前反向融合教育的实践，希望我们的探索、研究能给读者带来启发，能给更多从事特殊幼儿学前教育的学校提供借鉴。希望能以我们的微薄之力，引起全社会对学前反向融合模式的关注，共同描绘特殊教育界主动作为、社会积极接纳的美好愿景。

　　本书撰写过程中，由于时间和作者水平的有限，尚存不足之处，恳请广大读者多提宝贵意见，让我们的研究更趋完善，在此表示衷心感谢。

石家庄市特殊教育学校

2023年9月11日